KB101844

중학 영문법, 쓸 수 있어야 진짜 문법이다!

문법이 쓰기다

문법이 쓰기다라면
정확히 거침없이 쓸 수 있고
써 본 문법은
쉽게 잊히지 않습니다!

초등학교 영어 수업은 영어라는 외국어에 친숙해지고 기초적인 의사소통 능력을 기르는 것이 목적이라면 중학교 영어는 좀 더 깊이 있는 내용을 상술한 텍스트를 독해하고 오류 없이 논리적으로 자신의 생각을 표현하는 수준으로 올라섭니다.

그 과정에서 급격히 중요성이 대두되는 영역이 바로 문법입니다.

의미 있는 콘텐츠를 자유롭게 활용하고 자신의 생각을 제한 없이 표현하기 위해서는 어휘 지식만으로는 턱없이 부족하기 때문입니다. 그 '어휘'들을 논리적으로 엮어 낼 '규칙'에 대한 감각이 필요한데, 그것이 바로 문법 지식입니다.

그리고 중학교 지필고사의 경우, 객관식이든 주관식이든 상관없이 대부분의 문항들이 직·간접적으로 문법 지식을 묻고 있습니다. 특히 전체 문항의 평균 30% 이상을 차지하는 서술형 문항의 경우, 문법적으로 옳고 그른지를 판단하는 수준을 넘어서, 문법 지식을 자유롭게 응용하는 언어 산출(language production) 능력을 요구합니다. 게다가 수와 시제 같은 기본 문법에서 사소한 실수만 저질러도 오답이 되는 탓에, 최악의 경우 시험 성적을 반 토막 낼 수도 있는 결정적인 영역이기도 합니다.

『중학 영문법 문법이 쓰기다』는
현행 중학 교과 과정에서 다루는 영문법을
문장 구조로 설명하고,
문장 구성 원리와 문장 쓰기로 연계하여
내신 서술형까지 연습할 수 있는
체계적인 통합 문법 교재입니다.

『중학 영문법 문법이 쓰기다』는 문법의 변화 규칙에 대한 이해를 토대로 문장 구성 기술을 확장시켜 나갈 수 있도록 요목을 구성했으며, 지금까지 출제된 중학 내신 서술형 문항의 패턴을 분석해 유사한 연습 문제로 실전에 대비할 수 있게 만들었습니다. 쓰기를 통해 중학 영문법의 기초를 다지는 『중학 영문법 문법이 쓰기다』는 '실력'과 '점수' 어느 하나도 놓치지 않는 통합형 Grammar for Writing 교재입니다.

How to 서술형 Grammar
문법이 쓰기다 이렇게 만들었어요!

1 중학 교과 문법의 연계성과 이해 과정에 맞게 필수 요목을 구성했어요.

중학 교과서에 수록된 문법을 분석하여 이해 과정에 맞게 구성하였습니다. 문법은 가장 논리적인 사고와 체계적인 정리가 필요한 영역입니다. 이러한 문법 영역의 특성에 맞게 학습 설계와 학습 방향의 기초가 되는 요목 배열에 많은 힘과 시간을 들였습니다. 단계별 논리적 요목 배열을 통해 영문법의 크고 작은 요소들을 어느 하나 놓치지 않고 효과적으로 학습하고 정리할 수 있습니다.

1 이해 과정 고려
중학 교과에 따라
필수 문법을
이해 과정에 맞게 구성

2 문법의 퍼즐식 구성
문법규칙을 문장구성 원리와
쓰기로 이어지게 하는
체계적인 구성

3 문법규칙→문장규칙으로 연계
각 Part가
문법규칙과 문장규칙으로
연계되는 Unit 차례로 구성

2 문법에 강해지는 3단계 개념 쪼개기와 효과적인 시각화로 훨씬 쉽게 이해돼요.

어렵고 복잡하게 인식되는 문법에 대한 학습 부담을 줄이고 간편한 이해를 위해 각 요목별 특성에 맞추어 가장 최적화된 시각화 방법을 구현하였습니다. 도식화, 도표, 문장에서의 오류 확인 등의 시각적 구현을 통해 문법을 효과적으로 한 눈에 학습할 수 있습니다.

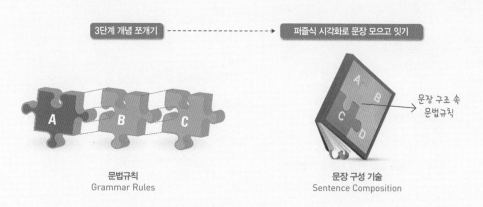

3단계 개념 쪼개기 ------→ 퍼즐식 시각화로 문장 모으고 잇기

문장 구조 속 문법규칙

문법규칙
Grammar Rules

문장 구성 기술
Sentence Composition

3 문법확인·문장 쓰기·기출 서술형의 3단계 필수 문제 유형으로 촘촘하게 구성했어요.

기출 서술형의 철저한 분석을 통해 drill - error recognition / correction - ordering / sentence writing 등의 촘촘하고 꼭 필요한 문제 유형들로 문법을 효과적으로 확인하고 연습할 수 있게 구성하였습니다. 기계적으로 대입하고 바꾸는 유형을 지양하고 문법 기초 지식과 논리적인 사고력이 필요한 유형들을 개발하여 논리적인 사고와 다양한 문법 활용을 할 수 있습니다. 이런 3단계 문제 시스템을 통해 기본도 다지고, 실전에도 바로바로 쓸 수 있습니다.

drill - error recognition
STEP 1 변화규칙 익히기
문장을 이루기 위한 변화규칙을
통해 문법을 제대로 확인하기

correction - ordering
STEP 2 써보면서 깨치기
골라 쓰고, 바꿔 쓰고,
배열하고, 전체를 써보기

sentence writing
STEP 3 서술형 쓰기
앞에서 배운 문장을 서술형 유형에
맞게 완전한 문장으로 쓰기

 **이렇게 기출을 분석했어요!**

서술형 유형 = 문장 구성력 = 문법이 쓰기다

[쓰기가 되는 문법으로 중학 문법 기초뿐만 아니라 내신 서술형까지 잡을 수 있는 『중학 영문법 문법이 쓰기다』인 이유]

◦ 서술형 평가는 문법의 단순 이해보다 문법을 활용하는 문제이므로 문장 구성력, 곧 **쓰기가 바로 중학 문법의 핵심**이기 때문입니다.
◦ 서술형 문제 구성 원리를 이용한 훈련 방식으로 <**중학 내신 문법 = 서술형 대비 = 쓰기**>에 맞는 구성이기 때문입니다.

중학 기출 분석	서술형 유형	기출 예시
어색한 어법 고치기	밑줄 친 부분 고치기	• 다음 밑줄 친 부분을 고쳐 쓰시오. My name is Mina. <u>She is</u> a student.
	단문에서 틀린 곳 고치기	• 다음 문장에서 <u>틀린</u> 부분을 고쳐 쓰시오. Was there fun anything on the parade?
	단락에서 틀린 곳 고치기	• 다음 글에서 <u>틀린</u> 부분을 고쳐 쓰시오. (두 군데) Mina's friends have pets special, but she doesn't. Ben has a friend dog, and Hannah has a smart parrot. Mina wants a ....
단어, 표현 넣어 완성하기	문장 완성하기	• 다음 빈칸에 공통으로 들어갈 말을 쓰시오. ⇨ _____ west. _____ east.
	일정표, 도표 등에 맞게 문장 완성하기	• 다음 표를 보고 문장을 완성하시오. <table><tr><td>then</td><td>now</td></tr><tr><td>at a concert</td><td>not at a concert</td></tr></table> Mina _____ then.
	대화문 완성하기	• 우리말에 맞게 대화를 완성하시오. A : Does she have bigger eyes than you? B : No. Her eyes <u>나의 것보다 약간 더 작아.</u>
주어진 단어 활용하여 완성하기	주어진 단어로 일부 완성 / 문장 완성하기	• 주어진 단어를 이용하여 문장을 완성하시오. She _____ everyone. (love)
	주어진 단어로 전체 완성 / 문장 쓰기	• 주어진 단어를 이용하여 문장을 쓰시오. 이번 토요일에 나는 기차를 탈 것이다. (take a train) ⇨ _____
	대화문 완성하기	• 주어진 단어를 이용하여 대화를 완성하시오. A : Yesterday I felt bad. Today I feel great. B : Great! You look _____ than yesterday. (good)
	단락 문맥에 맞게 단어 활용하기	• 주어진 단어를 이용하여 문장을 완성하시오. I will go to Sumi's birthday party today. But I didn't decide _____ (wear) _____ at the party.
주어진 두 문장을 한 문장으로 바꾸기	같은 의미로 다시 쓰기	• 다음 의미가 같도록 빈칸에 알맞은 말을 쓰시오. The boy got to the bus stop. The bus already left. = _____ when _____
	두 문장을 한 문장으로 연결하기	• 다음 의미가 같도록 빈칸에 알맞은 말을 쓰시오. Tell me where I should put these empty bottles. = Tell me _____ these empty bottles.

기출에 자주 나오는 서술형 유형들을 분석하여 요목 구성과 문제 훈련 유형을
Grammar Check » Sentence Check » Writing Check 문제에
모두 반영하였습니다.

〈서술형 기출 분석표 – 문제 유형 및 예시〉

중학 기출 분석	서술형 유형	기출 예시
해석보고 작문하기	우리말에 맞게 문장 일부 쓰기 / 완성하기	• 다음 우리말에 맞게 문장을 완성하시오. 태양은 서쪽으로 진다. ⇨ _____ west.
	우리말에 맞게 문장 전체 쓰기 / 문장 쓰기	• 우리말에 맞게 문장을 쓰시오. 그녀의 남편은 유명한 작가이다. ⇨ _____
	단락 안의 문장 쓰기	• 우리말에 맞게 알맞은 문장을 쓰시오. Mary gets up early in the morning. She eats breakfast at 7:30 am and 8시에 학교에 간다.
의미가 통하게 문장 완성하기	문장 전환하기 1	• 다음을 수동태로 바꿔 쓰시오. A genius builds a robot. ⇨ A robot _____
	문장 전환하기 2	• 다음 문장을 같은 의미로 바꿔 쓰시오. To understand his accent was not easy at first. ⇨ It _____
	조건에 맞게 문장 바꿔 쓰기	• 목적어를 강조하는 문장을 쓰시오. Jim made this cake yesterday. ⇨ _____
의미에 맞게 배열하기	문장 요소 전체 배열하기	• 다음 우리말에 맞게 주어진 단어들을 바르게 배열하시오. Tom은 세 마리의 작은 흰색 개들을 갖고 있다. (small, has, Tom, white, three, dogs) ⇨ _____
	주요 단어 바꿔 쓰기	• 다음 우리말에 맞게 주어진 단어들을 바르게 배열하시오. (단, 형태를 바꾸기) 그는 새 스마트폰을 살 필요가 있다. (need, he, buy, smart phone) ⇨ _____
그림에 맞는 문장 완성하기	그림에 맞는 문장 완성하기	• 다음 그림을 보고 문맥에 맞게 문장을 완성하시오. This is Mary's room. Look at the desk. There is a computer on the desk. There is a book _____ the computer. Now look at the wall.
	그림에 맞는 대화 완성하기	• 다음 그림을 보고 대화를 완성하시오. A : Does the boy ride a bike? B : _____
상황, 문맥에 맞는 영작하기	질문에 답 쓰기(단문)	• 다음 대답을 보고 알맞은 답을 쓰시오. A : Do you swim in the sea? B : _____ I swim in the swimming pool.
	답에 질문 쓰기(단문)	• 다음 대답을 보고 알맞은 질문을 쓰시오. A : _____ B : My dad cooked dinner.
	질문에 답 쓰기	• 다음 글의 마지막 질문에 대한 답을 쓰시오. Sam has two boxes. They together weigh eleven kilos. One box weighs five kilos. How much weight does the other box?

이렇게 구성했어요!

STEP **0**   시각화를 통한 중학 교과 핵심 문법파악

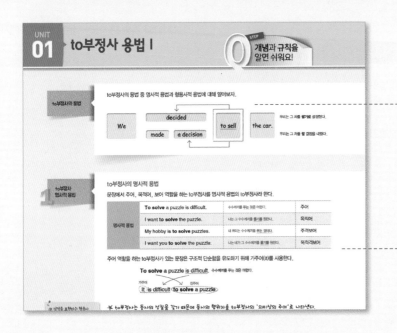

중학 교과 핵심 문법

문법 요목별로 문법의 주요 사항들을
가장 쉽고 잘 이해할 수 있게
효과적인 시각 요소들을 이용하여
상세하게 설명했습니다.

시각화를 통한 쉬운 문법설명

문법규칙을 시각적으로 보여주어
쉽게 한 눈에 원리와 문장 속에서의
활용을 파악할 수 있게 구성하였습니다.

STEP **1·2·3**   문법을 비교하여 문장으로 고치고 쓰며 기출 서술형 유형으로 마무리

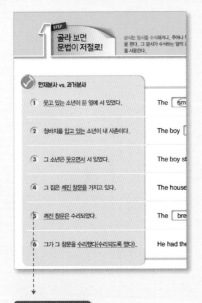

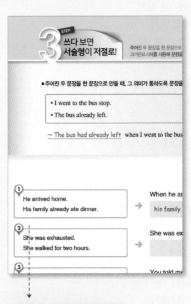

문법 재확인하기

기계적인 확인 학습이 아니라
연상 기법의 확인 문제를 통해
문법 원리를 쉽게 재확인하세요.

문법 비교하기

문법사항들을 문장 속에서 파악할 수 있게
문장별로 비교하거나 바꿔 쓰기,
배열하기 등으로 문장 구성력의 기본을
쌓을 수 있습니다.

기출 서술형 유형으로 쓰기

서술형 기출 문형을 살펴보고 유사 문제들을
반복적으로 훈련하여 문법 기초뿐만 아니라
내신 서술형 문제와 쓰기까지 잡을 수 있습니다.

✓ 문장 구조로 배우는 문법규칙
✓ 문법규칙이 문장규칙으로 연계되는 구성
✓ 서술형 기출 유형의 훈련

서술형 끝내기

OX로 문법을 정리하며 서술형 끝내기

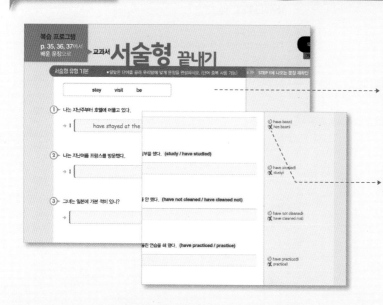

서술형 문제

서술형 기출 유형에 따라 앞에서 공부한 문장을
반복하는 프로그램으로 문법사항을 재확인할 수 있습니다.

OX 로 문법 정리

앞에서 공부한 문장을 OX 문제를 통해 한 번 더 확인하세요.
공부했던 문법을 확실하게 정리할 수 있습니다.

Test 실전문제

내신 문제 - 객관식에서 단답형 주관식, 통합형 서술형 대비

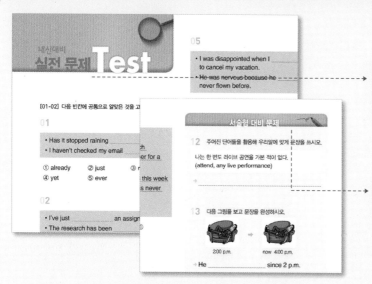

객관식 문제

종합적으로 문법 사항들을 묻는 문제로,
학교 내신 유형 문제를 보강하여 더 많은 문제 풀이가 가능합니다.

서술형 문제

각 문법에 해당되는 서술형 문제들로 구성하여
실전감을 더욱 높일 수 있게 하였습니다.

한 장의 사진으로 보는 문법이 쓰이다

앞에서 공부한 내용을 사진으로
재미있게 보며 다시 문장으로
상기시켜 주는 코너입니다.

정답과 해설

친절하고 꼭 필요한 문제 해설로
어려움 없이 문제 해결력을
높여 줍니다.

이런 순서로 공부해요!

Part	교과 문법	대표 문장	
01 5형식	01 5형식 I	It made me sad.	12
	02 5형식 II	I have to get it finished by tonight.	18
	03 여러 가지 쓰임의 동사	I required him to be present.	24
	내신 문제 TEST		30
02 시제	01 현재완료시제	Have you ever eaten pasta before?	34
	02 과거완료시제	I missed the bus because I had woken up late.	40
	03 현재완료진행시제	We have been preparing for the party since last week.	46
	내신 문제 TEST		52
03 조동사	01 조동사의 쓰임 I	We must pass through the desert.	56
	02 조동사의 쓰임 II	I used to take a walk in the park on weekends.	62
	내신 문제 TEST		68
04 수동태	01 수동태 형태와 쓰임	My cat is being washed by a pet groomer.	72
	02 4형식과 5형식의 수동태	I was forced to clean up the table.	78
	03 수동태의 여러 가지 형태	The children in the room were dressed in colorful clothes.	84
	내신 문제 TEST		90
05 to 부정사 / 동명사	01 to부정사 용법 I	They decided to take a trip together.	94
	02 to부정사 용법 II	He was nervous to start the final match.	100
	03 동명사 vs. to부정사	I have to remember to see her tomorrow.	106
	04 여러 가지 구문과 관용표현	He was far from being scared.	112
	내신 문제 TEST		118

12종 교과서
문법 항목 전체
+
기출 문법 문제,
서술형 유형 분석
+
개념 이해
과정 도입
=
문법이 쓰기다
문법요목

12종 교과서의 모든 문법을 수록하고
문법 이해 과정에 가장 적합하게 요목으로 구성하였습니다.

Part	교과 문법	대표 문장	
06 분사	01 현재분사 vs. 과거분사	She was embarrassed to ask for help.	122
	02 분사구문 I	I fell asleep with music playing.	128
	03 분사구문 II	Turning to the right, you will see the school.	134
	내신 문제 TEST		140
07 접속사	01 부사절 접속사	She likes chocolate cake, whereas I hate it.	144
	02 상관접속사	Neither you nor she drinks milk.	150
	내신 문제 TEST		156
08 관계사	01 관계대명사 I	He is the teacher who(m) she talked about.	160
	02 관계대명사 II	The wine that my father bought is expensive.	166
	03 관계부사	We need to figure out how it works.	172
	내신 문제 TEST		178
09 가정법 / 비교구문	01 가정법	If I had won the race, the prize would have been mine.	182
	02 비교구문	No other food is as delicious as ramen.	188
	내신 문제 TEST		194
10 일치 / 화법 / 특수구문	01 일치	I thought it would be difficult to get the tickets.	198
	02 간접화법	She said that she would be back.	204
	03 강조구문	She is the very person who I want to work with.	210
	04 간접의문문과 명령문	Help her, or she won't be able to finish her homework.	216
	내신 문제 TEST		222

문법이
쓰기다

초등 영문법 문법이 쓰기다

초등문법을 제대로 배우고
저절로 써지는 Grammar for Writing

\+

중등 영문법 문법이 쓰기다

중학 영문법을 제대로 정리하고
서술형 쓰기에 최적화된 진짜 문법서

\=

문법이 쓰기다
영문법
WINNER

중학영문법
문법이 쓰기다

Part 1

5형식

2형식과 5형식 문장 구조와 의미를 비교해 보고,
5형식 문장에서 동사에 따른 보어의 형태와
목적어와 보어의 관계에 대해 알아봅니다.

UNIT 1 5형식 I

구성	기초 항목	서술형 유형
STEP 1	2형식과 5형식 구별해 고르기	
STEP 2	비교해 고르기	
STEP 3		우리말 영작하기
서술형 끝내기		문장완성, 문장쓰기

UNIT 2 5형식 II

구성	기초 항목	서술형 유형
STEP 1	목적격보어 형태 고르기	
STEP 2	비교해 쓰기	
STEP 3		틀린 부분 고쳐 쓰기
서술형 끝내기		문장완성, 문장쓰기

UNIT 3 여러 가지 쓰임의 동사

구성	기초 항목	서술형 유형
STEP 1	5형식 동사 고르기	
STEP 2	단어 재배열해 쓰기	
STEP 3		우리말 영작하기
서술형 끝내기		문장완성, 문장쓰기

문장구조
2형식 vs. 5형식

문장에서 동사나 목적어만으로 의미가 자연스럽게 완성되지 않는 경우 보어를 취한다.

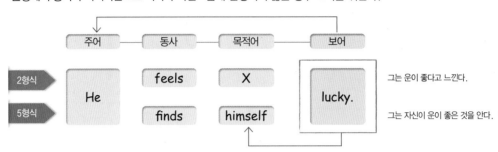

주어	동사	목적어	보어	
2형식	He	feels	X	lucky.	그는 운이 좋다고 느낀다.
5형식	He	finds	himself	lucky.	그는 자신이 운이 좋은 것을 안다.

1 문장의미
2형식 vs. 5형식

2형식 형태와 의미 vs. 5형식 형태와 의미

2형식의 '주격보어'는 주어를 설명해 주고, 5형식의 '목적격보어'는 목적어의 상태나 상황을 보충해 준다.

2형식	주어	동사	보어
	He 그는	became 되었다	**a singer.** 가수가.
	She 그녀는	felt 느꼈다	**sorry.** 유감스럽게.

5형식	주어	동사	목적어	보어
	I 나는	named 불렀다	**the doll** 그 인형을	**Pinky.** 핑키라고.
	They 그들은	painted 칠했다	**the wall** 그 벽을	**green.** 초록색으로.

★ 2형식과 5형식은 같은 동사를 취하더라도 목적어의 유무에 따라 문장의 의미가 달라진다.

	주어	동사	목적어	보어	
2형식	I	kept	X	quiet.	나는 조용히 있었다.
5형식	I	kept	**them**	quiet.	나는 그들을 조용히 하게 했다.

She remained　**X**　silent. 그녀는 (여전히) 침묵을 지키고 있었다. (**2형식**)

She left **the girl** alone. 그녀는 그 소녀를 홀로 남겨뒀다. (**5형식**)

2 5형식
목적격보어

목적격보어: 명사 / 형용사

목적어와 목적격보어는 의미상 [주어+서술어]의 관계라 할 수 있다.

①	We	consider	him	**a good manager.**	우리는 그를 좋은 매니저로 여긴다.
②				**diligent.**	우리는 그를 근면하다고 여긴다.

① 목적어 him과 목적격보어 a good manager는 동격으로 목적어를 보충 설명해 준다.
② 목적격보어 diligent가 목적어 him을 수식하며 목적어를 보충 설명해 준다.

★ 5형식의 목적격보어 자리에는 부사가 올 수 없다.

She always makes me　**happily / happy**　. 그녀는 나를 행복하게 만든다.

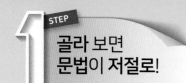

골라 보면 문법이 저절로!

5형식 목적격보어는 목적어의 상태나 상황을 보충해 주는 역할을 하고, 목적격보어로 형용사와 명사를 취할 수 있다.

✓ 2형식 vs. 5형식

① 나는 운이 좋다고 느낀다.   I feel [myself / ~~필요 없음~~] lucky.

② 그 소음은 그녀를 화나게 만들었다.   The noise made [her / 필요 없음] mad.

③ 나는 그들을 조용히 하게 했다.   I kept [필요 없음 / them] quiet.

④ 나는 조용히 있었다.   I kept [필요 없음 / them] quiet.

⑤ 나는 화가 났다.   I got [him / 필요 없음] angry.

⑥ 나는 그를 화나게 했다.   I made [him / 필요 없음] angry.

✓ 목적어와 보어의 관계

I made my son [   ] .

① 나는 <u>아들을 의사로</u> 만들었다.   ☑ a doctor   ☐ famous

② 나는 <u>아들을 유명하게</u> 만들었다.   ☐ famously   ☐ famous

I found her [   ] .

③ 나는 <u>그녀가 게으른 소녀임을</u> 알아챘다.   ☐ lazy   ☐ a lazy girl

④ 나는 <u>그녀가 게으른 것을</u> 알아챘다.   ☐ lazy   ☐ a lazy girl

I considered you [   ] .

⑤ 나는 <u>너를 예술가로</u> 여겼다.   ☐ an artist   ☐ honest

⑥ 나는 <u>네가 정직하다고</u> 여겼다.   ☐ honest   ☐ honestly

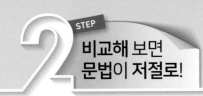

| 그 남자는 우울해졌다. | The man got | ~~depressed~~ / her depressed | . |

| 그 남자는 그녀를 우울하게 했다. | The man made | depressed / ~~her depressed~~ | . |

1

| 그 남자는 그의 개를 조용하게 했다. | The man kept | his dog quiet / quiet | . |

| 그 남자는 조용히 있었다. | The man kept | his dog quiet / quiet | . |

2

| 나는 기분이 낫다. | I feel | better / her happy | . |

| 나는 그녀를 행복하게 만든다. | I make | better / her happy | . |

3

| 나는 그를 정직하다고 여긴다. | I consider him | honest / a captain | . |

| 나는 그를 주장으로 여긴다. | I consider him | honest / a captain | . |

4

| 우리는 그가 뛰어난 것을 알게 되었다. | We found him | brilliant / brilliantly | . |

| 우리는 그가 뛰어난 소년이라는 것을 알게 되었다. | We found him | brilliant / a brilliant boy | . |

5

| 그것은 나를 반장으로 만들었다. | It made me | sad / a class president | . |

| 그것은 나를 슬프게 했다. | It made me | sad / a class president | . |

6

| 나는 학생들이 영리하다고 여긴다. | I consider the students | clever / hard workers | . |

| 나는 학생들이 열심히 노력하는 사람들이라고 여긴다. | I consider the students | clever / hard workers | . |

7

| 나는 그를 위대하게 만들었다. | I made him | my student / great | . |

| 나는 그를 내 학생으로 삼았다. | I made him | my student / great | . |

■ 주어진 단어를 활용해 우리말에 맞게 문장을 쓰시오.

☑ 서술형 **기출**문제

그들은 그 박물관을 의도적으로 붉게 칠했다. (paint, museum)

→ They _____ purposely.

↬ 목적어는 the museum, 목적격보어로는 형용사(red)를 취하는 5형식 문장이다.

→ _____ They painted the museum red purposely. _____

---

① 나는 내 방을 깨끗하게 유지한다. (keep, clean)

➜ I keep my room clean.

② 그들은 나를 홀로 남겨 두었다. (leave, alone)

➜

③ 사람들은 그녀를 천사라고 부른다. (call, an angel)

➜

④ 그는 그 영화가 인상적이라는 것을 알았다. (find, impressive)

➜

⑤ 우리는 그를 우리의 지도자로 여겼다. (consider, leader)

➜

⑥ 그녀는 버스에서 그를 매우 화나게 했다. (make, upset)

➜

⑦ 그는 내 생일을 완벽하게 만들었다. (make, perfect)

➜

서술형 유형 기본
■ 우리말에 맞게 문장을 완성하시오.   p.13   **STEP 1에 나오는 문장 재확인**

① 나는 그들을 조용히 있게 했다.

→ I kept   them   quiet.

목적격보어(quiet)가 목적어(them)를 보충 설명해 주는 5형식 문장

② 나는 그를 화나게 했다.

→ I made   angry.

목적격보어(angry)가 목적어(him)를 보충 설명해 주는 5형식 문장

③ 나는 그녀가 게으른 것을 알아챘다.

→ I found her   .

(◯ lazy)
(✗ lazily)

④ 나는 아들을 유명하게 만들었다.

→ I made my son   .

(◯ famous)
(✗ famously)

⑤ 나는 너를 예술가로 여겼다.

→ I considered you   .

(◯ an artist)
(✗ be an artist)

서술형 유형 심화
■ 우리말에 맞게 문장을 완성하시오.   p.14   **STEP 2에 나오는 문장 재확인**

① 나는 기분이 낫다.

→ I   .

목적어가 없는 2형식 문장

② 그 남자는 그녀를 우울하게 했다.

→ The man made   .

목적어가 있는 5형식 문장

③ 나는 그를 주장으로 여긴다.

→ I consider   .

목적어 him과 동격인 명사 captain을 목적 격보어로 취함

④ 그것은 나를 슬프게 했다.

→ It made   .

목적어 me를 수식하는 형용사 sad를 목적 격보어로 취함

• 5형식 목적격보어
명사 목적격보어는 목적어와 동격
인 관계이고, 형용사 목적격보어는
목적어를 수식해요.

① 그들은 그 박물관을 의도적으로 붉게 **(red / redly)** 칠했다.

→ They painted the museum red purposely.

(◑ red)
(✘ redly)

② 나는 내 방을 깨끗하게 **(cleanly / clean)** 유지한다.

→

(◑ clean)
(✘ cleanly)

③ 그들은 나를 **(I / me)** 홀로 남겨 두었다.

→

(◑ me)
(✘ I)

④ 사람들은 그녀를 **(her / she)** 천사라고 부른다.

→

(◑ her)
(✘ she)

⑤ 그는 그 영화가 인상적이라는 **(impress / impressive)** 것을 알았다.

→

(◑ impressive)
(✘ impress)

⑥ 우리는 그를 우리의 지도자로 **(be our leader / our leader)** 여겼다.

→

(◑ our leader)
(✘ be our leader)

⑦ 그녀는 버스에서 그를 **(him / he)** 매우 화나게 했다.

→

(◑ him)
(✘ he)

⑧ 그는 내 생일을 완벽하게 **(perfect / perfectly)** 만들었다.

→

(◑ perfect)
(✘ perfectly)

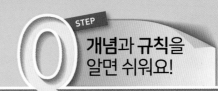

5형식
목적격보어 비교

5형식 문장은 목적격보어로 동사원형, to부정사, 분사를 취할 수 있다.

| I | asked | him | to repair | the car. | 나는 그가 그 차를 수리하도록 부탁했다. |
| | got | the car | repaired. | | 나는 그 차가 수리되도록 했다. |

5형식 목적격보어
동사원형 vs.
to부정사

동사에 따른 목적격보어: to부정사 vs. 동사원형

지각동사와 사역동사는 목적격보어로 동사원형을 취하고, 예상, 요청, 지시, 허락, 권유 등의 의미를 가진 동사는
목적격보어로 to부정사를 취한다.

I 나는	let ~하게 했다	you 네가	go out. 나가다.
	made 만들었다		
	saw 보았다		
I 나는	told 말했다	you 네가	to go out. 나가다.
	asked 요청했다		
	allowed 허락했다		
	expected 예상했다		

to부정사를 취하는 5형식 동사

예상, 바램	want, wish
권유, 설득	advise, encourage, persuade
요구, 명령	require, force, order
허용, 금지	allow, permit, leave, forbid

I **watched** him   read / ~~to read~~   the newspaper. 나는 그가 신문을 읽는 것을 보았다.

I **expected** you   ~~become~~ / **to become**   a teacher. 나는 네가 교사가 되는 것을 예상했다.

★ 사역동사 help는 목적격보어로 to부정사를 취하기도 한다.

She helped me **finish(=to finish)** my homework. 그녀는 내가 숙제를 끝내는 것을 도왔다.

5형식 목적격보어
과거분사 vs.
현재분사

목적어와 목적격보어 관계에 따른 목적격보어: 과거분사 vs. 현재분사

목적어와 목적격보어의 관계가 수동이면 과거분사를 사용하고, 능동이면 현재분사를 사용한다.

수동관계

| We | found | **the man** | **recovered.** | 우리는 그 남자가 회복된 것을 발견했다. |
| | | | **living** alone. | 우리는 그 남자가 혼자 살고 있는 것을 발견했다. |

능동관계

I have to get **my work**   ~~finishing~~ / **finished**   within an hour.
나는 내 일을 한 시간 안에 끝내도록 해야 한다.

★ 지각동사는 목적어의 상태나 동작이 진행 중임을 강조할 때 목적격보어로 현재분사를 취한다.

I **saw** her **playing** the piano. 나는 그녀가 피아노를 치고 있는 것을 보았다.

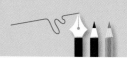

STEP 1

골라 보면 문법이 저절로!

5형식은 동사에 따라 **목적격보어**로 to부정사나 동사원형을 취할 수 있고, 목적어와 목적격보어의 관계에 따라 현재분사나 과거분사를 취할 수 있다.

동사원형 vs. to부정사
목적격보어 고르기

1. 나는 그를 들어오게 했다. I let him [to come / **come**] in.
2. 나는 그에게 들어오라고 요청했다. I asked him [to come / come] in.
3. 나는 그를 일찍 떠나게 했다. I made him [to leave / leave] early.
4. 나는 그에게 일찍 떠나라고 말했다. I told him [to leave / leave] early.
5. 나는 그가 노래하는 것을 들었다. I heard him [to sing / sing] .
6. 나는 그가 노래하기를 원했다. I wanted him [to sing / sing] .

과거분사 vs. 현재분사
목적격보어 고르기

1. 나는 그 차가 수리된 것을 발견했다. I found the car [repairing / **repaired**] .
2. 나는 그가 차를 수리하고 있는 것을 봤다. I saw him [repairing / repaired] a car.
3. 나는 그녀가 차를 운전하고 있는 것을 발견했다. I found her [driving / driven] a car.
4. 나는 그 새가 날아가고 있는 것을 봤다. I saw the bird [flying / flew] away.
5. 나는 전등이 켜져 있는 것을 발견했다. I found a light [turning / turned] on.
6. 나는 그가 차에 앉아 있는 것을 봤다. I saw him [sitting / sat] in a car.

clean
→ He made me   clean   the office.   그는 내가 사무실을 청소하게 했다.
→ He wanted me   to clean   the office.   그는 내가 사무실을 청소하길 원했다.

1 go
→ She let her child _____ to the party.   그녀는 그녀의 아이가 파티에 가도록 했다.
→ She allowed her child _____ to the party.   그녀는 그녀의 아이가 파티에 가는 것을 허락했다.

2 send
→ My boss made me _____ the email.   사장은 내가 이메일을 보내도록 했다.
→ My boss ordered me _____ the email.   사장은 나에게 이메일을 보내라고 명령했다.

3 check
→ I let him _____ my computer.   나는 그가 내 컴퓨터를 점검하도록 했다.
→ I asked him _____ my computer.   나는 그에게 내 컴퓨터를 점검해달라고 부탁했다.

4 take
→ Zoe made me _____ the medicine.   Zoe는 내가 그 약을 먹게 했다.
→ Zoe advised me _____ the medicine.   Zoe는 나에게 그 약을 먹으라고 조언했다.

5 apologize
→ She made me _____ .   그녀는 내가 사과하도록 만들었다.
→ She persuaded me _____ .   그녀는 내가 사과하도록 설득했다.

6 call
→ I heard my name _____ .   나는 내 이름이 불리는 것을 들었다.
→ I heard my friend _____ her.   나는 내 친구가 그녀를 부르고 있는 것을 들었다.

7 finish
→ I made him _____ it by tonight.   나는 그가 오늘 밤까지 그것을 끝내게 했다.
→ I have to get it _____ by tonight.   나는 그것을 오늘 밤까지 끝내야 한다.

■ 다음 우리말을 보고, 주어진 영어 문장에서 **틀린** 부분을 바르게 고쳐 쓰시오.

☑ 서술형 **기출**문제

그는 나에게 그녀를 용서하라고 설득했다.

· He persuaded me forgive her.

→   He persuaded me to forgive her.

> persuade는 설득의 의미를 지니는 동사로, 5형식 문장에서 목적격보어로 to부정사를 취한다.

---

① 그녀는 내가 밖에 나가도록 허락했다.

She allowed me go out.

→ She allowed me to go out.

② 그는 나에게 새로운 직업을 찾으라고 충고했다.

He advised me find a new job.

③ 그 곰은 그들을 도망치도록 만들었다.

The bear forced them run.

④ 그는 아이들이 그 컴퓨터 게임을 하게 했다.

He let the children to play the computer game.

⑤ 그녀는 내가 그 호랑이에게 먹이를 주게 했다.

She made me to feed the tiger.

⑥ 나는 내 지갑이 도난당한 것을 알았다.

I found my wallet steal.

⑦ 나는 내 다리가 심각하게 다쳤다는 것을 알았다.

I found my leg seriously hurting.

복습 프로그램
p. 19, 20, 21에서
배운 문장으로

교과서 **서술형 끝내기**

유형기본 ✚

기본 + 심화 문제

서술형 유형 기본

■ 알맞은 단어를 골라 우리말에 맞게 문장을 완성하시오.　p.19　**STEP 1**에 나오는 문장 재확인

| repair | come | leave | sing |

① 나는 그에게 들어오라고 요청했다.

→ I asked [**him to come**] in.

(◯ to come)
(✗ come)

② 나는 그를 일찍 떠나게 했다.

→ I made [　　　　　　　　] early.

(◯ leave)
(✗ to leave)

③ 나는 그가 노래하기를 원했다.

→ I wanted [　　　　　　　　] .

(◯ to sing)
(✗ sing)

④ 나는 그 차가 수리된 것을 발견했다.

→ I found [　　　　　　　　] .

(◯ repaired)
(✗ repairing)

서술형 유형 심화

■ 주어진 단어를 활용해 우리말에 맞게 문장을 쓰시오.　p.20　**STEP 2**에 나오는 문장 재확인

① 그녀는 그녀의 아이가 파티에 가도록 했다. (let, go)

→

(◯ go)
(✗ to go)

② Zoe는 나에게 그 약을 먹으라고 조언했다. (advise, take)

→

(◯ to take)
(✗ take)

③ 그녀는 내가 사과하도록 설득했다. (persuade, apologize)

→

(◯ to apologize)
(✗ apologize)

④ 나는 그것을 오늘 밤까지 끝내야 한다. (get, finish)

→

(◯ finished)
(✗ finish)

• 목적어와 목적격보어의 관계
목적어와 목적격보어의 관계가 수
동이면 과거분사, 능동이면 현재분
사를 사용해요.

서술형 유형 심화 ■ 알맞은 어구를 골라 우리말에 맞게 문장을 완성하시오. p.21 **STEP 3에 나오는 문장 재확인**

1 그는 나에게 그녀를 용서하라고 **(forgive / to forgive)** 설득했다.

→ He persuaded | me to forgive her | .

(○ to forgive)
(✗ forgive)

2 그녀는 내가 밖에 나가도록 **(to go out / go out)** 허락했다.

→ She allowed | | .

(○ to go out)
(✗ go out)

3 그는 나에게 새로운 직업을 찾으라고 **(find / to find)** 충고했다.

→ He advised | | .

(○ to find)
(✗ find)

4 그 곰은 그들을 도망치도록 **(run / to run)** 만들었다.

→ The bear forced | | .

(○ to run)
(✗ run)

5 그는 아이들이 그 컴퓨터 게임을 하게 **(play / to play)** 했다.

→ He let | | .

(○ play)
(✗ to play)

6 그녀는 내가 그 호랑이에게 먹이를 주게 **(feed / to feed)** 했다.

→ She made | | .

(○ feed)
(✗ to feed)

7 나는 내 지갑이 도난당한 것을 **(steal / stolen)** 알았다.

→ I found | | .

(○ stolen)
(✗ steal)

8 나는 내 다리가 심각하게 다쳤다는 것을 **(hurting / hurt)** 알았다.

→ I found | | .

(○ hurt)
(✗ hurting)

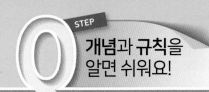

5형식 동사

5형식 주요 동사의 쓰임과 형태를 알고 문맥에 맞게 동사와 목적격보어를 사용해 보자.

사역동사 made의 목적격보어인 원형부정사

The movie **made** me

~~to cry~~ / cry.　그 영화는 나를 울게 만들었다.

~~sadly~~ / sad.　그 영화는 나를 슬프게 만들었다.

해석은 부사(~하게) 같지만 형용사를 써야 함!

1 5형식 동사 쓰임과 형태

5형식 동사의 쓰임과 형태

① make는 목적격보어에 따라 의미가 달라진다.

make	+ 목적어 + 형용사	The sunset **made** the sky <u>red</u>.	일몰은 하늘을 붉게 만들었다.
	+ 목적어 + 명사	I **made** the team <u>a winner</u>.	나는 그 팀을 승자로 만들었다.
	+ 목적어 + 동사원형	I **made** her <u>sweep</u> the floor.	나는 그녀에게 바닥을 쓸게 만들었다.

② get과 have는 목적어가 사물인지 사람인지에 따라 목적격보어의 형태가 다르다.

get	+ 사물 + 과거분사	I **got**(=had) my hair <u>cut</u>.	나는 (미장원에서) 머리카락을 잘랐다.
	+ 사람 + to부정사	I **got** him <u>to wash</u> the dishes.	나는 그에게 설거지를 하게 했다.
have	+ 사람 + 동사원형	I **had** him <u>write</u> a letter.	나는 그에게 편지를 쓰게 했다.

③ hear과 같은 지각동사의 목적격보어로는 동사원형이나 분사가 올 수 있다.

hear	+ 목적어 + 동사원형	I **heard** you <u>laugh</u>.	나는 네가 웃는 소리를 들었다.
	+ 목적어 + 분사	I **heard** my name <u>called</u>.	나는 내 이름이 불리는 것을 들었다.

[지각동사+목적어+현재분사]는 동작이나 상황이 진행 중임을 강조할 때 사용해요.

④ 목적격보어로 to부정사를 취하는 5형식 주요 단어를 잘 알아두자.

expect		I **expected** her <u>to pay</u> for dinner.	나는 그녀가 저녁 사는 것을 기대했다.
require	+ 목적어 + to부정사	I **required** him <u>to wear</u> a helmet.	나는 그에게 헬멧 쓰는 것을 요구했다.
encourage		I **encouraged** him <u>to study</u>.	나는 그가 공부하는 것을 격려했다.
allow		I **allowed** her <u>to stay</u> up late.	나는 그녀가 늦게 자는 것을 허락했다.

2 주의해야 할 동사

5형식 동사로 착각하기 쉬운 동사

suggest, demand, insist 등과 같이 제안, 요구, 명령, 주장을 의미하는 동사는 that절에 조동사 should를 생략할 수 있어요.

hope	I hope him ~~come~~.(×)	suggest	I suggested him ~~to buy~~ a car. (×)
	I hope that he will come. (○) 나는 그가 오기를 바란다.		I suggested that he (should) buy a car. (○) 나는 그가 차 사는 것을 제안했다.

★ wait, arrange 등과 같은 동사는 목적어로 to부정사를 취하므로 앞에 의미상의 주어(for+전치사)를 취할 수 있다.
　I waited **for him** to find the solution.　나는 그가 해결책을 찾기를 기다렸다.

STEP 1

골라 보면
문법이 저절로!

5형식은 목적격보어로 명사, 형용사, 동사원형, to부정사, 현재분사, 또는 과거분사 가 올 수 있기 때문에 5형식 주요 동사의 쓰임과 형태를 바로 알고 사용해야 한다.

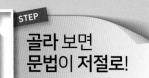

5형식 동사

쓰임과 형태 고르기

1 나는 그를 웃게 만들었다.
I made him [to laugh / (laugh)] .

2 나는 그를 기쁘게 만들었다.
I made him [happily / happy] .

3 나는 그에게 그 의자를 고치게 했다.
I had him [to fix / fix] the chair.

4 나는 그에게 그 탁자를 고치게 했다.
I got him [to fix / fix] the table.

5 나는 그 의자를 고쳐지게 했다.
I got the chair [fixed / fixing] .

6 나는 누군가 나를 부르는 것을 들었다.
I heard someone [to call / calling] me.

주의해야 할 동사

올바른 동사 고르기

1 I [   ] you to visit him.
나는 네가 그를 방문하기를 원한다.
☐ hope   ☑ want

2 He [   ] you to visit him.
그는 너에게 그를 방문하라고 말했다.
☐ hoped   ☐ told

3 He [   ] for you to visit him.
그는 네가 그를 방문하기를 기다렸다.
☐ waited   ☐ expected

4 He [   ] you to visit him.
그는 네가 그를 방문할 것으로 예상했다.
☐ planned   ☐ expected

5 I [   ] that he will visit me.
나는 그가 나를 방문하기를 바란다.
☐ hope   ☐ got

주어진 어구를 알맞게 배열해 문장을 완성하고 우리말로 쓰세요.

| she, upset, made, me, very | 영문장 → She made me very upset. |
| | 우리말 → 그녀는 나를 매우 화나게 했다. |

1 encouraged, I, her, again, to try

영문장 →

우리말 →

2 made, popular, him, the incident

영문장 →

우리말 →

3 you, I, sing, heard, beautifully

영문장 →

우리말 →

4 expect, to succeed, they, me

영문장 →

우리말 →

5 I, stop by, had, him, my office, yesterday

영문장 →

우리말 →

6 my teacher, an interest, me, encouraged, to have, in math

영문장 →

우리말 →

7 required, him, to be present, I

영문장 →

우리말 →

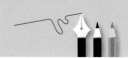
■ 주어진 단어를 활용해 우리말에 맞게 문장을 쓰시오.

☑ 서술형 **기출**문제

> 나는 학생들이 열심히 공부하게 했다. (have, study)

> 동사 have는 목적어가 사람일 때 목적격보어로 동사원형을 취한다.

→   I had the students study hard.

---

① 그는 나에게 그의 집으로 오라고 요청했다. (ask, come over)

→ He asked me to come over to his house.

② 너는 내가 더 나은 사람이 되기를 원하도록 만들었다. (make, want)

→

③ 공해는 공기의 질을 더 나쁘게 만들었다. (make, poor)

→

④ 나는 나의 비서가 전화를 받도록 했다. (get, answer)

→

⑤ 그녀는 우리가 휴가를 떠나도록 허락했다. (allow, take)

→

⑥ 나는 밖에서 놀다가 발목을 삐었다. (get, sprain)

→

⑦ 나는 그가 그 경주에서 이기기를 바란다. (hope, win)

→

복습 프로그램
p. 25, 26, 27에서
배운 문장으로

교과서 **서술형** 끝내기

유형기본 ➕

기본 + 심화 문제

서술형 유형 기본 ■ 알맞은 단어를 골라 우리말에 맞게 문장을 완성하시오. (단어 중복 사용 가능) p.25 STEP 1에 나오는 문장 재확인

| fix | visit | wait |

① 나는 그에게 그 의자를 고치게 했다.

→ I had him [fix] the chair.

(○ fix)
(✗ to fix)

② 나는 그 의자를 고쳐지게 했다.

→ I got the chair [   ].

get은 목적어가 사물일 때 목적격보어로 과거분사를 취함

③ 나는 네가 그를 방문하기를 원한다.

→ I want you [   ] him.

(○ to visit)
(✗ visit)

④ 그는 네가 그를 방문하기를 기다렸다.

→ He [   ] to visit him.

wait는 목적어 앞에 전치사 for를 붙임

서술형 유형 심화 ■ 주어진 단어를 활용해 우리말에 맞게 문장을 쓰시오. p.26 STEP 2에 나오는 문장 재확인

① 나는 그녀가 다시 시도하도록 격려했다. (encourage, try)

→ [   ]

(○ to try)
(✗ try)

② 그 사건은 그를 인기 있게 만들었다. (make, popular)

→ [   ]

make는 목적격보어로 형용사를 취할 수 있음

③ 그들은 내가 성공하기를 기대한다. (expect, succeed)

→ [   ]

(○ to succeed)
(✗ succeed)

④ 나는 그가 출석하도록 요구했다. (require, be)

→ [   ]

(○ to be)
(✗ be)

• 5형식 동사
요구, 명령의 의미를 지닌 require,
force, order 등의 동사는 목적격
보어로 to부정사를 취해요.

1 나는 학생들이 열심히 공부하게 **(study / to study)** 했다.

→ I had | the students study hard | .

(✓ study)
(✗ to study)

2 그는 나에게 그의 집으로 오라고 **(come over / to come over)** 요청했다.

→ He asked | | .

(✓ to come over)
(✗ come over)

3 너는 내가 더 나은 사람이 되기를 원하도록 **(want / to want)** 만들었다.

→ You made | | .

(✓ want)
(✗ to want)

4 공해는 공기의 질을 더 나쁘게 **(poorer / more poorly)** 만들었다.

→ The pollution made | | .

(✓ poorer)
(✗ more poorly)

5 나는 나의 비서가 전화를 받게 **(answer / to answer)** 했다.

→ I got | | .

(✓ to answer)
(✗ answer)

6 그녀는 우리가 휴가를 떠나도록 **(take / to take)** 허락했다.

→ She allowed | | .

(✓ to take)
(✗ take)

7 나는 밖에서 놀다가 발목을 삐었다 **(spraining / sprained)** .

→ I got | | .

(✓ sprained)
(✗ spraining)

8 나는 그가 **(him / that he)** 그 경주에서 이기기를 바란다.

→ I hope | | .

(✓ that he)
(✗ him)

[01-03] 다음 빈칸에 공통으로 알맞은 것을 고르시오.

01

> • I always keep my room _____ .
> • I consider myself _____ .

① cleanly   ② cleaning   ③ clean
④ cleaned   ⑤ cleanness

02

> • He advised me _____ on a diet.
> • She asked me _____ on a trip with her.

① to go   ② going   ③ gone
④ go   ⑤ went

03

> • We _____ you to arrive on time.
> • I _____ you to complete the project by next week.

① make   ② expect   ③ watch
④ let   ⑤ have

04 다음 두 문장의 뜻이 같게 만들 때 빈칸에 알맞은 것은?

> • He looks older when he wears glasses.
> = Glasses make him _____ older.

① looked   ② to look   ③ looking
④ look   ⑤ have looked

[05-06] 다음 빈칸에 알맞은 말이 순서대로 짝지어진 것을 고르시오.

05

> • I'll let you _____ as soon as possible.
> • I want you _____ the laundry.

① to know – do   ② know – do
③ known – doing   ④ know – to do
⑤ knowing – doing

06

> • I get my hair _____ regularly.
> • I had my sister _____ and mop the floor.

① cut – sweep   ② cutting – swept
③ cut – sweeps   ④ cutting – sweeping
⑤ cut – swept

[07-09] 우리말을 보고 다음 빈칸에 알맞은 것을 고르시오.

07

> 나는 지난밤 피자를 배달시켰다.
> → I got a pizza _____ last night.

① delivery   ② deliver   ③ to deliver
④ delivered   ⑤ delivering

08

> 운동은 부상을 빨리 회복하게 한다.
> → Exercise helps us _____ from injuries quickly.

① recovery   ② recover   ③ recovered
④ having recovered   ⑤ being recovered

09

나는 그가 어려운 수학 문제를 풀고 있는 것을 발견했다.

→ I found him _____ difficult math problems.

① to solve ② solving
③ solved ④ solution
⑤ to be solved

10
주어진 두 문장을 한 문장으로 만든 것 중 어법상 맞는 문장은?

A car accident happened.
I saw a car accident.

① I saw happening a car accident
② A car accident happened I saw.
③ I saw a car accident happen.
④ Happening a car accident I saw.
⑤ I saw the a accident happened.

11
다음 빈칸에 들어갈 동사의 형태가 나머지와 다른 것은?

① Do you want me _____ (turn) down the TV?
② She won't allow me _____ (go) alone.
③ You forced me _____ (apologize).
④ He asked me _____ (put) them together.
⑤ It made me _____ (feel) anxious.

12
다음 중 어법상 어색한 것은?

① Warm weather makes me feel comfortable.
② He suggested me to ask you for advice.
③ Her parents won't let her stay awake all night.
④ I saw her fall off the wall.
⑤ Can you help me move this table?

서술형 대비 문제

13 주어진 단어들을 활용해 우리말에 맞게 문장을 쓰시오.

나는 그가 나를 빤히 쳐다보고 있는 것을 알아챘다.
(notice, stare)

→ _____

14 주어진 문장을 읽어보고, 그 의미가 통하도록 새로운 문장을 완성하시오.

At first I didn't want to apply for dance competition, but Jesse persuaded me.

→ Jesse persuaded _____

_____.

15 〈보기〉에서 알맞은 단어를 골라 우리말에 맞게 문장을 완성하시오.

〈보기〉

him require consider expert himself

He _____ in the field.
그는 스스로를 그 분야에서 전문가라고 여긴다.

16 〈보기〉에서 알맞은 단어를 골라 어법에 맞게 고쳐 대화를 완성하시오.

〈보기〉

allow apologize feel promise read

A: I'm in trouble. My sister said the email was personal and she wouldn't let me read it.
And she made me ⓐ_____ that I wouldn't read it. But I was just curious. She saw me reading her email.

B: She won't allow anyone ⓑ_____ her email because it's private. I advise you ⓒ_____ to your sister.

한 장의 사진으로 보는
문법이 쓰기다

UNIT 01
5형식 I

무엇이 너를 슬프게 하니?
가끔 우울해질 때가 있어. 내가 아끼는 물건이
망가졌을 때, 그것이 나를 가장 슬프게 해.

 써 봐!

그것은 나를 슬프게 했다.

→

 써 봐!

나는 그것을 오늘 밤까지 끝내야 한다.

→

UNIT 02
5형식 II

나의 집중력은 최강!
무언가를 열심히 할 때는 누가 보고 있던, 친구가
장난을 치던 나를 방해할 순 없어.

UNIT 03
여러 가지 쓰임의 동사

결석한 이유
텅 빈 교실. 왜 아무도 없지?
아뿔, 또 수업을 잘못 알았네. Phew!

 써 봐!

나는 그가 출석하도록 요구했다.

→

정답 **UNIT 01.** It made me sad.   **UNIT 02.** I have to get it finished by tonight.   **UNIT 03.** I required him to be present.

Part 2
시제

여러 시제의 형태와 쓰임에 대해 알아보고,
어떤 사건이 일어난 시점을 파악해,
문맥 안에서 올바른 시제를 활용해 문장을 정확히 씁니다.

UNIT 1 현재완료시제

구성	기초 항목	서술형 유형
STEP 1	시제에 따른 형태 고르기	
STEP 2	시제 비교해 쓰기	
STEP 3		우리말 영작하기
서술형 끝내기		문장완성, 문장쓰기

UNIT 2 과거완료시제

구성	기초 항목	서술형 유형
STEP 1	시제에 따른 형태 고르기	
STEP 2	시제 판단해 쓰기	
STEP 3		한 문장으로 바꿔 쓰기
서술형 끝내기		문장완성, 문장쓰기

UNIT 3 현재완료진행시제

구성	기초 항목	서술형 유형
STEP 1	시제 판단해 고르기	
STEP 2	시제 판단해 쓰기	
STEP 3		한 문장으로 바꿔 쓰기
서술형 끝내기		문장완성, 문장쓰기

현재완료시제

시제판단

현재완료시제는 과거에 시작한 일이 현재에도 계속되거나 현재에 영향을 주고 있을 때 사용한다.

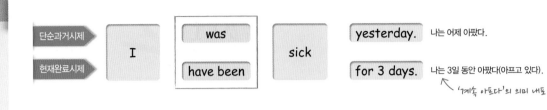

| 단순과거시제 | I | was | sick | yesterday. | 나는 어제 아팠다. |
| 현재완료시제 | | have been | | for 3 days. | 나는 3일 동안 아팠다(아프고 있다). |

↳ '계속 아프다'의 의미 내포

시제 쓰임 비교

단순과거와 현재완료시제의 쓰임

① 완료: 과거에 시작한 일이 최근에 혹은 지금 막 완료될 때 사용한다.

단순과거	특정시점	I **phoned** her 5 minutes ago.	나는 5분 전에 그녀에게 전화했다.
현재완료	불특정 시점	I **have** just **phoned** her.	나는 지금 막 그녀에게 전화했다.

② 경험: 과거에서 현재까지의 경험을 표현할 때 사용한다.

단순과거	과거의 특정 사건	I **went** to China last summer.	나는 지난 여름 중국에 갔다.
현재완료	얼마나 자주 / 지금까지	I **have been** to China twice.	나는 중국에 두 번 가본 적이 있다.

③ 결과: 현재까지 영향을 미치는 과거의 일을 표현할 때 사용한다.

단순과거	행동에 대한 강조	I **bought** a new car.	나는 새 차를 샀다.
현재완료	행동에 대한 결과	I **have bought** a new car.	나는 새 차를 샀다.

단순히 과거에 내가 한 일을 말하고 싶을 때   내가 '새 차'를 지금도 가지고 있다는 것을 표현하고 싶을 때

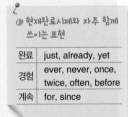

⊙ 현재완료시제와 자주 함께 쓰이는 표현

완료	just, already, yet
경험	ever, never, once, twice, often, before
계속	for, since

④ 계속: 과거에서 현재까지 지속된 일을 표현할 때 사용한다.

현재완료	I **have lived** in London for 5 years.	나는 5년 동안 런던에 살고 있다. (지금도 살고 있음)
	I **have lived** in London since 2011.	나는 2011년부터 (지금까지) 런던에 살고 있다.

현재완료시제의 형태

현재완료시제의 형태: have(has) + 과거분사

평서문	I	**have finished**	the project.	나는 그 프로젝트를 끝냈다.
	She	**has finished**		그녀는 그 프로젝트를 끝냈다.
부정문	I	have **not** finished	the project.	나는 그 프로젝트를 끝내지 못했다.
	She	has **not** finished		그녀는 그 프로젝트를 끝내지 못했다.
의문문	**Have** you **finished** the project? Yes, I **have**. / No, I **haven't**.		• I have + 과거분사 = I've + 과거분사 • I have not + 과거분사 = I haven't + 과거분사	너는 그 프로젝트를 끝냈니? 응, 끝냈어. / 아니, 끝내지 못했어.
	Has she **finished** the project? Yes, she **has**. / No, she **hasn't**.			그녀는 그 프로젝트를 끝냈니? 응, 끝냈어. / 아니, 끝내지 못했어.

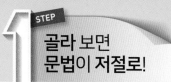

STEP

골라 보면
문법이 저절로!

현재완료시제는 과거에 시작한 일이 현재도 계속되고 있거나 과거에 발생한 일이
현재까지 영향을 주고 있을 때 사용하고, [have(has)+과거분사] 형태로 쓴다.

✓ 단순과거시제 vs. 현재완료시제

시제 고르기

1 나는 <u>한 시간 전에</u> 호텔에 도착했다.

I [have arrived / ~~arrived~~] at the hotel an hour ago.

2 나는 <u>지난주부터</u> 호텔에 머물고 있다.

I [have stayed / stayed] at the hotel since last week.

3 나는 <u>지난 여름</u> 프랑스를 방문했다.

I [have visited / visited] France last summer.

4 나는 프랑스를 <u>두 번</u> 방문한 적이 있다.

I [have visited / visited] France twice.

5 나는 <u>5년 동안</u> 파리에서 살고 있다.

I [have lived / lives] in Paris for 5 years.

6 나는 <u>어렸을 때부터</u> 그녀를 알아 왔다.

I [have known / knew] her since I was young.

✓ 현재완료시제의 부정문과 의문문

형태 고르기

1 I _____ the room yet.

나는 아직 그 방을 청소하지 않았다.

☐ not have cleaned   ☑ have not cleaned

2 _____ their homework?

그들은 숙제를 다 했니?

☐ Have they done   ☐ Have they did

3 _____ to Japan?

그녀는 일본에 가본 적이 있니?

☐ Have she been   ☐ Has she been

4 I _____ to Europe before.

나는 유럽에 가본 적이 없다.

☐ hasn't been   ☐ haven't been

5 How _____ been?

어떻게 지냈니?

☐ were you   ☐ have you

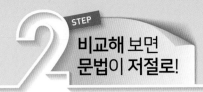
pay

나는 계산서를 이미 지불했다.

I have already paid the bill.

나는 어제 계산서를 지불했다.

I paid the bill yesterday.

① **meet**

나는 그 음악가를 한 번 만난 적이 있다.

I _____ the musician once.

나는 지난달 그 음악가를 만났다.

I _____ the musician last month.

역사적 사실을 말할 때는 단순과거시제를 사용해요.

② **break**

그는 창문을 깨뜨려버렸다.

He has _____ the window.

한국 전쟁은 1950년에 일어났다.

The Korean War _____ out in 1950.

③ **wait**

그녀는 나를 세 시간 동안 기다렸다.

She _____ for me for 3 hours.

그녀는 어제 나를 기다렸다.

She _____ for me yesterday.

④ **be**

나는 어렸을 때부터 음악에 관심이 있다.

I _____ interested in music since I was young.

나는 음악에 관심이 있었다.

I _____ interested in music.

⑤ **see**

너는 유령을 본 적이 있니?

_____ a ghost?

너는 어젯밤에 유령을 봤니?

_____ a ghost last night?

⑥ **eat**

너는 전에 파스타를 먹어본 적 있니?

Have you ever _____ pasta before?

너는 점심으로 파스타를 먹었니?

Did you _____ pasta for lunch?

⑦ **arrive**

그는 아직 도착하지 않았다.

He has _____ yet.

그는 5분 전에 도착했다.

He _____ 5 minutes ago.

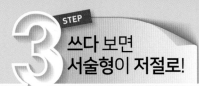

■ 밑줄 친 우리말을 영작해 대화를 완성하시오.

✔ 서술형 **기출**문제

> A: Is this your first time to travel abroad?
>
> B: <u>응, 나는 전에 해외여행을 해본 적이 없어.</u>

'~한 적이 있다'는 경험의 의미로 현재완료시제를 사용하고 부정문은 [have not+과거분사]나 [have never+과거분사]를 사용한다.

→ <u>Yes, I have never traveled abroad before.</u>

① A: How long have you lived in London?

B: <u>나는 5년 동안 런던에 살고 있어.</u>

→ I have lived in London for 5 years.

② A: Hey! Where have you been?

B: <u>나는 바람 좀 쐬러 밖에 있었어.</u> (some fresh air)

③ A: You look awful.

B: <u>나는 열 시간 동안 수학 공부를 했어.</u>

④ A: Your room smells like cheese.

B: <u>나는 몇 달째 내 방 청소를 안 했어.</u> (in months)

⑤ A: You are so good at playing the violin!

B: <u>나는 5년 동안 매일 바이올린을 연습을 해 왔어.</u>

⑥ A: So Iron Man is your favorite, right?

B: <u>응, 나는 그 영화를 스무 번 봤어.</u>

⑦ A: Have you finished your homework?

B: <u>나는 숙제를 아직 못 끝냈어.</u> (yet)

복습 프로그램

p. 35, 36, 37에서
배운 문장으로

교과서 서술형 끝내기

유형기본

기본 + 심화 문제

서술형 유형 기본

■ 알맞은 단어를 골라 우리말에 맞게 문장을 완성하시오. (단어 중복 사용 가능)   p.35 **STEP 1**에 나오는 문장 재확인

| stay | visit | be |

① 나는 지난주부터 호텔에 머물고 있다.

→ I   have stayed at the hotel   since last week.

계속적 용법의 현재완료시제

② 나는 지난여름 프랑스를 방문했다.

→ I   last summer.

특정한 시점에 발생한 명확한 과거 사실은
단순과거시제를 사용

③ 그녀는 일본에 가본 적이 있니?

→   to Japan?

의문문은 Have(Has) + 주어 + 과거분사~?

④ 나는 유럽에 가본 적이 없다.

→ I   to Europe before.

부정문은 have(has) not + 과거분사

서술형 유형 심화

■ 주어진 어구를 활용해 우리말에 맞게 문장을 쓰시오.   p.36 **STEP 2**에 나오는 문장 재확인

① 나는 그 음악가를 한번 만난 적이 있다. (meet, once)

→

(**O** have met)
(**X** met)

② 그녀는 나를 세 시간 동안 기다렸다. (wait, for 3 hours)

→

for는 계속적 용법의 현재완료 문장과 자주
함께 쓰임

③ 나는 어렸을 때부터 음악에 관심이 있다. (be interested in, since)

→

since는 계속적 용법의 현재완료 문장과 자
주 함께 쓰임

④ 너는 전에 파스타를 먹어본 적 있니? (eat, before)

→

(**O** Have you ever eaten)
(**X** Did you eat)

• 현재완료시제의 쓰임
과거에서 현재까지의 경험을 표현
할 때 현재완료시제를 사용할 수
있어요.

서술형 유형 심화

■ 알맞은 어구를 골라 우리말에 맞게 문장을 쓰시오.

p.37 STEP 3에 나오는 문장 재확인

① 나는 전에 해외여행을 해본 적이 없다. **(have never traveled / didn't travel)**

→ I have never traveled abroad before.

(◐ have never traveled)
(✗ didn't travel)

② 나는 5년 동안 런던에 살고 있다. **(have lived / has lived)**

→

(◐ have lived)
(✗ has lived)

③ 나는 바람 좀 쐬러 밖에 있었다. **(has been / have been)**

→

(◐ have been)
(✗ has been)

④ 나는 열 시간 동안 수학 공부를 했다. **(study / have studied)**

→

(◐ have studied)
(✗ study)

⑤ 나는 몇 달째 내 방 청소를 안 했다. **(have not cleaned / have cleaned not)**

→

(◐ have not cleaned)
(✗ have cleaned not)

⑥ 나는 5년 동안 매일 바이올린 연습을 해 왔다. **(have practiced / practice)**

→

(◐ have practiced)
(✗ practice)

⑦ 나는 그 영화를 스무 번 봤다. **(have seen / seen)**

→

(◐ have seen)
(✗ seen)

⑧ 나는 숙제를 아직 못 끝냈다. **(have finished / haven't finished)**

→

(◐ haven't finished)
(✗ have finished)

시제판단

과거완료시제는 과거의 특정한 시점을 기준으로 그 전에 일어난 사건이나 상태를 나타낼 때 사용한다.

| 단순과거시제 | I | came | here. | 나는 여기에 왔다. |

| 과거완료시제 | Before I came here, | I | had spoken | to her. | 내가 여기 오기 전에 나는 그녀에게 말했다. |

→ *내가 오기 전에 일어난 사건(상황)*

1 과거완료시제의 형태와 쓰임

과거완료시제의 형태와 쓰임

과거에 일어난 사건들의 순서를 나열해 말할 때, 먼저 일어난 사건에는 과거완료시제인 [had+과거분사]를 사용한다.

현재

과거

사건1을 기점으로 그 전에 일어난 사건:
과거완료시제

사건1 → 과거의 특정 시점의 사건: **단순과거시제**

yesterday…

| 1:00 p.m. | I finished my homework. | 나는 숙제를 마쳤다. | → 먼저 일어난 사건 |
| 2:30 p.m. | I went to the park. | 나는 공원에 갔다. | → 숙제를 마친 후에 일어난 사건 |

→ When I <u>went</u> to the park, I **had** already **finished** my homework.

내가 공원에 갔을 때, 나는 (그전에) 이미 숙제를 마쳤다.

평서문	I	had cooked	dinner when he came back home.	그가 집에 돌아왔을 때, 나는 저녁을 했다.
부정문		had not cooked		그가 집에 돌아왔을 때, 나는 저녁을 안 했다.
의문문	**Had** you **cooked**		dinner when he came back home?	그가 집에 돌아왔을 때, 너는 저녁을 했니?

✳ 두 사건이 발생한 순서를 살펴 알맞은 시제를 선택할 수 있다.

I can't believe he ate / ~~had eaten~~ my lunch. 나는 그가 내 점심을 먹은 것을 믿을 수 없다.

나는 믿을 수 없다. (두 번째 상황-현재) / 그가 내 점심을 먹었다. (첫 번째 사건-과거)

I couldn't believe he ate / had eaten my lunch. 나는 그가 내 점심을 먹었다는 것을 믿을 수 없었다.

나는 믿을 수 없었다. (두 번째 상황-과거) / 그가 내 점심을 먹었다. (첫 번째 사건-과거완료)

2 과거완료시제의 사용

과거완료시제의 사용

사건의 순서를 분명히 알 수 있는 접속사가 있는 경우에는 과거완료시제 대신 단순과거시제를 사용하기도 한다.

① He **had left** the room before she **came** back. 그는 그녀가 오기 전에 방을 떠났다.

= He **left** the room <u>before</u> she **came** back.

← *already, just, never와 같은 부사는 had와 과거분사 사이에 위치해요.*

② After the class **had** (already) **begun**, I **arrived** at school. 수업이 시작한 후에 나는 학교에 도착했다.

= <u>After</u> the class already **began**, I **arrived** at school.

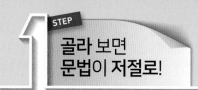

STEP

골라 보면
문법이 저절로!

과거완료시제는 과거의 특정 시점을 기준으로 그 전에 일어났거나, 그 시점까지
계속된 경우에 사용하고, [had+과거분사] 형태로 쓴다.

단순과거 vs. 과거완료시제

시제 구별하기

1 나는 어제 설거지를 했다.

I [washed / had washed] the dishes yesterday.

2 나는 네가 왔을 때, (그전에) 설거지를 했다.

I [wash / had washed] the dishes when you came.

3 나는 아침에 집을 떠났다.

I [left / had left] home in the morning.

4 내가 왔을 때, 너는 (그전에) 집을 떠났다.

When I came, you [had left / have left] home.

5 나는 그가 돌아온 것을 믿을 수 없다.

I can't believe he [came / had come] back.

6 나는 그가 돌아온 것을 믿을 수 없었다.

I couldn't believe he [come / had come] back.

과거완료시제의 사용

사건 순서 구별하기

1 I had left home [   ] you phoned me. ☑ before ☐ after

2 You phoned me [   ] I had left home. ☐ before ☐ after

3 I had cleaned my house [   ] he came. ☐ before ☐ after

4 [   ] I had cleaned my house, he came. ☐ Before ☐ After

5 [   ] we arrived there, he had left. ☐ Before ☐ After

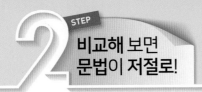
— already를 사용해요.

come / go

내가 그를 다시 보러 왔을 때, 그는 이미 가버렸다.

When I [came] back to see him, he [had already gone] .

1 lose / give

그녀는 그가 그녀에게 줬던 반지를 잃어버렸다.

She [   ] the ring that he [   ] to her.

2 be / meet

나는 전에 그녀를 만났던 적이 있다고 확신했다.

I [   ] sure that I [   ] her before.

3 finish / come

그가 왔을 때 나는 이미 저녁식사를 마쳤다.

I [   ] already [   ] my dinner when he [   ] .

4 remember / say

엄마가 (그전에) 무엇을 말했는지 기억할 수 없었다.

I couldn't [   ] what my mom [   ] .

5 miss / wake

늦잠을 잤기 때문에 나는 버스를 놓쳤다.

I [   ] the bus because I [   ] up late.

6 be / get

나는 직장을 얻을 때까지 우울했다.

I [   ] depressed until I [   ] a job.

7 live / visit

내가 그녀를 방문했을 때, 그녀는 파리에서 3년 동안 살았다.

She [   ] in Paris for 3 years when I [   ] her.

■ 주어진 두 문장을 한 문장으로 만들 때, 그 의미가 통하도록 문장을 완성하시오.　　✔ 서술형 **기출**문제

> • I went to the bus stop.
> • The bus already left.

→ <u>The bus had already left</u> when I went to the bus stop.

내가 버스 정류장에 도착하기 이전에 버스가 떠났기 때문에 버스가 떠난 상황에 대해 과거완료시제를 사용한다.

---

①
He arrived home.
His family already ate dinner.

→ When he arrived home,
his family had already eaten dinner.

②
She was exhausted.
She walked for two hours.

→ She was exhausted because

③
You told me.
You bought the car from him.

→ You told me that

④
I found my wallet.
I lost my wallet in the subway.

→ I found my wallet that

⑤
I talked about the show.
I saw the show before.

→ I talked about the show that

⑥
I couldn't do well on the test.
I didn't study hard.

→ I couldn't do well on the test because

⑦
Yesterday I realized.
I left my coat somewhere.

→ Yesterday I realized that

■ 마무리 해석확인

[보기] 내가 버스 정류장에 갔을 때, 그 버스는 이미 떠났다.
② 그녀는 두 시간 동안 걸었기 때문에 기진맥진했다.
④ 나는 내가 지하철에서 잃어버렸던 내 지갑을 찾았다.
⑥ 공부를 열심히 안 했기 때문에 나는 시험을 잘 볼 수 없었다.

① 그가 집에 도착했을 때, 그의 가족은 이미 저녁을 먹었다.
③ 너는 그로부터 그 차를 샀다고 나에게 말했다.
⑤ 나는 전에 내가 본 적이 있는 그 공연에 대해 이야기했다.
⑦ 어제 나는 어딘가에 내 코트를 두고 온 것을 깨달았다.

복습 프로그램
p. 41, 42, 43에서
배운 문장으로

교과서 **서술형 끝내기**

유형기본

기본 + 심화 문제

서술형 유형 기본

■ 주어진 단어를 활용해 우리말에 맞게 문장을 완성하시오.　p.41　STEP 1에 나오는 문장 재확인

1) 내가 왔을 때, 너는 (그전에) 집을 떠났다. (leave)

　→ When I came, you 〔　had left　〕 home.

(⭕ had left)
(❌ left)

2) 나는 그가 돌아온 것을 믿을 수 없다. (come)

　→ I can't believe he 〔　　　　　　〕 back.

(⭕ came)
(❌ had come)

3) 나는 그가 돌아온 것을 믿을 수 없었다. (come)

　→ I couldn't believe he 〔　　　　　　〕 back.

(⭕ had come)
(❌ came)

4) 네가 전화하기 전에 나는 집을 떠났다. (phone)

　→ I had left home before you 〔　　　　　　〕 me.

(⭕ phoned)
(❌ phone)

5) 내가 내 집을 청소한 후에 그가 왔다. (come)

　→ After I had cleaned my house, he 〔　　　　　　〕.

(⭕ came)
(❌ come)

서술형 유형 심화

■ 주어진 단어를 활용해 우리말에 맞게 문장을 쓰시오.　p.42　STEP 2에 나오는 문장 재확인

1) 그녀는 그가 그녀에게 줬던 반지를 잃어버렸다. (lose, give)

　→

(⭕ had given)
(❌ gave)

2) 나는 전에 그녀를 만났던 적이 있다고 확신했다. (be, meet)

　→

(⭕ had met)
(❌ met)

3) 내가 그를 다시 보러 왔을 때, 그는 이미 가버렸다. (come, go)

　→

(⭕ had already gone)
(❌ already went)

4) 늦잠을 잤기 때문에 나는 버스를 놓쳤다. (miss, wake)

　→

동사 wake의 과거분사는 woken

• 과거완료시제의 쓰임
과거의 특정 시점의 사건보다 더
과거에 일어난 사건을 표현할 때는
과거완료시제를 사용해요.

서술형 유형 심화　　　■ 주어진 문장을 보고 틀린 부분을 바르게 고쳐 쓰시오.　　　p.43 **STEP 3에 나오는 문장 재확인**

① The bus had left already when I went to the bus stop.

→ The bus had already left when I went to the bus stop.

(○ had already left)
(✗ had left already)

② When he arrived home, his family had already ate dinner.

→

(○ eaten)
(✗ ate)

③ She was exhausted because she walks for two hours.

→

(○ had walked)
(✗ walks)

④ You told me that you had buy the car from him.

→

(○ had bought)
(✗ had buy)

⑤ I found my wallet that I lost in the subway.

→

(○ had lost)
(✗ lost)

⑥ I talked about the show that I have seen before.

→

(○ had seen)
(✗ have seen)

⑦ I couldn't do well on the test because I don't study hard.

→

(○ had not studied)
(✗ don't study)

⑧ Yesterday I realized that I leave my coat somewhere.

→

(○ had left)
(✗ leave)

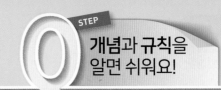

시제판단
현재완료시제 vs
현재완료진행시제

과거에 일어난 사건이나 상황이 현재와 관련 있을 때 현재완료시제를 사용하며, 그 사건(동작)이나 상황이 현재까지 계속되고 있다는 의미를 강조할 때 현재완료진행시제를 사용한다.

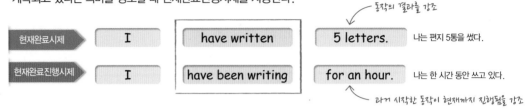

동작의 결과를 강조

| 현재완료시제 | I | have written | 5 letters. | 나는 편지 5통을 썼다. |
| 현재완료진행시제 | I | have been writing | for an hour. | 나는 한 시간 동안 쓰고 있다. |

과거 시작한 동작이 현재까지 진행됨을 강조

---

1 현재완료 진행시제 형태와 쓰임

현재완료진행시제의 형태와 쓰임

현재완료진행시제는 과거에서 현재까지 계속 진행되고 있는 동작, 상태를 나타낸다.

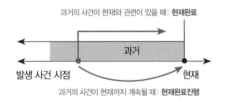

과거의 사건이 현재와 관련이 있을 때: **현재완료**

과거

발생 사건 시점   현재

과거의 사건이 현재까지 계속될 때: **현재완료진행**

It started raining yesterday. + It is still raining.

↓

It **has been raining** since yesterday.
어제부터 (계속) 비가 내리고 있다.

현재완료진행시제는 [have(has) been+동사ing] 형태로 사용한다.

| You | have been studying | since this morning. | 너는 오늘 아침부터 (계속) 공부하고 있다. |
| She | has been studying | | 그녀는 오늘 아침부터 (계속) 공부하고 있다. |

★ 현재완료시제 vs. 현재완료진행시제

| 현재완료 | I **have done** my homework. 나는 숙제를 마쳤다. |
| 현재완료진행 | I **have been doing** my homework for three hours.
= I started doing my homework 3 hours ago and I'm still doing my homework.
나는 세 시간 동안 숙제를 하고 있다. |

---

2 시제 판단의 요인

어떤 시제를 사용할까?

① 단순현재시제 vs. 단순과거시제

I ~~take~~ / took a nap after school yesterday.
나는 어제 방과 후에 낮잠을 잤다.

② 단순과거시제 vs. 현재완료시제

already, yet, never, once 등과 같은 표현과 자주 쓰임

I ~~visited~~ / have visited Japan once.
나는 일본을 한번 방문한 적이 있다.

③ 현재완료시제 vs. 과거완료시제

I ~~have already finished~~ / had already finished my dinner when she came.
나는 그녀가 왔을 때, 저녁식사를 이미 끝냈다.

④ 현재진행시제 vs. 현재완료진행시제

I ~~am watching~~ / have been watching TV for three hours.
나는 세 시간 동안 TV를 (계속) 보고 있다.

ⓐ for와 since는 현재완료, 현재완료진행시제에 사용할 수 있다.
• for + 5 hours (기간)
• since + last year (기준시점)

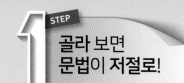

STEP

골라 보면
문법이 저절로!

현재완료진행시제는 과거에 발생한 사건이나 상황이 현재까지 계속 진행될 때
사용하고, [have(has) been+동사ing] 형태로 쓴다.

✓ 현재완료시제 vs. 현재완료진행시제

시제 구별하기

I [＿＿＿＿＿＿＿＿] for three hours.

① 나는 세 시간 동안 청소했다.

☑ have cleaned　☐ have been cleaning

② 나는 세 시간 동안 청소하고 있다.

☐ have cleaned　☐ have been cleaning

He [＿＿＿＿＿＿＿＿] for 12 hours.

③ 그는 12시간 동안 일했다.

☐ has worked　☐ has been working

④ 그는 12시간 동안 일하고 있다.

☐ has worked　☐ has been working

You [＿＿＿＿＿＿＿＿] good results.

⑤ 너는 좋은 결과를 받았다.

☐ have gotten　☐ have been getting

⑥ 너는 좋은 결과를 받고 있다.

☐ have gotten　☐ have been getting

✓ 시제 판단하기

시제에 따른 형태 고르기

① I [＿＿＿＿＿＿＿] China last week.
　　　　　　　　　　지난주에

☑ visited　☐ have visited

② I [＿＿＿＿＿＿＿] back last Friday.
　　　　　　　　　　지난 금요일에

☐ came　☐ have come

③ He [＿＿＿＿＿＿＿] in London since 2013.
　　　　　　　　　　2013년 이래로

☐ lived　☐ has lived

④ I [＿＿＿＿＿＿＿] to do it for years.
　　　　　　　　　　수해 동안

☐ wanted　☐ have been wanting

⑤ He has not [＿＿＿＿＿＿＿] yet.
　　　　　　　　　　아직

☐ arrived　☐ arrive

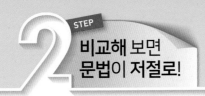

STEP 2 비교해 보면
문법이 저절로! 주어진 단어를 활용해서 우리말에 맞게 현재완료시제나 현재완료진행시제의 문장을 완성하세요.

read

나는 그 책을 막 다 읽었다.

I [have just read] the book.

나는 그 책을 2시간 동안 읽고 있다.

I [have been reading] the book for two hours.

---

1 wait

나는 한 시간 동안 기다렸다.

I [＿＿＿＿＿] for an hour.

나는 한 시간 동안 기다리고 있다.

I [＿＿＿＿＿] for an hour.

---

2 fix

그는 내 컴퓨터를 고쳤다.

He [＿＿＿＿＿] my computer.

그는 내 컴퓨터를 한 시간 동안 고치고 있다.

He [＿＿＿＿＿] my computer for an hour.

---

3 paint

나는 내 방을 파란색으로 칠했다.

I [＿＿＿＿＿] my room blue.

나는 오늘 아침부터 내 방을 칠하고 있다.

I [＿＿＿＿＿] my room since this morning.

---

4 hide

그 고양이는 몇 달째 새끼 고양이들을 숨겨 왔다.

The cat [＿＿＿＿＿] her kittens for months.

그 고양이가 어제부터 새끼 고양이들을 숨기고 있다.

The cat [＿＿＿＿＿] her kittens since yesterday.

---

5 sleep

그는 푹 잤다.

He [＿＿＿＿＿] deeply.

그는 몇 시간 동안 자고 있다.

He [＿＿＿＿＿] for hours.

---

6 do

그녀는 막 숙제를 끝냈다.

She [＿＿＿] just [＿＿＿] her homework.

그녀는 두 시간 동안 숙제를 하고 있다.

She [＿＿＿＿＿] her homework for two hours.

---

7 prepare

우리는 그녀를 위한 깜짝 파티를 준비했다.

We [＿＿＿＿＿] a surprise party for her.

우리는 지난주부터 파티를 준비하고 있다.

We [＿＿＿＿＿] for the party since last week.

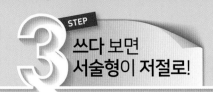

■ 주어진 두 문장을 한 문장으로 만들 때, 그 의미가 통하도록 문장을 쓰시오.

✔ 서술형 기출문제

> • I began waiting for him this morning.
> • I'm still waiting for him now.

→ 아침부터 기다리고 있는 상태가 현재까지 계속 진행되고 있기 때문에 현재완료진행시제를 사용한다.

→   I have been waiting for him since this morning.

---

① He began watching TV two hours ago.
He is still watching TV.
→ He has been watching TV for two hours.

② The baby began crying an hour ago.
She is still crying.
→

③ I thought about you.
I am still thinking about you.
→

④ We went on a vacation last week.
We are still enjoying our vacation.
→

⑤ It started snowing yesterday.
It's still snowing now.
→

⑥ I began studying English at 3 p.m.
It's 6 p.m. now and I'm still studying.
→

⑦ We began playing outside two hours ago.
We are still playing outside.
→

문법이 쓰기다

■ 마무리 해석확인

[보기] 나는 오늘 오전부터 그를 기다리고 있다.   ① 나는 두 시간 동안 TV를 보고 있다.   ② 그 아기는 한 시간 동안 울고 있다.
③ 나는 너에 대해 생각하고 있다.   ④ 우리는 지난주부터 휴가를 즐기고 있다.   ⑤ 어제부터 눈이 내리고 있다.
⑥ 나는 세 시간 동안/오후 3시 부터 영어 공부를 하고 있다.   ⑦ 우리는 두 시간 동안 밖에서 놀고 있다.

복습 프로그램
p. 47, 48, 49에서
배운 문장으로
교과서 **서술형 끝내기**

유형기본 +
기본 + 심화 문제

서술형 유형 기본
■ 주어진 단어를 활용해 우리말에 맞게 문장을 완성하시오. p.47 **STEP 1**에 나오는 문장 재확인

① 나는 세 시간 동안 청소하고 있다. (clean)

→ I [have been cleaning] for three hours.

(✓ have been cleaning)
(✗ have cleaned)

② 그는 12시간 동안 일하고 있다. (work)

→ He [   ] for 12 hours.

(✓ has been working)
(✗ have worked)

③ 나는 지난주에 중국을 방문했다. (visit)

→ I [   ] China last week.

(✓ visited)
(✗ visit)

④ 그는 2013년 이래로 런던에 산다. (live)

→ He [   ] in London since 2013.

(✓ has lived)
(✗ lived)

⑤ 나는 그것을 하는 것을 수해 동안 바라고 있다. (want)

→ I [   ] to do it for years.

(✓ have been wanting)
(✗ have wanted)

서술형 유형 심화
■ 주어진 어구를 활용해 우리말에 맞게 문장을 쓰시오. p.48 **STEP 2**에 나오는 문장 재확인

① 그는 내 컴퓨터를 한 시간 동안 고치고 있다. (fix, for an hour)

→

(✓ has been fixing)
(✗ is fixing)

② 그녀는 막 숙제를 끝냈다. (just, do)

→

(✓ has just done)
(✗ has been doing)

③ 그는 몇 시간 동안 자고 있다. (sleep, for hours)

→

(✓ has been sleeping)
(✗ slept)

④ 우리는 지난주부터 파티를 준비하고 있다. (prepare, since last week)

→

(✓ have been preparing)
(✗ are preparing)

• 현재완료진행시제의 쓰임
과거에 시작한 사건이나 상황이
현재까지 계속되고 있을 때 사용할
수 있어요.

서술형 유형 심화　　　■다음 문장을 보고 주어진 지시에 맞게 바꾸어 쓰시오.　　p.49　STEP 3에 나오는 문장 재확인

1 I waited for him this morning. (→ 현재완료진행)

→ I have been waiting for him since this morning.

(◯ have been waiting)
(✗ waited)

2 He has been watching TV. (→ 단순과거)

→

(◯ watched)
(✗ has been watching)

3 The baby has been crying for an hour. (→ 현재완료)

→

(◯ has cried)
(✗ has been crying)

4 I am thinking about you. (→ 현재완료진행)

→

(◯ have been thinking)
(✗ am thinking)

5 We have been enjoying our vacation. (→ 현재완료)

→

(◯ have enjoyed)
(✗ have been enjoying)

6 It snowed yesterday. (→ 현재완료진행)

→

(◯ has been snowing)
(✗ snowed)

7 I have been studying English. (→ 단순과거)

→

(◯ studied)
(✗ have been studying)

8 We have played outside for two hours. (→ 현재완료진행)

→

(◯ have been playing)
(✗ have played)

[01-02] 다음 빈칸에 공통으로 알맞은 것을 고르시오.

01

- It hasn't stopped raining _____ .
- I haven't checked my email _____ .

① already　　② just　　③ never
④ yet　　⑤ ever

02

- I've just _____ an assignment.
- The research has been _____ successfully.

① completion　② complain　③ completing
④ complete　　⑤ completed

[03-05] 다음 빈칸에 알맞은 말이 순서대로 짝지어진 것을 고르시오.

03

- I haven't _____ anything since this morning.
- I've never _____ a car.

① eaten – drove　　② ate – driven
③ eaten – driven　　④ ate – drove
⑤ eated – drived

04

- I've _____ traveled completely alone.
- Joe's been fixing his car _____ 10 a.m.

① ever – never　　② never – since
③ already – before　④ just – for
⑤ yet – since

05

- I was disappointed when I _____ to cancel my vacation.
- He was nervous because he _____ never flown before.

① have – have　　② had – had
③ have – had　　④ had – have been
⑤ have – had been

06　어법상 <u>어색한</u> 부분을 바르게 고친 것은?

We ①<u>were driving</u> on the highway when we ②<u>saw</u> a car ③<u>that</u> ④<u>has broken down</u>, so we ⑤<u>stopped</u> to help.

① were driving → drove
② saw → had seen
③ that → where
④ has broken down → had broken down
⑤ stopped → were stopping

[07-08] 우리말을 보고 빈칸에 알맞은 것을 고르시오.

07

나는 지금 막 은행에서 예상치 못한 문자 알림을 받았다.
→ I _____ an unexpected text alert from the bank.

① have been received
② have been receiving
③ have just received
④ already have received
⑤ had received

08

Brian은 졸업하고 나서부터 계속 직업을 찾고 있는 중이다.
→ Brian has _____ for a job since he _____ .

① been looking – graduated
② been looking – has graduated
③ looked – graduate
④ looked – has been graduating
⑤ looked – have graduated

09 다음 중 대화의 흐름상 어색한 것은?

A: ⓐHave you seen Julie recently?

B: No, I haven't. ⓑI met her for lunch yesterday. ⓒI haven't talked to her for a while.

A: ⓓI have called her several times this week to check up on her. ⓔBut she has never picked up.

B: She's disappeared into thin air.

① ⓐ   ② ⓑ   ③ ⓒ
④ ⓓ   ⑤ ⓔ

10 주어진 두 문장을 한 문장으로 만든 것 중 어법상 맞는 문장은?

• I have a headache.
• It started when I woke up.

① It started a headache when I wake up.
② I've had a headache since I woke up.
③ I have a headache when I woke up.
④ I have a headache that I already started.
⑤ I woke up and have a headache.

11 다음 빈칸에 들어갈 동사의 시제가 나머지와 다른 것은?

① I _____ (never have) Brazilian food until I visited Rio last summer.

② I discovered that someone _____ (already eat) the last piece of cake.

③ When I came home, my family _____ (already have) dinner.

④ We _____ (not meet) our new teacher yet.

⑤ I didn't know the rules because I _____ (not be) there before.

12 주어진 단어들을 활용해 우리말에 맞게 문장을 쓰시오.

나는 한 번도 라이브 공연을 가본 적이 없다.
(attend, any live performance)

→ _____

13 다음 그림을 보고 문장을 완성하시오.

2:00 p.m.   now 4:00 p.m.

→ He _____ since 2 p.m.

14 다음 표를 보고 문장을 완성하시오.

Time	Event
3:00 a.m.	Somebody broke into the office.
8:30 a.m.	Jason arrived at work.
8:45 a.m.	Jason called the police.

→ Jason arrived at work in the morning and found that somebody _____ during the night. So Jason called the police.

15 주어진 우리말을 보고 알맞은 표현을 넣어 대화를 완성하시오.

A: Hi, Tom! What have you been up to lately?

B: I ⓐ_____ (훈련을 하고 있다) for a karate competition next week. How about you? Have you talked to your parents about applying for college?

A: I've ⓑ_____ (설득하려고 노력하고 있다) them to let me decide where to go to college, but they have ⓒ_____ (이미 일정을 잡았다) some college visits without telling me.

B: That sounds like a stressful situation.

문법이 쓰기다

한 장의 사진으로 보는
문법이 쓰기다

UNIT 01 현재완료시제

내 생애 첫 파스타
파스타를 먹어본 적 있냐고? 당연히 있지!
5살 때 처음으로 맛본 파스타는 정말 꿀맛이었어.

 써 봐!

너는 전에 파스타를 먹어본 적 있니?

→

UNIT 02 과거완료시제

엎친 데 덮친 격
헐레벌떡 뛰어 왔는데, 버스는 이미 떠났네.
얇은 잠옷 바지를 갈아입는 것도 깜박하다니.

 써 봐!

늦잠을 잤기 때문에 나는 버스를 놓쳤다.

→

UNIT 03 현재완료진행시제

Halloween Party
기다리고 기다리던 Halloween!
멋진 코스튬도 만들고, Jack-o-lantern도 만들고,
맛있는 쿠키도 구워야지.

 **써 봐!**

우리는 지난주부터 파티를 준비하고 있다.

→

정답 **UNIT 01.** Have you ever eaten pasta before?   **UNIT 02.** I missed the bus because I had woken up late.
UNIT 03. We have been preparing for the party since last week.

Part 3
조동사

조동사의 여러 가지 쓰임을 알아보고,
문장에서 쓰임이 같은 조동사와 다른 조동사를 비교하면서
올바른 조동사를 사용해서 문장을 정확히 씁니다.

UNIT 1 조동사의 쓰임 I

구성	기초 항목	서술형 유형
STEP 1	조동사 구별해 고르기	
STEP 2	단어 재배열해 쓰기	
STEP 3		틀린 부분 고쳐 쓰기
서술형 끝내기		문장완성, 문장쓰기

UNIT 2 조동사의 쓰임 II

구성	기초 항목	서술형 유형
STEP 1	조동사 구별해 고르기	
STEP 2	단어 재배열해 쓰기	
STEP 3		우리말 영작하기
서술형 끝내기		문장완성, 문장쓰기

조동사의 쓰임 I

조동사 쓰임 비교

조동사는 혼자 쓰이지 못하고 다른 동사를 도와주어 기본 의미를 바꾸어 주는 역할을 한다.

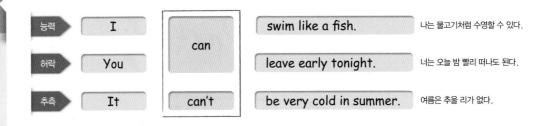

능력	I		swim like a fish.	나는 물고기처럼 수영할 수 있다.
허락	You	can	leave early tonight.	너는 오늘 밤 빨리 떠나도 된다.
추측	It	can't	be very cold in summer.	여름은 추울 리가 없다.

1 능력, 허락, 추측

조동사의 쓰임: must / should / may / can

	추측	허락	능력
must	It **must** be cold outside. 밖이 추운 게 **틀림없다.**	–	–
should	It **should** be ready soon. 그것은 분명 곧 준비되**겠다.**	–	–
may	He **may** be tired by now. 그는 지금쯤 피곤할**지도 모른다.**	**May** I stay here? 제가 여기 머물러**도 될까요?**	–
can	He **can** arrive late. 그는 늦게 도착할 **수도 있다.**	You **can** stay here. 너는 여기 머물러**도 된다.**	He **can** speak Spanish. 그는 스페인어를 **할 수 있다.**

① can의 과거형은 could이며, can(could)은 be able to로 바꿔 쓸 수 있다.

    I **can**(= **am able to**) go back home safely. 나는 안전하게 집에 돌아갈 수 있다.

② 조동사의 과거형은 더 공손하고 좀 더 간접적인 의미를 지닌다.

    Can I ask you some questions? = **Could** I ask you some questions? 질문을 좀 드려도 되겠습니까?

    It **may** rain later today. = It **might** rain later today. 오늘 이따가 비가 올지도 모르겠는데.

              → may보다 좀 더 약한 추측을 나타내요.

③ can't(~일 리가 없다)는 must(~임에 틀림없다)의 반대 의미로 사용할 수 있다.

> **Check! 미래를 나타낼 때**
> 미래를 나타내는 조동사 will과 조동사 can(~할 수 있다)을 나란히 사용할 수 없기 때문에 미래 표현은 will be able to~로 사용해요.

2 의무, 충고, 조언

조동사의 쓰임: must / should / had better

	의무 / 충고 / 조언	
must = have to	You **must** see a doctor once!	너는 한 번은 반드시 진찰을 **받아야 한다.**
should = ought to	You **should** be at school before 8:30.	너는 8시 30분 전에 학교에 **있어야 한다.**
had better	You **had better** finish this project.	너는 이 프로젝트를 끝내는 **게 낫다.**

★ 부정문을 만들 때 not의 위치에 주의한다.

You	should **not** ought **not** to had better **not**	tell her about it.	너는 그것에 대해 그녀에게 말하지 **않는 게 낫다.**

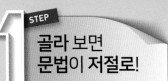

추측, 허락, 능력을 나타내는 조동사 　　　　　　　조동사 고르기

1 나는 운전할 수 있다.　　　I [can / must] drive a car.

2 너는 내 휴대전화를 사용해도 된다.　　　You [can / must] use my cellphone.

3 그것은 Susan 것임이 틀림없다.　　　It [must / could] be Susan's.

4 그는 우리와 함께 갈지도 모른다.　　　He [can't / might] come with us.

5 그녀는 지금쯤 집에 있을 리가 없다.　　　She [can't / may] be at home by now.

6 그들은 지금쯤 거기에 있을지도 모른다.　　　They [can't / may] be there by now.

의무, 충고, 조언 나타내는 조동사 　　　　　　　형태 구별하기

You [　　　　　　] back to work.

1 너는 일터로 돌아가야 한다.　　　☐ must not get　　☑ must get

2 너는 일터로 돌아가는 게 낫다.　　　☐ should get　　☐ should not get

We [　　　　　　] late.

3 우리는 늦게 만나는 게 낫다.　　　☐ ought meet　　☐ ought to meet

4 우리는 늦게 만나지 않는 게 낫다.　　　☐ ought not to meet　　☐ ought to not meet

You [　　　　　　] her advice.

5 너는 그녀의 충고를 받아들이는 게 낫다.　　　☐ had better take　　☐ had better to take

6 너는 그녀의 충고를 받아들이지 않는 게 낫다.　　　☐ had not better take　　☐ had better not take

---

can, go, to the party, I, later

영문장 → I can go to the party later.

우리말 → 나는 나중에 그 파티에 갈 수 있다.

---

1 may, I, ask, some, you, questions, ?

영문장 →

우리말 →

---

2 any child, to be, can, grow up, president

영문장 →

우리말 →

---

3 must, through, the desert, pass, we

영문장 →

우리말 →

---

4 should, he, be, in school, by now

영문장 →

우리말 →

---

5 you, must, exhausted, be, such a long day, after

영문장 →

우리말 →

---

6 she, could, him, cure, not

영문장 →

우리말 →

---

7 might, your, be, last chance, it

영문장 →

우리말 →

■ 다음 우리말을 보고, 주어진 영어 문장에서 <u>어색한</u> 부분을 바르게 고쳐 쓰시오. ☑ 서술형 **기출**문제

> 그는 그 상황을 혼자 감당할 수 있다.
>
> → He must manage the situation by himself.

→ 능력을 나타내는 '~할 수 있다'의 의미를 지니는 조동사 can을 사용한다.

→ He can manage the situation by himself.

---

1 우리는 그 쇼를 함께 볼 수 있었다.
We can see the show together.
→ We could see the show together.

2 너는 여행 후에 피곤할 것임이 틀림없다.
You may be tired after the trip.

3 그것은 너에게 도움이 될 리가 없다.
It must be helpful to you.

4 우리는 네 자전거를 찾을 수 있을 것이다.
We will can find your bike.

5 너는 지금 나를 떠나도 좋다.
You must leave me now.

6 너는 이 방의 어떤 것도 손대지 않는 게 낫다.
You had not better touch anything in this room.

7 너는 그 개를 약 올리는 것을 멈추는 게 낫다.
You can't stop teasing the dog.

복습 프로그램
p. 57, 58, 59에서
배운 문장으로

교과서 **서술형** 끝내기

유형기본

기본 + 심화 문제

서술형 유형 기본

■ 알맞은 단어를 골라 우리말에 맞게 문장을 완성하시오.

p.57 **STEP 1**에 나오는 문장 재확인

---

use   come   be   get

---

① 너는 내 휴대전화를 사용해도 된다. (can)

→ You 　　can use　　 my cellphone.

허락을 나타내는 can

---

② 그는 우리와 함께 갈지도 모른다. (might)

→ He 　　　　　　　 with us.

추측을 나타내는 might은 may 보다 좀 더 간접적인 표현(불확실한 추측)을 할 때 사용

---

③ 그녀는 지금쯤 집에 있을 리가 없다. (can't)

→ She 　　　　　　　 at home by now.

must의 반대 의미로 강한 추측의 can't

---

④ 너는 일터로 돌아가야만 한다. (must)

→ You 　　　　　　　 back to work.

의무를 나타내는 must

서술형 유형 심화

■ 주어진 어구를 활용해 우리말에 맞게 문장을 쓰시오.

p.58 **STEP 2**에 나오는 문장 재확인

---

① 당신께 질문을 좀 드려도 되겠습니까? (may, some questions)

→

허락을 나타내는 may

---

② 그것이 너의 마지막 기회일지 모른다. (might, last chance)

→

추측을 나타내는 might

---

③ 그는 지금쯤 학교에 있겠다. (should, by now)

→

추측을 나타내는 should

---

④ 우리는 그 사막을 지나가야만 한다. (must, pass through)

→

의무를 나타내는 must

• 조동사 must 쓰임
must는 강한 추측을 나타내거나,
should보다 강력하고 확고한 의무를
나타낼 때 사용해요.

서술형 유형 심화

■ 알맞은 어구를 골라 우리말에 맞게 문장을 쓰시오.

p.59 STEP 3에 나오는 문장 재확인

① 그는 그 상황을 혼자 감당할 수 있다. **(can / must)**

→ He can manage the situation by himself.

(◯ can)
(✗ must)

② 우리는 그 쇼를 함께 볼 수 있었다. **(can / could)**

→

(◯ could)
(✗ can)

③ 너는 여행 후에 피곤할 것임이 틀림없다. **(may / must)**

→

(◯ must)
(✗ may)

④ 그것은 너에게 도움이 될 리가 없다. **(must / can't)**

→

(◯ can't)
(✗ must)

⑤ 우리는 네 자전거를 찾을 수 있을 것이다. **(will be able to / can)**

→

(◯ will be able to)
(✗ can)

⑥ 너는 지금 나를 떠나도 좋다. **(must / may)**

→

(◯ may)
(✗ must)

⑦ 너는 이 방의 어떤 것도 손대지 않는 게 낫다. **(had better / had better not)**

→

(◯ had better not)
(✗ had better)

⑧ 너는 그 개를 약 올리는 것을 멈추는 게 낫다. **(can't / should)**

→

(◯ should)
(✗ can't)

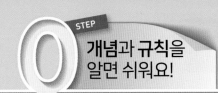

조동사 과거 쓰임 비교

[조동사+have+과거분사]는 과거에 있었던 일에 대한 추측이나 심경(후회)을 나타낼 때 사용한다.

He	can't have done	his homework.	그는 그의 숙제를 했을 리가 없다.
	could have done		그는 그의 숙제를 했을 수도 있었다.
	should have done		그는 그의 숙제를 했어야만 했다.

1 과거 추측, 후회

과거 추측과 후회를 나타내는 조동사

과거에 대한 추측을 나타내는 표현은 다음과 같다.

She	must	have stayed	at home.	그녀는 집에 머물렀음이 틀림없다.
	can't			그녀는 집에 머물렀을 리가 없다.
	may (might)			그녀는 집에 머물렀을지도 모른다.
	could			그녀는 집에 머물렀을 수도 있었다.

[must+have+과거분사]와 [can't+have+과거분사]는 서로 반대의 의미를 지닌다고 볼 수 있다.

It **must have been** hot there. 그곳은 더웠음이 틀림없다.

↔ It **can't have been** hot there. 그곳은 더웠을 리가 없다.

✱ [should have+과거분사]는 과거에 대한 후회나 유감을 나타내고 '~했어야 했다'의 의미를 지닌다.

I **should have listened** to your advice. 나는 너의 조언을 들었어야 했다.

I **should** **not** **have yelled** at her. 나는 그녀에게 소리치지 않았어야 했다.

2 과거 습관

과거 습관을 나타내는 조동사

과거의 습관이나 반복했던 행동에 대해서는 [would/used to+동사원형]을 사용하고 '~하곤 했다'의 의미를 가진다.

| I | used to | go to the beach every summer. | 나는 여름마다 그 해변에 가곤 했다. |
| | would | | |

be, have, like, know, believe 등

✱ 상태동사와 함께 과거의 상태에 대해 말할 때는 used to만 사용할 수 있다.

I **used to / ~~would~~** have long hair. 나는 (과거에) 긴 머리였다. → '이제는 아니다'의 의미를 내포

I **used to / ~~would~~** be a naughty boy when I was young. 나는 어렸을 때 장난꾸러기 소년이었다.

✱ 다양한 used to 형태와 의미

① be(get) used to + -ing: ~하는 데 익숙하다(해지다)

I am used to living by myself. 나는 혼자 사는 데 익숙하다.

② be used to + 동사원형: ~하는 데 이용되다

Bacteria is used to make cheese. 박테리아는 치즈를 만드는 데 이용된다.

[조동사+have+과거분사]는 과거에 대한 추측이나 후회를 나타낼 때 사용한다.
used to와 would는 둘 다 과거 습관을 나타내지만 would는 상태동사와 함께
사용할 수 없다.

✓ 과거 추측과 심정을 나타내는 조동사

조동사 구별하기

He [＿＿＿＿＿＿＿＿＿] to call many times.

① 그는 수 차례 전화를 시도할지 모른다.

☑ may try   ☐ may have tried

② 그는 수 차례 전화를 시도했을지 모른다.

☐ may try   ☐ may have tried

She [＿＿＿＿＿＿＿＿＿] to the party.

③ 그녀는 파티에 갔던 것이 틀림없다.

☐ must have gone   ☐ can't have gone

④ 그녀는 파티에 갔을 리가 없다.

☐ must have gone   ☐ can't have gone

I [＿＿＿＿＿＿＿＿＿] told him.

⑤ 나는 그에게 말했어야 했다.

☐ should have   ☐ should not have

⑥ 나는 그에게 말하지 말았어야 했다.

☐ should have   ☐ should not have

✓ 과거 습관을 나타내는 조동사

조동사 구별하기

① 나는 (과거에) 갈색 머리였다.   I [used to / would] have brown hair.

② 나는 (과거에) 유명한 배우였다.   I [used to / would] be a famous actor.

③ 나는 (과거에) 도시에 사는 것을 좋아했다.   I [used to / would] like living in a city.

④ 나는 (과거에) 담배를 피우곤 했다.   I [used to / am used to] smoke.

⑤ 나는 온라인으로 책을 읽는 데 익숙해졌다.   I [used to / got used to] reading books online.

⑥ 그 나무들은 집을 짓는 데 사용되었다.   The trees [used to / were used to] build houses.

I, thought, should, have, about, it, more

영문장 → I should have thought about it more.

우리말 → 나는 그것에 대해 더 생각했어야 했다.

1 might, she, have, no money, had

영문장 →

우리말 →

2 must, have been, she, then, rich

영문장 →

우리말 →

3 cannot, he, have gone, with, there, her

영문장 →

우리말 →

4 I, have met, should, her, yesterday

영문장 →

우리말 →

5 should, have watched, he, not, all night long, TV

영문장 →

우리말 →

6 I, take, used to, a walk, on weekends, in the park

영문장 →

우리말 →

7 is, used to, eating, she, alone, dinner

영문장 →

우리말 →

■ 주어진 단어를 활용해 우리말에 맞게 문장을 쓰시오.

✔ 서술형 **기출**문제

나는 어렸을 때 런던에서 살았다. (used to, live)

→   I used to live in London when I was young.

→ used to live는 '과거에 살 았지만 현재는 아니다'라 는 의미를 내포하고 있다. used to 뒤에는 동사원형 을 사용한다.

---

① 그녀는 아팠던 것임이 틀림없다. (must, sick)

→ She must have been sick.

② 나는 그녀에게 거짓말하지 않았어야 했다. (should, lie)

→

③ 그는 그의 전화기를 집에 뒀을지도 모른다. (may, leave)

→

④ 그는 연습하는 데 더 많은 시간을 보낼 수도 있었다. (could, spend, practice)

→

⑤ 할아버지는 젊었을 적에 럭비를 하곤 했다. (used to, play rugby)

→

⑥ 나는 겨울에 종종 아이스크림을 먹곤 했다. (would often, ice cream)

→

⑦ 그 외국인은 젓가락을 사용하는 데 익숙해졌다. (foreigner, get used to, chopsticks)

→

서술형 유형 기본

■ 주어진 단어를 활용해 우리말에 맞게 문장을 완성하시오.   p.63 STEP 1에 나오는 문장 재확인

① 그는 수 차례 전화를 시도했을지 모른다. (may, try)

→ He [**may have tried**] to call many times.

(✓ may have tried)
(✗ may try)

② 그녀는 파티에 갔을 리가 없다. (can't, go)

→ She [   ] to the party.

(✓ can't have gone)
(✗ can't go)

③ 나는 그에게 말하지 말았어야 했다. (should, tell)

→ I [   ] him.

(✓ should not have told)
(✗ should not tell)

④ 나는 (과거에) 담배를 피웠다. (used to)

→ I [   ] .

지금은 하지 않는 과거의 습관을 나타내는 used to

⑤ 나는 온라인으로 책을 읽는 데 익숙해졌다. (get used to)

→ I [   ] books online.

get used to+동사ing: ～하는 데 익숙해지다

서술형 유형 심화

■ 주어진 어구를 활용해 우리말에 맞게 문장을 쓰시오.   p.64 STEP 2에 나오는 문장 재확인

① 나는 그것에 대해 더 생각했어야 했다. (should, think)

→

(✓ should have thought)
(✗ should think)

② 그녀는 그때 부자였음이 틀림없다. (must, be)

→

(✓ must have been)
(✗ must be)

③ 그는 밤새 TV를 보지 말았어야 했다. (should, all night long)

→

(✓ should not have watched)
(✗ should not watched)

④ 나는 주말마다 그 공원에서 산책하곤 했다. (used to, take a walk)

→

(✓ used to)
(✗ would)

• 조동사 used to
'～하곤 했다'의 의미를 지니는 조동사 used to는 과거에 반복했던 행동을 나타낼 때 사용해요.

| 서술형 유형 심화 | ■ 알맞은 어구를 골라 우리말에 맞게 문장을 쓰시오. | p.65 STEP 3에 나오는 문장 재확인 |

1 나는 어렸을 때 런던에서 살았다. **(used to / would)**

→ I used to live in London when I was young.

(◯ used to)
(✘ would)

2 그녀는 아팠던 것임이 틀림없다. **(must have been / must be)**

→

(◯ must have been)
(✘ must be)

3 나는 그녀에게 거짓말하지 않았어야 했다. **(should not have lied / should lie)**

→

(◯ should not have lied)
(✘ should lie)

4 그는 그의 전화기를 집에 뒀을지도 모른다. **(may leave / may have left)**

→

(◯ may have left)
(✘ may leave)

5 그는 연습하는 데 더 많은 시간을 보낼 수도 있었다. **(have spent / could have spent)**

→

(◯ could have spent)
(✘ have spent)

6 할아버지는 젊었을 적에 럭비를 하곤 했다. **(used to / be used to)**

→

(◯ used to)
(✘ be used to)

7 나는 겨울에 종종 아이스크림을 먹곤 했다. **(would / be used to)**

→

(◯ would)
(✘ be used to)

8 그 외국인은 젓가락을 사용하는 데 익숙해졌다. **(got used to / used to)**

→

(◯ got used to)
(✘ used to)

[01-02] 다음 빈칸에 공통으로 알맞은 것을 고르시오.

01

> • Excuse me, _____ you tell me how to get to the airport?
> • I _____ not sleep last night.

① can   ② could   ③ would
④ may   ⑤ might

02

> • You _____ write your answers in ink when you take an exam.
> • He _____ be Dan. I know him very well.

① will   ② could   ③ must
④ would   ⑤ had better

[03-04] 다음 빈칸에 알맞은 말이 순서대로 짝지어진 것을 고르시오.

03

> • Fortunately, everybody was _____ escape from the building.
> • We'd _____ stop for gas soon because the tank is almost empty.

① able to – should   ② ought to – been
③ able to – better   ④ used to – able to
⑤ better – able to

04

> • You got here quickly. You _____ have walked very fast.
> • I can't find my purse anywhere. I _____ have left in the store.

① can – may   ② must – might
③ can – can't   ④ could – ought to
⑤ could – used to

05 어법상 어색한 부분을 바르게 고친 것은?

> Jen ①was walking down the street ②by herself. She ③noticed something ④strange, and she ⑤can see someone in the distance.

① was walking → were walking
② by herself → with herself
③ noticed → noticing
④ strange → strangely
⑤ can see → could see

[06-08] 주어진 우리말을 보고 빈칸에 알맞은 것을 고르시오.

06

> 상황이 나빴지만 더 안 좋았을 수도 있었다.
> → The situation was bad, but it _____ worse.

① could have been   ② must have been
③ should have been   ④ can't have been
⑤ might be

07

> 우리는 환경문제를 인식해야 한다.
> → We _____ be aware of environmental issues.

① could   ② must
③ can   ④ shouldn't
⑤ may not

08

> 부탁 하나만 들어 주실 수 있나요?
> → _____ you do me a favor?

① Must   ② Should
③ Could   ④ Used to
⑤ Able to

09 대화의 흐름상 빈칸에 적합한 문장은?

> A: Can you come to the party tomorrow?
> B: I'll be there. But I _____.
>   My son is going to call me if he needs a ride home.

① will have to stay in the hospital another week
② might have to leave the party early
③ should have a good rest during the weekend
④ will be able to join you
⑤ am exhausted from working overtime

10 다음 중 어법상 틀린 것으로만 짝지어진 것은?

> A: Have you made any vacation plans for this summer?
> B: I'm going backpacking alone across Europe. ⓐCould you give me some advice?
> A: That sounds exciting! Well, ⓑYou must pack any medication you need. Also, many tourists get robbed almost every day. ⓒYou shouldn't have carried a lot of cash when you go out. ⓓ You'd not better keep anything valuable in your backpack.
> B: Thank you for your advice.

① a, b   ② a, b, c   ③ d
④ c, d   ⑤ a, c, d

11 아래 문장의 밑줄 친 부분과 같은 뜻으로 쓰인 조동사는?

> It would be nice to buy a new car, but we can't afford it.

① You must be able to speak Spanish fluently.
② Can I leave here now?
③ He can speak five different languages.
④ He just had lunch. He can't be hungry.
⑤ There might not be enough time to discuss everything at the meeting.

서술형 대비 문제

12 주어진 어구를 활용해 우리말에 맞게 문장을 완성하시오.

이 비결들은 네가 공부에만 집중하도록 도와 줄지도 모른다. (might, focus on)

→ These tips _____.

13 주어진 단어들을 알맞게 배열해 우리말에 맞게 쓰시오.

ought to, ashamed, be, of yourself, you

→ _____

너는 자신이 부끄러운 줄 알아라.

14 다음 글을 읽고 Dan의 심정(과거에 대한 후회)을 가장 잘 드러내는 문장을 쓰시오.

Dan's mom asked him if he had finished homework before he played the computer game. He said he had done. He just didn't want to make his mom angry. After that he regretted telling a lie to his mom.

Dan: I _____ her the truth.

15 주어진 우리말을 보고 알맞은 표현을 넣어 대화를 완성하시오.

> A: I'm so frustrated. All of sudden, my GPS doesn't work properly. ⓐ I _____
>   _____ _____ _____ _____
>   (누군가에게 방향을 물어보는 게 낫다 / should).
> B: We might have to take the train downtown instead of driving. It depends on the traffic.
> A: I think we ⓑ _____ _____ _____
>   ____ ____ (나의 GPS를 고치는 게 낫다 / had better).

한 장의 사진으로 보는
문법이 쓰기다

조동사의 쓰임 I

사막 횡단

뜨거운 태양과 모래 바람.

모래 언덕을 넘을 때면 쓰러질 것 같지만, 목적지에 닿으려

면 사막을 지나가야만 해.

 써 봐!

우리는 그 사막을 지나가야만 한다.

→

UNIT 02

조동사의 쓰임 II

주말의 여유로움

예전에 살던 집 근처엔 큰 공원이 있어서 주말마다 공원

을 산책하곤 했었어.

 써 봐!

나는 주말마다 그 공원에서 산책하곤 했다.

→

조동사의 쓰임 II

믿은 게 잘못이지

그녀에게 빼앗긴 내 마음을 얘기해 버리다니

친구에게 내 비밀을 말하는 게 아니었는데!

 써 봐!

나는 그에게 말하지 말았어야 했다.

→

Part 4
수동태

시제와 문장 형식에 따른 수동태에 대해 알아봅니다.
또한 수동태의 여러 가지 형태에 대해 이해하고
정확한 수동태 문장을 씁니다.

UNIT 1 수동태 형태와 쓰임

구성	기초 항목	서술형 유형
STEP 1	형태와 시제 비교해 고르기	
STEP 2	능동태와 수동태 비교해 쓰기	
STEP 3		조건에 따라 영작하기
서술형 끝내기		문장완성, 문장쓰기

UNIT 2 4형식과 5형식 수동태

구성	기초 항목	서술형 유형
STEP 1	4형식과 5형식 수동태 고르기	
STEP 2	단어 재배열해 쓰기	
STEP 3		수동태 문장으로 바꿔 쓰기
서술형 끝내기		문장완성, 문장쓰기

UNIT 3 수동태의 여러 가지 형태

구성	기초 항목	서술형 유형
STEP 1	여러 가지 수동태의 형태 고르기	
STEP 2	단어 재배열해 쓰기	
STEP 3		우리말 영작하기
서술형 끝내기		문장완성, 문장쓰기

수동태 형태와 쓰임

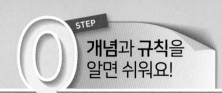

능동태 vs. 수동태

수동태는 사람이나 사물에게 어떤 행위(상황)가 일어났는지를 표현할 때 사용한다.

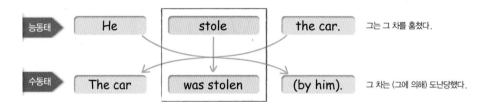

| 능동태 | He | stole | the car. | 그는 그 차를 훔쳤다. |

| 수동태 | The car | was stolen | (by him). | 그 차는 (그에 의해) 도난당했다. |

1 능동태와 수동태 형태 비교

능동태 vs. 수동태

수동태 동사 형태는 [be동사+과거분사]를 사용한다.

He **fixed** the flat tire on the car. 그는 차에 구멍 난 타이어를 고쳤다.

The flat tire on the car **was fixed** by him. 차에 구멍 난 타이어는 그에 의해 고쳐졌다.
[be동사+과거분사] ← be동사는 주어-동사 수 일치와 시제에 따라 알맞게 바꿔야 해요.

✱ 능동태와 수동태는 어떤 상황에서 사용하는지 알아보자.

능동태	I speak English every day at work. 나는 일터에서 매일 영어를 사용한다.	주어가 하는 행동을 말할 때
수동태	The classroom **is cleaned** every day. 그 교실은 매일 청소된다.	사람이나 사물에게 어떤 사건이 발생했는지 말할 때
	The shirts **were made** in Italy. 그 셔츠들은 이탈리아에서 만들어졌다.	행위자가 일반적이거나 불분명할 때, 혹은 행위자가 명백할 때

2 수동태 시제 비교

수동태의 현재시제 vs. 현재진행시제

단순현재시제	Zoe delivers the letters.	The letters **are delivered** by Zoe. 그 편지들은 Zoe에 의해 배달된다.
현재진행시제	Zoe is delivering the letters.	The letters **are being delivered** by Zoe. 그 편지들은 Zoe에 의해 배달되고 있다.

그 사무실은 그 청소부에 의해 청소된다. → The office **is cleaned** / ~~is clean~~ by the cleaner.

그 꽃들은 그 소녀에 의해 판매되고 있다. → The flowers ~~are sold~~ / **are being sold** by the girl.

수동태의 과거시제 vs. 현재완료시제

단순과거시제	Zoe delivered the letters.	The letters **were delivered** by Zoe. 그 편지들은 Zoe에 의해 배달되었다.
현재완료시제	Zoe has delivered the letters.	The letters **have been delivered** by Zoe. 그 편지들은 Zoe에 의해 배달되었다. (완료 용법)

그 이메일이 보내졌다. → The email ~~is sent~~ / **was sent**.

그 보고서는 이미 마무리 되었다. (완료) → The report **has already been finished** / ~~has already finished~~.

STEP

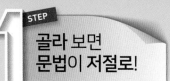
골라 보면
문법이 저절로!

주어가 동사의 행위를 하는 것을 능동태라 하고 주어가 동사의 행위를 받는 것을
수동태라 한다. 수동태는 [be동사+과거분사] 형태로 쓴다.

능동태 vs. 수동태

능동태와 수동태 구별하기

1 나는 저녁 식사 전에 내 숙제를 끝낸다.

I (finish) / am finished   my homework before dinner.

2 내 숙제는 9시까지 끝나야 한다.

My homework must   finished / be finished   by 9.

3 나는 내 일터에서 영어를 사용한다.

I   is spoken / speak   English at my work.

4 영어는 내 일터에서 사용된다.

English   is spoken / spoken   at my work.

5 그는 신발을 만든다.

He   is made / makes   shoes.

6 그 신발은 그 제화공에 의해 만들어졌다.

The shoes   were made / made   by the shoemaker.

시제에 따른 수동태

수동태 시제 구별하기

The books [   ] in the class.

1 그 책들은 수업에 사용된다.

☑ are used   ☐ were used

2 그 책들은 수업에 사용되었다.

☐ are used   ☐ were used

The road [   ].

3 그 도로는 수리되었다.

☐ was repaired   ☐ is being repaired

4 그 도로는 수리되고 있다.

☐ was repaired   ☐ is being repaired

A cake [   ].

5 케이크가 만들어지고 있다.

☐ has been made   ☐ is being made

6 케이크가 만들어졌다.

☐ has been made   ☐ is being made

STEP 2 비교해 보면 문법이 저절로!

주어진 단어를 활용해 우리말에 맞게 문장을 완성하세요.
시제가 특별히 주어졌을 경우 그 시제에 맞는 형태를 사용하세요.

break

그 아이는 유리창을 깼다.
The child [broke] the window.

그 유리창은 그 아이에 의해 깨졌다.
The window [was broken] by the child.

---

1 **find**

나는 그 열쇠를 발견했다.
I [　　　　] the key.

그 열쇠는 침대 아래에서 발견되었다.
The key [　　　　] under the bed.

---

2 **see**

그녀는 별똥별을 보았다.
She [　　　　] a shooting star.

그 별똥별은 1997년 5월에 보였다.
The shooting star [　　　　] in May 1997.

---

3 **make**

나는 예약을 했다.
I [　　　　] a reservation.

예약이 되었다.
A reservation [　　　　].

---

4 **write**

그녀는 이야기를 쓰고 있는 중이다.
She [　　　　] a story.

그 이야기는 알려지지 않은 저자에 의해 쓰이고(쓰여지고) 있다.
The story [　　　　] by an unknown author.

---

5 **wash**

내 친구가 내 고양이를 씻기고 있는 중이다.
My friend [　　　　] my cat.

내 고양이는 애견 미용사에 의해 씻기고 있다.
My cat [　　　　] by a pet groomer.

---

6 **check**
(현재완료시제)

그는 그 여권을 점검했다.
He [　　　　] the passport.

그 여권은 점검되었다.
The passport [　　　　].

---

7 **cancel**
(현재완료시제)

그들은 비 때문에 게임을 취소했다.
They [　　　　] the game due to the rain.

게임이 비 때문에 취소되었다.
The game [　　　　] due to the rain.

■ 주어진 단어와 시제를 사용해 우리말에 맞게 문장을 완성하시오.

✔ 서술형 **기출**문제

이 집은 작년에 우리 삼촌에 의해 지어졌다. (build / 단순과거)

→ This house ＿＿＿＿＿＿＿ by my uncle last year.

→ 수동태의 시제를 확인하자. 여기서는 단순과거시제로 [be동사+과거분사]형태를 사용한다.

→ ＿＿＿ This house was built by my uncle last year. ＿＿＿

---

1 우리 저녁은 항상 그 요리사에 의해 요리된다. (cook / 단순현재)

Our dinner ＿＿＿＿＿＿ by the cook.

→ Our dinner is always cooked by the cook.

---

2 내 방은 엄마에 의해 치워졌다. (clean / 단순과거)

My room ＿＿＿＿＿＿ by my mom.

---

3 그는 개에게 쫓기고 있다. (chase / 현재진행)

He is ＿＿＿＿＿＿ by a dog.

---

4 그 보고서는 Jen에 의해 준비되고 있는 중이다. (prepare / 현재진행)

The report ＿＿＿＿＿＿ by Jen.

---

5 개인 컴퓨터는 많이 발전되어 왔다. (improve / 현재완료)

Personal computers ＿＿＿＿＿＿ a lot.

---

6 많은 노래들이 수년간 Zoe에 의해 작곡되었다. (compose / 현재완료)

Many songs ＿＿＿＿＿＿ by Zoe for years.

---

7 그 프로젝트는 완료되었다. (complete / 현재완료)

The project ＿＿＿＿＿＿.

복습 프로그램
p. 73, 74, 75에서
배운 문장으로

교과서 **서술형 끝내기**

유형기본

기본 + 심화 문제

서술형 유형 기본

■ 알맞은 단어를 골라 우리말에 맞게 문장을 완성하시오.　p.73　**STEP 1**에 나오는 문장 재확인

| speak　make　finish　repair |

① 내 숙제는 9시까지 끝나야 한다.

→ My homework must [be finished] by 9.

(**O** be finished)
(**X** finishes)

② 영어는 내 일터에서 사용된다.

→ English [   ] at my work.

(**O** is spoken)
(**X** speaks)

③ 그 신발들은 그 제화공에 의해 만들어졌다.

→ The shoes [   ] by the shoemaker.

(**O** were made)
(**X** make)

④ 그 도로는 수리되고 있다.

→ The road [   ] .

(**O** is being repaired)
(**X** is repairing)

서술형 유형 심화

■ 주어진 단어를 활용해 우리말에 맞게 문장을 쓰시오.　p.74　**STEP 2**에 나오는 문장 재확인

① 그 유리창은 그 아이에 의해 깨졌다. (break)

→ [   ]

(**O** was broken)
(**X** broke)

② 그 열쇠는 침대 아래에서 발견되었다. (find)

→ [   ]

(**O** was found)
(**X** found)

③ 예약이 되었다. (make)

→ [   ]

(**O** was made)
(**X** made)

④ 내 고양이는 애견 미용사에 의해 씻기고 있다. (wash)

→ [   ]

(**O** is being washed)
(**X** is washing)

• 수동태의 현재진행시제
수동태의 현재진행시제는
[be동사+being+과거분사]
형태예요.

서술형 유형 심화

■ 주어진 문장을 시제에 유의하여 수동태 문장으로 고쳐 쓰시오.

p.75 **STEP 3**에 나오는 문장 재확인

1 My uncle built this house last year.

→ This house was built by my uncle last year.

(◯ was built)
(✗ built)

2 The cook always cooks our dinner.

→

(◯ is always cooked)
(✗ cooks)

3 My mom cleaned my room.

→

(◯ was cleaned)
(✗ cleaned)

4 A dog is chasing him.

→

(◯ is being chased)
(✗ is chasing)

5 Jen is preparing the report.

→

(◯ is being prepared)
(✗ is preparing)

6 People have improved personal computers a lot.

→

(◯ have been improved)
(✗ have improved)

7 Zoe has composed many songs for years.

→

(◯ have been composed)
(✗ has composed)

8 They have completed the project.

→

(◯ has been completed)
(✗ have completed)

STEP Q 개념과 규칙을 알면 쉬워요!

수동태 변화 규칙

4형식 문장은 목적어가 두 개이기 때문에 수동태 문장을 두 개 만들 수 있다.

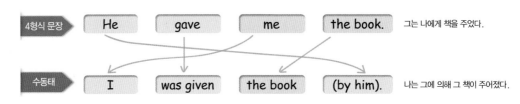

| 4형식 문장 | He | gave | me | the book. | 그는 나에게 책을 주었다. |

| 수동태 | I | was given | the book | (by him). | 나는 그에 의해 그 책이 주어졌다. |

1 4형식 수동태

4형식 수동태

4형식 수동태 문장은 간접목적어와 직접목적어가 각각 주어가 되는 두 가지 형태로 표현할 수 있다.

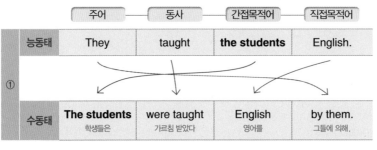

| | 주어 | 동사 | 간접목적어 | 직접목적어 |
| 능동태 | They | taught | **the students** | English. |

| ① 수동태 | **The students** 학생들은 | were taught 가르침 받았다 | English 영어를 | by them. 그들에 의해. |

②번 수동태 문장

간접목적어 앞 전치사는 동사에 따라 for, to, of를 사용해요.

for	buy, make, find, get, build, order
to	대부분의 동사
of	ask

| | 주어 | 동사 | 직접목적어 | 간접목적어 |
| 능동태 | They | taught | **English** | to the students. |

| ② 수동태 | **English** 영어는 | was taught 가르쳐졌다 | to the students 학생들에게 | by them. 그들에 의해. |

①번 문장의 3형식 전환 구문의 수동태예요.

2 5형식 수동태

5형식 수동태

5형식 수동태는 5형식 능동 문장의 목적어를 주어로 쓰고, 목적격보어는 [be동사+과거분사] 뒤에 그대로 쓴다.

We elected him a class president.
→ He **was elected a class president**. 그는 반장으로 당선되었다.

I was advised **to lose** weight for my health (by her).
나는 내 건강을 위해서 몸무게를 줄일 것을 (그녀에 의해) 충고 받았다.

지각동사와 사역동사가 있는 5형식 문장처럼 목적격보어로 동사원형이 쓰이는 경우는 to부정사로 전환한다.

People saw the man ride a skateboard.
→ The man **was seen to ride** a skateboard. 그 남자가 스케이트보드 타는 게 보였다.

I was made **to tell / ~~tell~~** the truth to everyone (by him). 나는 (그에 의해) 모두에게 진실을 말하게 되었다.

사역동사 have, let, make 중 make만 이 규칙을 따르는 수동태 전환이 가능해요.

★ 지각동사가 있는 5형식에서 현재분사 목적격보어는 수동태 전환 시 그대로 현재분사를 사용한다.

STEP

골라 보면
문법이 저절로!

4형식 문장은 간접목적어와 직접목적어를 목적어로 가지기 때문에 두 개의 수동태를 만들 수 있다. 지각동사와 사역동사가 있는 5형식을 수동태로 전환 시, 동사원형 목적격보어는 to부정사로 바꾼다.

4형식 수동태

형태 고르기

① The car [   ] to Dan.
그 차는 Dan에게 팔렸다.

- ☐ sold
- ☑ was sold

② A chocolate [   ] to a dog.
초콜릿이 강아지에게 주어졌다.

- ☐ gave
- ☐ was given

③ Simple questions [   ] me.
간단한 질문들이 나에게 물어봐졌다.

- ☐ were asked
- ☐ were asked of

④ Spanish [   ] the kids.
스페인어는 아이들에게 가르쳐졌다.

- ☐ taught
- ☐ was taught to

⑤ We [   ] Spanish.
우리는 스페인어를 가르침 받았다.

- ☐ taught
- ☐ were taught

5형식 수동태

형태 고르기

① We considered him a nice worker.
→ He was considered [   ] (by us).

- ☐ be a nice worker
- ☑ a nice worker

② They called his dog Dot.
→ His dog was called [   ] (by them).

- ☐ be Dot
- ☐ Dot

③ We have painted it red.
→ It has been painted [   ] (by us).

- ☐ red
- ☐ be red

④ She saw me enter the room.
→ I was seen [   ] the room (by her).

- ☐ to enter
- ☐ enter

⑤ She made you cook dinner.
→ You were made [   ] dinner (by her).

- ☐ to cook
- ☐ cook

---

to me, the secret, was, told

영문장 → The secret was told to me.

우리말 → 그 비밀은 나에게 말해졌다.

---

1 of me, asked, the location of the bank, was

영문장 →

우리말 →

---

2 bought, for him, was, a ring

영문장 →

우리말 →

---

3 was, the job, Jason, offered

영문장 →

우리말 →

---

4 to arrive, I, was, on time, expected

영문장 →

우리말 →

---

5 allowed, late at night, wasn't, to go out, the man

영문장 →

우리말 →

---

6 forced, to clean up, was, I, the table

영문장 →

우리말 →

---

7 seen, the piano, practicing, diligently, was, she

영문장 →

우리말 →

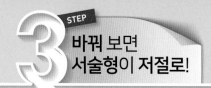
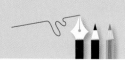
■ 다음 문장을 밑줄 친 말로 시작하는 수동태 문장으로 바꿔 쓰시오.

✔ 서술형 **기출**문제

> He gave <u>me</u> a ring on my birthday.

→ 4형식 문장의 간접목적어
를 주어로 하는 수동태 문
장 전환 시 직접목적어는
뒤에 그대로 쓴다.

→ *I was given a ring on my birthday (by him).*

① I bought <u>a bunch of flowers</u> for my mom.

→ *A bunch of flowers was bought for my mom (by me).*

② He showed <u>the paintings</u> to me.

→

③ She asked <u>some difficult questions</u> of me.

→

④ She gave <u>me</u> a big smile.

→

⑤ The woman asked <u>them</u> to be quiet.

→

⑥ I saw <u>her</u> enter the school.

→

⑦ She forced <u>us</u> to join the science club.

→

문
법
이
쓰
기
다

■ 마무리 해석확인

[보기] 나는 내 생일에 (그에 의해) 반지를 받았다.
② 그 그림들은 (그에 의해) 나에게 보여졌다.
⑤ 그들은 (그 여자에 의해) 조용히 있도록 요청되었다.

① 우리 엄마를 위해 꽃 한 다발이 (나에 의해) 구입되었다.
③ 몇몇 어려운 질문들은 (그녀에 의해) 나에게 물어봐졌다.
⑥ 그녀가 (나에 의해) 학교에 들어가는 것이 보였다.

④ 나는 (그녀에 의해) 함박웃음을 받았다.
⑦ 우리는 (그녀에 의해) 과학 클럽에 참여하게 되었다.

복습 프로그램
p. 79, 80, 81에서
배운 문장으로

교과서 서술형 끝내기

유형기본 +

기본 + 심화 문제

서술형 유형 기본
■ 알맞은 단어를 골라 우리말에 맞게 수동태 문장을 완성하시오.   p.79   STEP 1에 나오는 문장 재확인

| ask   red   cook   sell |

① 그 차는 Dan에게 팔렸다.

→ The car [was sold] to Dan.

(O was sold)
(✗ sell)

② 간단한 질문들이 나에게 물어봐졌다.

→ Simple questions [   ] me.

동사 ask는 간접목적어 앞에 of를 사용

③ 그것은 빨갛게 칠해졌다.

→ It has been painted [   ].

(O red)
(✗ be red)

④ 너는 저녁을 요리하게 되었다.

→ You were made [   ] dinner.

(O to cook)
(✗ cook)

서술형 유형 심화
■ 주어진 어구를 활용해 우리말에 맞게 문장을 쓰시오.   p.80   STEP 2에 나오는 문장 재확인

① 그 비밀은 나에게 말해졌다. (tell, secret)

→ [   ]

(O was told to me)
(✗ was told me)

② 그 은행의 위치는 나에게 물어봐졌다. (ask, the location of the bank)

→ [   ]

(O was asked of me)
(✗ was asked to me)

③ 그 남자는 밤늦게 나가는 것이 허락되지 않았다. (allow, late at night)

→ [   ]

(O to go out)
(✗ go out)

④ 나는 식탁을 치우게 되었다. (force, clean up)

→ [   ]

(O to clean up)
(✗ clean up)

• 5형식 수동태
5형식 문장에 사역동사가 있을 때는
수동태 전환 시 동사원형의 목적격보
어를 to부정사로 바꿔야 해요.

서술형 유형 심화 ■ 주어진 문장을 보고 틀린 부분을 바르게 고쳐 쓰시오. p.81 **STEP 3에 나오는 문장 재확인**

1 I be given a ring on my birthday.

나는 내 생일에 반지를 받았다.

→ I was given a ring on my birthday.

(**O** was given)
(**✗** be given)

2 A bunch of flowers was bought of my mom.

우리 엄마를 위해 꽃 한 다발이 구입되었다.

→

(**O** was bought for)
(**✗** was bought of)

3 The paintings were show to me.

그 그림들은 나에게 보여지게 되었다.

→

(**O** were shown)
(**✗** were show)

4 Some difficult questions were asked to me.

몇몇 어려운 질문들이 나에게 물어봐졌다.

→

(**O** were asked of)
(**✗** were asked to)

5 I was give a big smile.

나는 함박웃음을 받았다.

→

(**O** was given)
(**✗** was give)

6 They were asked being quiet.

그들은 조용히 있도록 요청되었다.

→

(**O** to be)
(**✗** being)

7 She was seen enter the school.

그녀가 학교에 들어가는 것이 보였다.

→

(**O** to enter)
(**✗** enter)

8 We were forced join the science club.

우리는 과학 클럽에 참여하게 되었다.

→

(**O** to join)
(**✗** join)

수동태의 여러 가지 형태

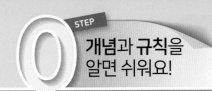
STEP
0
개념과 규칙을
알면 쉬워요!

수동태의 여러 가지 형태

동사구나 that이 있는 문장과 같이 수동태를 만들 때 주의해야 할 문장에 대해 알아보자.

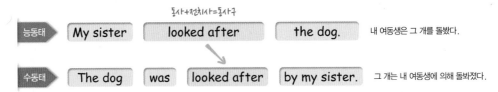

동사+전치사=동사구

능동태 ▶ My sister | looked after | the dog. 　내 여동생은 그 개를 돌봤다.

수동태 ▶ The dog | was | looked after | by my sister. 　그 개는 내 여동생에 의해 돌봐졌다.

---

1 여러 가지 수동태

동사구의 수동태 & that이 이끄는 수동태

동사구에 있는 동사를 [be+과거분사] 형태로 만들고 전치사는 그대로 쓰면 수동태를 만들 수 있다.

① The man **broke into** the pet shop. → The pet shop **was broken into** (by the man).
그 남자가 애완동물 가게에 침입했다.

② I will **send** him **away** to school. → He will **be sent away** to school (by me).
나는 그를 학교로 보낼 것이다.

They called off the meeting. → The meeting　~~was called~~ / was called off .

She looked after the baby. → The baby　was looked after by her / ~~was looked by her~~ .

주요 동사구

break down	고장 나다
find out	~을 알아내다
ask for	~을 요구하다
turn on	~을 켜다
run away	도망치다
put off	~을 연기하다
pass away	사망하다

★ that이 이끄는 문장이 목적어일 때, 다음과 같이 수동태 문장을 만들 수 있다.

주절과 종속적 시제 동일

People **say** that he **is** generous. 　사람들은 그가 관대하다고 말한다.

| ① | [It is~ that...] | **It is** said (by people) **that** he is generous. |
| ② | [~is+과거분사+to부정사] | He **is said to be** generous (by people). |

---

2 by 이외의 전치사

by 이외의 전치사를 쓰는 수동태

수동태에는 by 이외에도 with, in, at, on, of 등의 전치사가 쓰일 수 있다.

전치사 사용
- be disappointed with/at/in
  모두 사용 가능
- be surprised at/by/with
  모두 사용 가능
- be surrounded by/with
  모두 사용 가능

It	was	covered	with	snow.	그것은 눈으로 덮여 있었다.
		crowded		people.	그곳은 사람들로 붐볐다.
		filled		water.	그것은 물로 가득 차 있었다.
I		disappointed		the test score.	나는 시험 점수에 실망했다.
		surrounded		green trees.	나는 푸른 나무에 둘러싸여 있었다.
I	was	interested	in	science.	나는 과학에 관심이 있었다.
		dressed		red.	나는 빨간 옷을 입고 있었다.
I	was	surprised	at	the news.	나는 그 뉴스에 놀랐다.
It	was	based	on	a real story.	그것은 실화에 근거를 두었다.

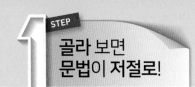

STEP

골라 보면
문법이 저절로!

동사구는 하나의 동사 역할을 하기 때문에 수동태로 전환할 때도 한 단어로 취급한
다. 수동태는 by 이외에 다른 전치사가 사용되는 경우도 있다.

여러 가지 수동태

형태 구별하기

1 Jen threw away the torn shirt.
Jen은 그 찢어진 셔츠를 버렸다.

The torn shirt was [~~thrown away~~ / thrown] by Jen.

2 The lady takes care of him.
그 숙녀는 그를 돌본다.

He is [taken care by of / taken care of by] the lady.

3 I turned off the TV.
나는 TV를 껐다.

The TV was [turned by me / turned off by me] .

4 They know that he is a liar.
그들은 그가 거짓말쟁이인 것을 안다.

[It is known / It was known] that he is a liar.

by 이외의 전치사

수동태 고르기

1 I was [   ] the news.
나는 그 뉴스에 놀랐다.

☑ surprised at   ☐ surprised of

2 It is [   ] people.
그곳은 사람들로 붐빈다.

☐ crowded with   ☐ crowded in

3 It is [   ] water.
그것은 물에 둘러싸여 있다.

☐ surrounded at   ☐ surrounded with

4 I am [   ] cooking.
나는 요리에 흥미가 있다.

☐ interested at   ☐ interested in

5 It is [   ] the apples.
그것은 사과로 가득 차 있다.

☐ filled with   ☐ filled of

6 I was [   ] the present.
나는 그 선물에 실망했다.

☐ disappointed on   ☐ disappointed with

on, the light, turned, was

영문장 → The light was turned on.

우리말 → 그 전등은 켜졌다.

---

1 the bad weather, off, due to, our, was, put, vacation

영문장 →

우리말 →

---

2 by the members, was, the topic, talked about

영문장 →

우리말 →

---

3 that, a friend in need, is, a friend indeed, it is known

영문장 →

우리말 →

---

4 I, the ending of the film, was, disappointed with

영문장 →

우리말 →

---

5 were, colorful, the children in the room, clothes, dressed, in

영문장 →

우리말 →

---

6 is based, the statistics, this whole process, on

영문장 →

우리말 →

---

7 were, at, the loud noise, surprised, we

영문장 →

우리말 →

3 STEP
쓰다 보면
서술형이 저절로!

동사구가 있는 수동태 문장과 by 이외의 전치사를 쓰는 수동태 문장을
주어진 어구를 활용해 우리말에 맞게 쓰세요.

■ 다음 우리말을 보고 주어진 어구를 활용해 수동태 문장을 쓰시오.

✔ 서술형 기출문제

> 그 인형은 큰 상자에서 꺼내졌다. (doll / take out of)

→ 동사구가 있는 문장을 수동
태로 전환할 때는 동사구를
하나의 단어처럼 취급해 항
상 함께 붙여 쓴다.

→ _The doll was taken out of the big box._

1 그 단어들은 그 학생들에 의해 받아 적혀졌다. (words / write down)

→ The words were written down by the students.

2 그는 경찰에 의해 따라 잡혔다. (police / catch up with)

→

3 전기가 몇 시간 동안 차단되었다. (electricity / cut off)

→

4 전화는 그 비서에 의해 받아졌다. (phone / pick up)

→

5 그 바구니가 사과와 포도들로 채워져 있었다. (basket / fill with)

→

6 나는 그 수학 시험을 걱정했다. (math test / worry about)

→

7 그 박물관은 사람들로 붐빌 것이다. (museum / crowd with)

→

복습 프로그램
p. 85, 86, 87에서
배운 문장으로

교과서 서술형 끝내기

유형기본 ➕
기본 + 심화 문제

서술형 유형 기본

■ 주어진 어구를 활용해 우리말에 맞게 수동태 문장을 완성하시오.　　p.85　STEP 1에 나오는 문장 재확인

①▸ 그 찢어진 셔츠는 Jen에 의해 버려졌다. (throw away)

→ The torn shirt was [thrown away] by Jen.

throw away ~을 버리다

②▸ 그는 그 숙녀에 의해 돌보아진다. (take care of)

→ He is [　　　　　　　　] the lady.

take care of ~을 돌보다

③▸ 나는 그 뉴스에 놀랐다. (be surprised at)

→ I [　　　　　　　　] the news.

be surprised at ~에 놀라다

④▸ 나는 요리에 흥미가 있다. (be interested in)

→ I [　　　　　　　　] cooking.

be interested in ~에 흥미가 있다

⑤▸ 나는 그 선물에 실망했다. (be disappointed with)

→ I [　　　　　　　　] the present.

be disappointed with ~에 실망하다

서술형 유형 심화

■ 주어진 어구를 활용해 우리말에 맞게 문장을 쓰시오.　　p.86　STEP 2에 나오는 문장 재확인

①▸ 그 전등은 켜졌다. (turn on)

→ [　　　　　　　　]

turn on ~을 켜다

②▸ 우리의 휴가는 궂은 날씨 때문에 연기되었다. (put off, due to)

→ [　　　　　　　　]

put off (시간, 날짜를) 미루다/연기하다

③▸ 이 전 과정은 통계에 기초하고 있다. (be based on, statistics)

→ [　　　　　　　　]

be based on ~에 근거하다

④▸ 그 방에 있는 아이들은 형형색색의 옷을 입고 있었다. (be dressed in)

→ [　　　　　　　　]

be dressed in ~을 입고 있다.

• 수동태의 전치사
수동태는 전치사 by 이외에도
with, in, at, on, as, of 등이 쓰일
수 있어요.

서술형 유형 심화 ■ 주어진 어구를 활용해 우리말에 맞게 수동태 문장을 쓰시오. p.87 **STEP 3에 나오는 문장 재확인**

① 그 인형은 큰 상자에서 꺼내졌다. **(take out of)**

→ The doll was taken out of the big box.

take out of ~에서 꺼내다

② 그 단어들은 그 학생들에 의해 받아 적혀졌다. **(write down)**

→

write down ~을 적다

③ 그는 경찰에 의해 따라 잡혔다. **(catch up with)**

→

catch up with ~을 따라잡다

④ 전기가 몇 시간 동안 차단되었다. **(cut off)**

→

cut off ~을 차단하다

⑤ 전화는 그 비서에 의해 받아졌다. **(pick up)**

→

pick up 전화를 받다 / ~을 (차에) 태우다

⑥ 그 바구니가 사과와 포도들로 채워져 있었다. **(be filled with)**

→

be filled with ~로 가득 차다

⑦ 나는 그 수학 시험을 걱정했다. **(be worried about)**

→

be worried about ~을 걱정하다

⑧ 그 박물관은 사람들로 붐빌 것이다. **(be crowded with)**

→

be crowded with ~로 붐비다

[01-03] 다음 빈칸에 공통으로 알맞은 것을 고르시오.

01

- Two hundred people were employed _____ the company.
- Many accidents are caused _____ careless driving.

① with   ② for   ③ while
④ in   ⑤ by

02

- The broken part _____ repaired by the mechanic.
- The job offer _____ rejected.

① was   ② be   ③ being
④ have been   ⑤ were

03

- The wedding invitations might _____ sent to the wrong address.
- The problems seem to _____ solved.

① been   ② have been
③ being   ④ has been   ⑤ had

[04-06] 다음 빈칸에 알맞은 말이 순서대로 짝지어진 것을 고르시오.

04

- Trees _____ down to make paper.
- The alarm keeps going off. It needs to _____ .

① are cut – fix   ② cut – fix
③ are cut – is fixed   ④ cut – be fixed
⑤ are cut – be fixed

05

- While I was on vacation, my camera _____ from my hotel room.
- All flights were _____ because of the fog.

① is stolen – warned
② is depressed – arrived
③ was stolen – delayed
④ was damaged – built
⑤ was seen – passed

06

- Ten children _____ when part of the school roof fell down accidentally.
- A well-trained dog _____ to behave better.

① injured – expects
② have injured – has expected
③ have injured – expected
④ were injured – is expected
⑤ were injured – being expected

07   어법상 어색한 부분을 바르게 고친 것은?

At midnight, Ryan was ①making too much noise and disturbing other guests. Some guests ②complained about him being too loud. He ③was asked to be quiet several times. He ④refused, but eventually he ⑤forced to leave.

① making → being made
② complained → complaints
③ was asked → asks
④ refused → was refused
⑤ forced → was forced

[08-09] 주어진 우리말을 보고 빈칸에 알맞은 것을 고르시오.

08

학생들은 수업이 취소되었다는 것을 통지받았다.

→ Students _____ that the class _____ cancelled.

① were informed – had been

② was informed – is

③ informed – has been

④ inform – has been

⑤ has been informed – was

09

그 소년은 밖에서 놀고 난 뒤에 먼지로 덮여 있다.

→ The boy _____ dirt after playing outside.

① is interested in

② is covered with

③ is surrounded with

④ is surprised at

⑤ is responsible for

10   다음 중 어법상 틀린 것으로만 짝지어진 것은?

Thousands of tons of waste and trash ⓐdumped into the ocean on a daily basis. Serious questions ⓑhave been raised about waste management. All household waste should ⓒbeing separated and recycled. Recently, people have begun to pay more attention to how waste can ⓓbe reused profitably.

① a, b   ② a, c   ③ d

④ a, b, d   ⑤ a, c, d

서술형 대비 문제

11   다음 그림을 보고 제시된 문장을 수동태로 바꿔 쓰시오.

 The mailman delivered the package.

→ _____

12   주어진 단어들을 활용해 우리말에 맞게 문장을 쓰시오.

자동차에서 나오는 매연에 의해 공기가 오염되고 있다. (pollute, emissions)

→ _____

13   다음 문장을 주어진 조건에 맞게 다시 쓰시오.

People believe that electricity is the most important discovery in human history.

– that절의 주어를 문장 전체의 주어로
– [be동사+과거분사+to부정사] 형태의 수동태 문장으로

→ _____
_____

14   〈보기〉에서 알맞은 단어를 골라 어법에 맞게 고쳐 대화를 완성하시오.

A: Your back should ⓐ_____ by a specialist.

B: Yes, my back is giving me a lot of pain.

A: You ⓑ_____ a list of exercises when you went to see a doctor last time. Have you tried them?

B: Yes, of course. I've been exercising to reduce pain, but it doesn't seem to get any better. I want to ⓒ_____ by a good physical therapist.

〈보기〉
treat   give   check

한 장의 사진으로 보는 문법이 쓰기다

UNIT 01 수동태 형태와 쓰임

목욕은 제 취향이 아니에요.
Meow~ 목욕이 제일 싫은데, 꼭 매일 씻어야 하나?
누가 이분 좀 말려줘요.

 써 봐!

내 고양이는 애견 미용사에 의해 씻기고 있다.

→

UNIT 02 4형식과 5형식 수동태

 써 봐!

나는 식탁을 치우게 되었다.

→

My Daily Routine
식탁 치우는 건 내 일과가 아니긴 하지만,
그녀의 부탁이라면 당장 해야지!

UNIT 03 수동태의 여러 가지 형태

신나는 물감놀이
신나게 물감놀이를 한 뒤에는 여러 가지 색의 옷을 입게
되지. 함께 물감놀이 하지 않을래?

 써 봐!

그 방에 있는 아이들은 형형색색의 옷을 입고 있었다.

→

정답 **UNIT 01.** My cat is being washed by a pet groomer.   **UNIT 02.** I was forced to clean up the table.
UNIT 03. The children in the room were dressed in colorful clothes.

Part 5

to부정사/동명사

to부정사의 명사적 용법, 형용사적 용법, 부사적 용법의 의미와 쓰임을 알아보고,
동명사와 to부정사를 구별해 올바른 형태로 문장을 씁니다.

UNIT 1 to부정사 용법 I

구성	기초 항목	서술형 유형
STEP 1	to부정사 형태와 의미 고르기	
STEP 2	단어 재배열해 쓰기	
STEP 3		틀린 부분 고쳐 쓰기
서술형 끝내기		문장완성, 문장쓰기

UNIT 2 to부정사 용법 II

구성	기초 항목	서술형 유형
STEP 1	to부정사 용부사적 용법 의미 고르기	
STEP 2	단어 재배열해 쓰기	
STEP 3		문장 다시 쓰기
서술형 끝내기		문장완성, 문장쓰기

UNIT 3 동명사 vs. to부정사

구성	기초 항목	서술형 유형
STEP 1	동명사와 to부정사 비교해 고르기	
STEP 2	동명사와 to부정사 비교해 쓰기	
STEP 3		우리말 영작하기
서술형 끝내기		문장완성, 문장쓰기

UNIT 4 여러 가지 구문과 관용표현

구성	기초 항목	서술형 유형
STEP 1	구문과 관용표현 고르기	
STEP 2	단어 재배열해 쓰기	
STEP 3		한 문장으로 바꿔 쓰기
서술형 끝내기		문장완성, 문장쓰기

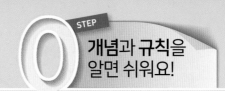
to부정사의 용법

to부정사의 용법 중 명사적 용법과 형용사적 용법에 대해 알아보자.

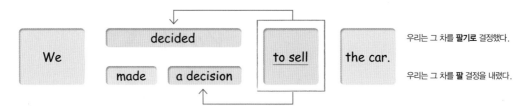

| We | decided / made a decision | to sell | the car. | 우리는 그 차를 **팔기로** 결정했다. |
| | | | | 우리는 그 차를 **팔** 결정을 내렸다. |

1 to부정사 명사적 용법

to부정사의 명사적 용법

문장에서 주어, 목적어, 보어 역할을 하는 to부정사를 명사적 용법의 to부정사라 한다.

명사적 용법	**To solve** a puzzle is difficult.	수수께끼를 **푸는 것은** 어렵다.	주어
	I want **to solve** the puzzle.	나는 그 수수께끼를 **풀기를** 원한다.	목적어
	My hobby is **to solve** puzzles.	내 취미는 수수께끼를 **푸는 것이다**.	주격보어
	I want you **to solve** the puzzle.	나는 네가 그 수수께끼를 **풀기를** 원한다.	목적격보어

주어 역할을 하는 to부정사가 있는 문장은 구조적 단순함을 유도하기 위해 가주어(it)를 사용한다.

To solve a puzzle is <u>difficult</u>. 수수께끼를 푸는 것은 어렵다.

가주어　　　　　　진주어
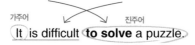
(It) is difficult (to solve a puzzle.)

✱ to부정사는 동사의 성질을 갖기 때문에 동사의 행위자를 to부정사의 '의미상의 주어'로 나타낸다.

📎 성격을 표현하는 형용사
generous, wise, kind,
silly, rude, nice, brave,
careless …

| 일반적인 형용사+for+목적격 | It is **easy <u>for him</u>** to learn a new language. |
| 성격을 표현하는 형용사+of+목적격 | It is **polite <u>of you</u>** to treat them like that. |

2 to부정사 형용사적 용법

to부정사의 형용사적 용법

형용사로 쓰이는 to부정사는 보통 [명사(구)+to부정사] 형태로 '~할, ~해야 할'의 의미를 지닌다.

| He does not have the **ability to complete** the project. | 그는 그 프로젝트를 **완료할 능력**이 없다. |
| They devised **a plan to rob** the bank. | 그들은 그 은행을 **털 계획**을 짰다. |

✱ [be동사+to부정사] 구문은 다양한 의미를 표현할 수 있어 문맥에 맞게 해석하는 것이 중요하다.

예정	The election **is to take** place next Monday.	그 선거는 다음 주 월요일에 **있을 예정이다**.
의무	You **are to arrive** by 8:00 at the least.	너는 적어도 8시까지 **도착해야 한다**.
가능	Nothing **was to be done** on time.	제시간에 아무것도 **끝낼 수 없었다**.
운명	The man **was** never **to return** home.	그 남자는 집에 결코 **돌아오지 못할 운명**이었다.
의지	If you **are to catch** the train, leave now.	네가 그 기차를 **타기 원하면**, 지금 떠나라.

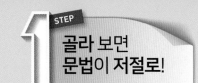
STEP
골라 보면
문법이 저절로!

to부정사가 문장에서 주어, 목적어, 보어 역할을 하는 것을 명사적 용법이라 하고,
to부정사가 명사 뒤에서 명사를 꾸미는 역할을 하는 것을 형용사적 용법이라 한다.

to부정사 명사적 용법

형태 고르기

1 I want ☐ the exam.   ☑ to pass   ☐ pass

2 ☐ the exam is my goal.   ☐ To pass   ☐ Pass

3 My goal is ☐ the exam.   ☐ passed   ☐ to pass

4 She wants me ☐ the exam.   ☐ passed   ☐ to pass

5 It is difficult ☐ me to pass the exam.   ☐ of   ☐ for

6 It is very kind ☐ you to help them.   ☐ of   ☐ for

to부정사 형용사적 용법

의미 고르기

1 I had a lot of things <u>to do</u>.   ☑ 할   ☐ ~을 하는 것

2 I want something <u>to eat</u>.   ☐ 먹을   ☐ 먹기

3 I have a reason <u>to change</u> the plan.   ☐ 바꿀   ☐ 바꾸는 것은

4 I had a plan <u>to travel</u>.   ☐ 여행 가는 것은   ☐ 여행 갈

5 He had no friends <u>to help</u> him.   ☐ 도와주기   ☐ 도와줄

6 You <u>are not to smoke</u> in this room.   ☐ 담배를 피우면 안 된다   ☐ 담배를 피우기 원하면

to learn, it is, easy,
a new language, not

영문장 → It is not easy to learn a new language.

우리말 → 새로운 언어를 배우는 것은 쉽지 않다.

---

1 decided, to take a trip,
together, they

영문장 →

우리말 →

---

2 was, it, to say, hard,
for me, sorry

영문장 →

우리말 →

---

3 may be, it, dangerous,
to swim, in that river

영문장 →

우리말 →

---

4 want something,
I, to, drink

영문장 →

우리말 →

---

5 the ability, he, has,
to complete, the task

영문장 →

우리말 →

---

6 impossible, for me,
by tonight, it is, to finish, it

영문장 →

우리말 →

---

7 are, you, not to leave, until, I,
say so, the school

영문장 →

우리말 →

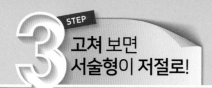

■ 다음 우리말을 보고, 주어진 영어 문장에서 **틀린** 부분을 바르게 고쳐 쓰시오.

☑ 서술형 **기출**문제

> 우리가 그를 따라 읽는 것은 쉬웠다.
>
> → It was easy ~~of~~ us to read along with him.

가주어/진주어 문장에서 easy처럼 일반적인 형용사를 사용할 때는 '의미상의 주어'로 [for+목적격]을 사용한다.

It was easy (for) us to read along with him.

---

① 우리는 함께 해외여행을 가기로 결정했다.

We decided ~~travel~~ abroad together.

→ We decided to travel abroad together.

---

② 내 목표는 그 수학 시험에서 A를 받는 것이다.

My goal is to got an A on the math test.

---

③ 그가 그 소녀를 구한 것은 용감한 일이었다.

It was brave for him to save the girl.

---

④ 그 시를 이해하는 것은 쉽지 않았다.

It was easy not to understand the poem.

---

⑤ 네가 규칙적으로 운동하는 것은 중요하다.

It is importantly for you to exercise regularly.

---

⑥ 그는 나를 도와줄 유일한 친구이다.

He is the only friend helped me.

---

⑦ 우리는 내일까지 그 보고서를 제출해야 한다.

We are to submitting the report by tomorrow.

복습 프로그램
p. 95, 96, 97에서
배운 문장으로

교과서 **서술형 끝내기**

유형기본 ➕

기본 + 심화 문제

서술형 유형 기본

■다음 문장을 보고 밑줄 친 부분의 우리말을 쓰시오.

p.95 **STEP 1에 나오는 문장 재확인**

① It is difficult <u>for me to pass the exam</u>.

→ | 내가 그 시험을 통과하는 것은 | 어렵다.

의미상의 주어로 for me가 사용된 가주어/진주어 문장

② She wants me <u>to pass the exam</u>.

→ 그녀는 내가 [　　　　　　　　　　] 원한다.

목적어의 역할을 하는 명사적 용법

③ I have a reason <u>to change the plan</u>.

→ 나는 [　　　　　　　　　　] 이유가 있다.

[명사+to부정사]는 형용사적 용법

④ I had a plan <u>to travel</u>.

→ 나는 [　　　　　　　　　　] 계획이 있었다.

'~할'의 의미를 지니는 형용사적 용법

⑤ You <u>are not to smoke</u> in this room. (의무)

→ 너는 이 방에서 [　　　　　　　　　　].

의무를 나타내는 [be동사+to부정사] 구문

서술형 유형 심화

■주어진 어구를 활용해 우리말에 맞게 문장을 완성하시오.

p.96 **STEP 2에 나오는 문장 재확인**

① 새로운 언어를 배우는 것은 쉽지 않다. (language, easy)

→ It is [　　　　　　　　　　].

가주어/진주어 문장

② 저 강에서 수영하는 것은 위험할지도 모른다. (dangerous, swim)

→ It may [　　　　　　　　　　].

가주어/진주어 문장

③ 그는 그 과업을 완료할 능력이 있다. (ability, complete the task)

→ He has [　　　　　　　　　　].

the ability + to부정사: ~할 능력

④ 그들은 함께 여행 가기로 결정했다. (decide, take a trip)

→ They [　　　　　　　　　　].

목적어 역할을 하는
to부정사의 명사적 용법

• to부정사의 명사적 용법
to부정사가 문장에서 명사처럼
주어, 보어, 목적어의 역할을 하는
것을 명사적 용법이라 해요.

정답과 해설 p.14

서술형 유형 심화
■ 알맞은 어구를 골라 우리말에 맞게 문장을 쓰시오.

p.97 STEP 3에 나오는 문장 재확인

1 우리가 그를 따라 읽는 것은 쉬웠다. **(for us / of us)**

→ It was easy for us to read along with him.

(◯ for us)
(✗ of us)

2 우리는 함께 해외여행을 가기로 결정했다. **(travel / to travel)**

→

(◯ to travel)
(✗ travel)

3 내 목표는 그 수학 시험에서 A를 받는 것이다. **(to got / to get)**

→

(◯ to get)
(✗ to got)

4 그가 그 소녀를 구한 것은 용감한 일이었다. **(of him / for him)**

→

(◯ of him)
(✗ for him)

5 그 시를 이해하는 것은 쉽지 않았다. **(It was easy not / It was not easy)**

→

(◯ It was not easy)
(✗ It was easy not)

6 네가 규칙적으로 운동하는 것은 중요하다. **(It is important / It is importantly)**

→

(◯ It is important)
(✗ It is importantly)

7 그는 나를 도와줄 유일한 친구이다. **(helped / to help)**

→

(◯ to help)
(✗ helped)

8 우리는 내일까지 그 보고서를 제출해야 한다. **(are to submit / are to submitting)**

→

(◯ are to submit)
(✗ are to submitting)

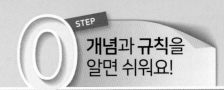
to부정사의 부사적 용법

to부정사의 용법 중 부사적 용법은 의미가 다양하기 때문에 부사처럼 해석에 유의해야 한다.

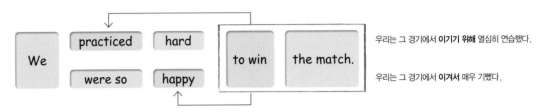

| We | practiced | hard | to win | the match. |

우리는 그 경기에서 **이기기 위해** 열심히 연습했다.

| We | were so | happy | | |

우리는 그 경기에서 **이겨서** 매우 기뻤다.

to부정사 부사적 용법 I

to부정사의 부사적 용법: 목적 / 결과

부사적 용법은 '~하기 위해(목적)', '~해서…되다(결과)'의 의미를 갖는다.

①	He	waited **to meet**	a famous politician.	그는 유명한 정치가를 <u>만나기 위해</u> 기다렸다.	목적
②		grew up **to be**		그는 자라서 유명한 정치가<u>가 **되었다**</u>.	결과

① **목적**: to부정사를 [in order to]나 [so as to]로 바꾸어 쓸 수 있다.

  I **saved money to build** my own house. 나는 나의 집을 짓기 위해 돈을 모았다.

  = I saved money **so as to build** my own house.

  = I saved money **in order to build** my own house.

② **결과**: 주로 무의지 동사인 'awake, live, grow up' 등과 함께 쓰인다.

  I **awoke to realize** that people were around me. 나는 깨어나보니 사람들이 내 주변에 있다는 것을 알았다.

★ 목적을 나타내는 to부정사의 부정은 [not + to부정사]로 '~하지 않기 위해'의 의미를 지닌다.

  I avoid fatty foods not to gain weight. 나는 살이 찌지 않기 위해 기름진 음식을 피한다.

to부정사 부사적 용법 II

to부정사의 부사적 용법: 근거 / 이유(원인)

부사적 용법은 '~하다니(판단의 근거)', '~해서(이유)'의 의미를 갖는다.

①	He cannot be rich **to ask** people for some money. 그가 사람들에게 얼마의 돈을 **요구하다니**(요구한 것으로 보아) 부자일리가 없다.	판단의 근거: ~하다니
②	I was depressed **to see** the poor man. 나는 그 가난한 남자를 **봐서** 우울했다.	이유(감정의 원인): ~해서

① **판단의 근거**: must be나 cannot be와 함께 쓰이는 경우가 많다.

  She <u>must be</u> a fool **to do** that. 그녀는 저것을 하다니 바보임에 틀림없다.

② **이유(감정의 원인)**: 주로 감정을 나타내는 형용사들과 함께 쓰인다.

  He was so <u>happy</u> **to win** the race. 그는 그 경주에서 승리해서 기뻤다.

★ 감정을 나타내는 형용사

  pleased: 기쁜, **excited**: 신이 난 / 흥분한, **disappointed**: 실망한, **shocked**: 충격을 받은, **anxious**: 불안해하는

STEP

골라 보면 문법이 저절로!

to부정사의 부사적 용법은 '~하기 위해(목적)', '~해서 …되다(결과)', '~하다니(판단의 근거)', '~해서(이유)'의 의미를 나타낸다.

to부정사 부사적 용법 　　　　　　　　　　　　　　　　의미 파악하기

① 그는 표를 <u>사기 위해</u> 기다렸다.　　He waited [to buy] a ticket.

② 그는 그 시험을 <u>통과하기 위해</u> 공부했다.　　He studied [ ] the exam.

③ 그는 <u>조깅하기 위해</u> 일찍 일어났다.　　He got up early [ ].

④ 그는 그녀를 <u>방문하기 위해</u> 일본에 갔다.　　He went to Japan [ ] her.

⑤ 그는 너를 <u>깨우지 않기 위해</u> 조용히 말했다.　　He spoke quietly [ ] you.

⑥ 그는 자라서 발명가가 <u>되었다</u>.　　He grew up [ ] an inventor.

to부정사 부사적 용법 　　　　　　　　　　　　　　　　의미 고르기

① I am pleased <u>to get</u> a job.　　☐ 얻기 위해서　　☑ 얻어서

② I am excited <u>to go</u> on a bike trip.　　☐ 갈　　☐ 가서

③ I am happy <u>to hear</u> the news.　　☐ 듣기 위해서　　☐ 들어서

④ He must be a fool <u>to say</u> so.　　☐ 말하다니　　☐ 말해서

⑤ He must be rich <u>to buy</u> that car.　　☐ 사다니　　☐ 사서

⑥ He can't be lazy <u>to get up</u> that early.　　☐ 일어나다니　　☐ 일어나서

I, to catch, hurried, the train

영문장 → I hurried to catch the train.

우리말 → 나는 그 기차를 타기 위해 서둘렀다.

---

1 I, to fish, am going, to the lake

영문장 →

우리말 →

---

2 nervous, was, to start, the final match, he

영문장 →

우리말 →

---

3 such a joke, he, to make, must be, stupid

영문장 →

우리말 →

---

4 she, to be, grew up, in the world, the best dancer

영문장 →

우리말 →

---

5 went, we, to Uganda, do volunteer work, in order to

영문장 →

우리말 →

---

6 home, left, I, not, late, to be, early

영문장 →

우리말 →

---

7 so, to hear, I was, the good news, pleased

영문장 →

우리말 →

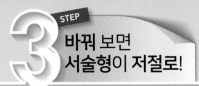
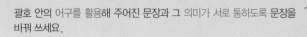

■ 다음 문장을 괄호 안에 말을 사용해 그 의미가 통하도록 바꿔 쓰시오.　　✔ 서술형 **기출**문제

> I spent much time to complete it. (in order to)

↪ 목적을 나타내는 부사적 용법의 to부정사는 in order to나 so as to 문장으로 전환할 수 있다.

→　I spent much time in order to complete it.

---

① I got up early to attend the class. (so as to)

→ I got up early so as to attend the class.

② I bought a tablet PC to learn English online. (in order to)

→

③ We kept quiet not to wake the baby. (in order not to)

→

④ I will send emails to invite them to the party. (so as to)

→

⑤ She did her best not to lose the race. (so as not to)

→

⑥ I went to the train station to see my uncle off. (in order to)

→

⑦ He practiced hard not to make a mistake. (in order not to)

→

로법이 쓰기다

■ 마무리 해석확인

[보기] 나는 그것을 완성하기 위해 많은 시간을 소비했다.　① 나는 그 수업에 참석하기 위해 일찍 일어났다.　② 나는 온라인으로 영어를 공부하기 위해 태블릿 PC를 샀다.
③ 우리는 그 아기를 깨우지 않기 위해 조용히 했다.　④ 나는 그들을 파티에 초대하기 위해 이메일들을 보낼 것이다.
⑤ 그녀는 그 경주에서 지지 않기 위해 최선을 다했다.　⑥ 나는 삼촌을 배웅하기 위해 그 기차역에 갔다.　⑦ 그는 실수하지 않기 위해 열심히 연습했다.

복습 프로그램
p. 101, 102, 103에서
배운 문장으로

교과서 **서술형 끝내기**

유형기본 ⊕

기본 + 심화 문제

서술형 유형 기본
■ 다음 문장에서 밑줄 친 부분을 우리말로 쓰시오.

p.101 **STEP 1**에 나오는 문장 재확인

① He waited <u>to buy a ticket</u>.

→ 그는 [표를 사기 위해] 기다렸다.

목적을 나타내는 부사적 용법: ~하기 위해

② He went to Japan <u>to visit her</u>.

→ 그는 [　　　　　　　] 일본에 갔다.

목적을 나타내는 부사적 용법: ~하기 위해

③ He grew up <u>to be an inventor</u>.

→ 그는 자라서 [　　　　　　　] .

결과를 나타내는 부사적 용법: ~해서 …되다

④ I'm pleased <u>to get a job</u>.

→ 나는 [　　　　　　　] 기쁘다.

이유를 나타내는 부사적 용법: ~해서

⑤ He must be rich <u>to buy that car</u>.

→ 그는 [　　　　　　　] 부자임에 틀림없다.

근거를 나타내는 부사적 용법: ~하다니

서술형 유형 심화
■ 주어진 어구를 활용해 우리말에 맞게 문장을 쓰시오.

p.102 **STEP 2**에 나오는 문장 재확인

① 나는 그 기차를 타기 위해 서둘렀다. (hurry, catch the train)

→

기차를 타기 위해: 목적을 나타냄

② 우리는 자원봉사 활동을 하러 우간다에 갔다. (go to Uganda, in order to)

→

목적을 나타내는 to부정사는 [in order to] 구문으로 전환 가능

③ 그녀는 자라서 세계 최고의 무용수가 되었다. (grow up, the best dancer in the world)

→

세계 최고의 무용수가 되다: 결과를 나타냄

④ 그는 결승전을 시작해서 긴장했다. (nervous, final match)

→

결승전을 시작해서: 이유를 나타냄

• to부정사의 부사적 용법
이유를 나타내는 to부정사의 부사적
용법은 주로 감정을 나타내는 형용사
와 함께 쓰여요.

서술형 유형 심화 ■ 주어진 문장을 보고 틀린 부분을 바르게 고쳐 쓰시오. p.103 **STEP 3에 나오는 문장 재확인**

① I spent much time to completing it.

나는 그것을 완성하기 위해 많은 시간을 소비했다.

→ I spent much time to complete it.

(**O** to complete)
(**X** to completing)

② I got up early so to attend the class.

나는 그 수업에 참석하기 위해 일찍 일어났다.

→

(**O** so as to attend)
(**X** so to attend)

③ I bought a tablet PC in order learn English online.

나는 온라인으로 영어를 공부하기 위해 태블릿 PC를 샀다.

→

(**O** in order to learn)
(**X** in order learn)

④ We kept quiet to not wake the baby.

우리는 그 아기를 깨우지 않기 위해 조용히 했다.

→

(**O** not to wake)
(**X** to not wake)

⑤ I will send emails invite them to the party.

나는 그들을 파티에 초대하기 위해 이메일들을 보낼 것이다.

→

(**O** to invite)
(**X** invite)

⑥ She did her best so not as to lose the race.

그녀는 그 경주에서 지지 않기 위해 최선을 다했다.

→

(**O** so as not to lose)
(**X** so not as to lose)

⑦ I went to the train station in order seeing my uncle off.

나는 삼촌을 배웅하기 위해 그 기차역에 갔다.

→

(**O** in order to see)
(**X** in order seeing)

⑧ He practiced hard not make to a mistake.

그는 실수하지 않기 위해 열심히 연습했다.

→

(**O** not to make)
(**X** not make to)

STEP
0
개념과 규칙을
알면 쉬워요!

동명사

동명사의 역할을 알고, 동명사나 to부정사를 목적어로 취하는 동사에 대해 알아보자.

| I | enjoy | going | out. | 나는 외출하는 것을 즐긴다. |
| | want | to go | | 나는 외출하기를 원한다. |

동명사 vs.
to부정사

명사의 성격을 가진 동명사 vs. to부정사

동명사는 [동사원형+ing]의 형태로 명사의 성질을 가지며 주어, 보어, 목적어의 역할을 할 수 있다.

주어	①	**Swimming** / **To swim**	helps	you keep healthy.	수영하는 것은 네가 건강을 유지하게 도와준다.
보어	②	My hobby	is	**swimming.** / **to swim.**	나의 취미는 수영이다.
목적어	③	She	likes	**swimming.** / **to swim.**	그녀는 수영하는 것을 좋아한다.

✖ 주어와 보어로는 동명사를 to부정사보다 더 자주 사용한다.

✖ ③은 동사에 따라 동명사를 취하는 동사, to부정사를 취하는 동사, 둘 다 취할 수 있는 동사로 나눌 수 있다.

동명사 vs.
to부정사

동명사를 목적어로 취하는 동사 vs. to부정사를 목적어로 취하는 동사

동명사만을 목적어로 취하는 동사와 to부정사만을 목적어로 취하는 동사는 다음과 같다.

They 그들은	**discussed** 논의했다	**preparing** for the meeting. 미팅을 준비하는 것을.
	suggested 제안했다	
	finished 끝냈다	

✎ 동명사만 목적어로 취하는 동사
advise, allow, avoid, consider, delay, enjoy, imagine, mind, permit, practice, quit, recommend

She 그녀는	**agreed** 동의했다	**to give** a presentation. 프레젠테이션하는 것을.
	planned 계획했다	
	wanted 원했다	

✎ to부정사만 목적어로 취하는 동사
hope, desire, expect, ask, learn, promise, manage, choose, decide, need, afford

✖ 동명사와 to부정사 둘 다 목적어로 취할 수 있지만 의미 차이가 있는 동사는 다음과 같다.

I	**remembered**	locking	the window.	나는 창문을 잠근 것을 기억했다. (과거의 일)
		to lock		나는 창문을 잠글 것을 기억했다. (미래의 일)
	tried	moving	the table.	나는 탁자를 한번 옮겨 봤다.
		to move		나는 탁자를 옮기려고 애썼다.
I	**stopped**	driving	a car.	나는 차를 운전하는 것을 멈췄다.
		*to drive		나는 차를 운전하기 위해 멈췄다.

to부정사의 부사적 용법으로 stop의 목적어가 아니라 부사구예요.

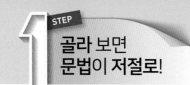

STEP

골라 보면
문법이 저절로!

동명사는 명사처럼 문장에서 주어, 목적어, 보어 역할을 할 수 있고,
동사의 성질을 가지기 때문에 동명사 뒤에 목적어나 보어를 가질 수 있다.

✓ 명사의 성격을 가진 동명사

의미 고르기

1	My hobby is <u>dancing</u>.	☑ 보어	☐ 목적이
2	<u>Walking</u> is good for your health.	☐ 주어	☐ 보어
3	Her job is <u>taking care of</u> animals.	☐ 보어	☐ 목적어
4	She enjoys <u>feeding</u> the baby birds.	☐ 주어	☐ 목적어
5	<u>Learning</u> how to swim is fun.	☐ 보어	☐ 주어
6	I imagine <u>traveling</u> around the world.	☐ 목적어	☐ 보어

✓ 동명사 vs. to부정사

목적어 형태 고르기

1	나는 노래하는 것을 즐긴다.	I enjoy [(singing) / to sing] .
2	나는 노래하고 싶다.	I want [singing / to sing] .
3	나는 나의 상사에게 말하기로 결심했다.	I decided [talking / to talk] to my boss.
4	나는 나의 상사에게 말하는 것을 피했다.	I avoided [talking / to talk] to my boss.
5	나는 계속 일찍 일어났다.	I kept [getting up / to get up] early.
6	나는 일찍 일어나기로 약속했다.	I promised [getting up / to get up] early.

meet

→ He avoids 〔 meeting 〕 her. 그는 그녀를 만나는 것을 피한다.

→ He wants 〔 to meet 〕 her. 그는 그녀를 만나는 것을 원한다.

1 read

→ He enjoys 〔　　　〕 detective stories. 그는 탐정 소설들을 읽는 것을 즐긴다.

→ He chose 〔　　　〕 detective stories. 그는 탐정 소설들을 읽는 것을 선택했다.

2 study

→ I decided 〔　　　〕 abroad. 나는 해외에서 공부하기로 결심했다.

→ I imagine 〔　　　〕 abroad. 나는 해외에서 공부하는 것을 상상한다.

3 purchase

→ He considered 〔　　　〕 the expensive car. 그는 그 비싼 차를 구입하는 것을 고려했다.

→ He desired 〔　　　〕 the expensive car. 그는 그 비싼 차를 구입하기를 원했다.

4 clean

→ She finished 〔　　　〕 up her own room. 그녀는 그녀 자신의 방 청소하는 것을 끝냈다.

→ She promised 〔　　　〕 up her own room. 그녀는 그녀 자신의 방을 청소하기로 약속했다.

5 see

→ I remember 〔　　　〕 her. 나는 그녀를 본 것을 기억한다.

→ I have to remember 〔　　　〕 her tomorrow. 나는 내일 그녀를 볼 것을 기억해야 한다.

6 leave

→ We tried 〔　　　〕 by dawn. 우리는 새벽에 떠나기 위해 노력했다.

→ We tried 〔　　　〕 the lid off. 우리는 한번 뚜껑을 열어놔 보았다.

7 water

→ I stopped 〔　　　〕 the flowers after school. 나는 방과 후에 그 꽃들에 물 주는 것을 그만뒀다.

→ I stopped 〔　　　〕 the flowers. 나는 그 꽃들에 물을 주기 위해 멈췄다.

■ 괄호 안에 주어진 단어를 알맞은 형태로 고쳐 우리말에 맞게 문장을 쓰시오.

☑ 서술형 기출문제

> She enjoys (travel) from place to place.
> 그녀는 여기저기 여행 다니는 것을 즐긴다.

→ enjoy는 목적어로 동명사
를 취하는 동사이다.

→ _____ She enjoys ⟨traveling⟩ from place to place. _____

① I decided (find) a new job.
나는 새로운 직업을 찾기로 결심했다.
→ I decided to find a new job.

② They agreed (accept) the offer.
그들은 그 제안을 받아들이는 것을 동의했다.
→

③ I expected (see) him at the conference.
나는 그 회의에서 그를 볼 것을 예상했다.
→

④ She suggested (go) to the movies.
그녀는 영화 보러 가는 것을 제안했다.
→

⑤ She planned (work) as a teacher.
그녀는 교사로 일하는 것을 계획했다.
→

⑥ We stopped (chat) in class.
우리는 수업 중에 수다 떠는 것을 멈췄다.
→

⑦ I remember (call) you last night.
나는 어젯밤 네게 전화했던 것을 기억한다.
→

복습 프로그램
p. 107, 108, 109에서
배운 문장으로

교과서 서술형 끝내기

유형기본 ⊕
기본 + 심화 문제

서술형 유형 기본 　■ 알맞은 단어를 골라 우리말에 맞게 문장을 완성하시오. 　p.107 STEP 1에 나오는 문장 재확인

feed 　 sing 　 get up 　 talk

① 그녀는 그 아기 새들에게 먹이 주는 것을 즐긴다.

→ She enjoys 　 feeding 　 the baby birds.

(O feeding)
(✗ to feed)

② 나는 노래하고 싶다.

→ I want 　　　　　　 .

(O to sing)
(✗ singing)

③ 나는 나의 상사에게 말하는 것을 피했다.

→ I avoided 　　　　　　 to my boss.

(O talking)
(✗ to talk)

④ 나는 일찍 일어나기로 약속했다.

→ I promised 　　　　　　 early.

(O to get up)
(✗ getting up)

서술형 유형 심화 　■ 주어진 단어를 활용해 우리말에 맞게 문장을 쓰시오. 　p.108 STEP 2에 나오는 문장 재확인

① 나는 해외에서 공부하기로 결심했다. (decide, abroad)

→

동사 decide는 목적어로 to부정사를 취함

② 그는 그 비싼 차를 구입하는 것을 고려했다. (consider, purchase)

→

동사 consider는 목적어로 동명사를 취함

③ 그녀는 그녀 자신의 방 청소하는 것을 끝냈다. (finish, clean up)

→

동사 finish는 목적어로 동명사를 취함

④ 나는 내일 그녀를 볼 것을 기억해야 한다. (have to, remember)

→

미래에 할 것을 기억하는 것은
[remember+to부정사]

• to부정사와 동명사
목적어로 to부정사와 동명사 둘 다
취하지만 그 의미가 달라지는 동사는
remember, forget, try 등이 있어요.

서술형 유형 심화	■ 알맞은 단어를 골라 우리말에 맞게 문장을 쓰시오.	p.109 STEP 3에 나오는 문장 재확인

① 그녀는 여기저기 여행 다니는 것을 **(to travel / traveling)** 즐긴다.

→ She enjoys traveling from place to place.

(〇 traveling)
(✘ to travel)

② 나는 새로운 직업을 찾기로 **(to find / finding)** 결심했다.

→

(〇 to find)
(✘ finding)

③ 그들은 그 제안을 받아들이는 것을 **(to accept / accepting)** 동의했다.

→

(〇 to accept)
(✘ accepting)

④ 나는 그 회의에서 그를 볼 것을 **(to see / seeing)** 예상했다.

→

(〇 to see)
(✘ seeing)

⑤ 그녀는 영화 보러 가는 것을 **(to go / going)** 제안했다.

→

(〇 going)
(✘ to go)

⑥ 그녀는 교사로 일하는 것을 **(to work / working)** 계획했다.

→

(〇 to work)
(✘ working)

⑦ 우리는 수업 중에 수다 떠는 것을 **(to chat / chatting)** 멈췄다.

→

(〇 chatting)
(✘ to chat)

⑧ 나는 어젯밤 네게 전화했던 것을 **(to call / calling)** 기억한다.

→

(〇 calling)
(✘ to call)

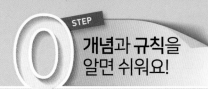
구문 비교

to부정사를 이용한 구문의 쓰임과 동명사의 관용표현에 대해 알아보자.

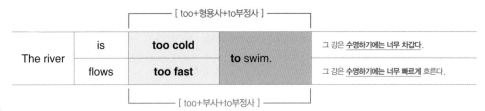

| He is | too / strong | weak / enough | to lift the box. |

그는 **너무** 약해서 그 박스를 **들 수 없다.**

그는 그 박스를 **들 만큼** 힘이 **세다.**

1 to부정사를 이용한 표현

too~to: ~하기에 너무 …한

[too+형용사/부사+to부정사]는 [so+형용사/부사+that…can't] 구문으로 바꾸어 쓸 수 있다.

[too+형용사+to부정사]

| The river | is | **too cold** | **to** swim. | 그 강은 **수영하기에는 너무 차갑다.** |
| | flows | **too fast** | | 그 강은 **수영하기에는 너무 빠르게** 흐른다. |

[too+부사+to부정사]

I arrived **too** late **to** see the presentation. 나는 그 프레젠테이션을 보기에는 너무 늦게 도착했다.

= I arrived **so** late **that** I **couldn't** see the presentation.

enough to: ~하기에(할 만큼) 충분히 …한

[형용사/부사+enough+to부정사]는 [so+형용사/부사+that…can] 구문으로 바꾸어 쓸 수 있다.

[형용사+enough+to부정사]

| He | was | **clever enough** | **to** understand it. | 그는 그것을 **이해하기에 충분히 영리했다.** |
| | ran | **fast enough** | **to** win the race. | 그는 그 경주에서 **이기기에 충분히 빠르게** 달렸다. |

[부사+enough+to부정사]

She was rich **enough to** buy the car. 그녀는 그 차를 사기에 충분히 부유했다.

= She was **so** rich **that** she **could** buy the car.

so that 구문

so~that... 너무~해서 …하다
I was so nervous that I took a deep breath.

so that ~하기 위해서
I went to Canada so that I can learn English.

2 동명사 관용표현

동명사 관용표현

다양한 동명사의 관용표현을 숙어처럼 암기하는 것이 좋다.

	went shopp**ing**	yesterday.	나는 어제 쇼핑하러 **갔었다.**
	feel like go**ing**	for a walk.	나는 산책을 가고 **싶은 기분이다.**
	looked forward to see**ing**	you again.	나는 너를 다시 만나**길 고대했다.**
I	was **busy** clean**ing**	my room.	나는 내 방을 청소하느라 **바빴다.**
	was **far from** be**ing**	nervous.	나는 **결코** 긴장하**지 않았다.**
	had trouble find**ing**	a new job.	나는 새 직업을 찾는 **데 어려움을 겪었다.**
	cannot help think**ing**	about the test.	나는 그 시험에 대해 생각하**지 않을 수 없다.**
	am used to work**ing**	here.	나는 여기서 일하는 **것에 익숙하다.**
There	**is no use** ask**ing**	me to help you.	나에게 너를 도와달라고 해 봤자 소용이 없다.

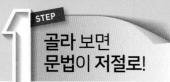
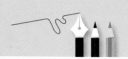
too~to부정사 vs. enough to부정사

형태 고르기

1 나는 들어가기에는 너무 늦게 도착했다.

I arrived [enough / (too)] late to enter.

2 나는 들어가기에 충분히 일찍 도착했다.

I arrived [early enough / enough early] to enter.

3 그는 그 경주에서 이기기에는 너무 느렸다.

He was too [slow / fast] to win the race.

4 그는 그 파티에 가기에는 너무 바쁘다.

He is too [busy / busily] to go to the party.

5 너는 성공할 만큼 충분히 열심히 일했다.

You worked [hard / hardly] enough to succeed.

6 그것은 추천할 만큼 충분히 좋았다.

It was [good / well] enough to recommend.

동명사 관용표현

관용표현 고르기

I [   ] at the office.

1 나는 사무실에서 <u>일하지 않을 수 없다</u>.

☑ cannot help working ☐ was busy working

2 나는 사무실에서 <u>일하느라 바빴다</u>.

☐ cannot help working ☐ was busy working

I [   ] an English diary.

3 나는 영어 일기를 <u>쓰는 데 어려움을 겪었다</u>.

☐ am used to writing ☐ had trouble writing

4 나는 영어 일기를 <u>쓰는 것에 익숙하다</u>.

☐ am used to writing ☐ had trouble writing

I [   ] to the beach.

5 나는 해변에 <u>가고 싶은 기분이다</u>.

☐ feel like going ☐ look forward to going

6 나는 해변에 <u>가길 고대한다</u>.

☐ feel like going ☐ look forward to going

---

honest, he, is, he,
so~that…cannot, tell a lie

영문장 → He is so honest that he cannot tell a lie.

우리말 → 그는 너무 정직해서 거짓말은 할 수 없다.

---

1 too~to, was, hot, go out,
the weather

영문장 →

우리말 →

---

2 I, sleepy, felt, the teacher, I,
so~that…couldn't,
pay attention to

영문장 →

우리말 →

---

3 is, strong, she, enough to,
the table, move

영문장 →

우리말 →

---

4 I, dinner, am,
preparing, busy

영문장 →

우리말 →

---

5 there is no use, to him,
talking, again

영문장 →

우리말 →

---

6 was far from, scared,
being, he

영문장 →

우리말 →

---

7 cannot help, about,
thinking, you, I

영문장 →

우리말 →

■ 다음 두 문장을 주어진 어구를 활용해 그 의미가 통하도록 한 문장으로 쓰시오.

✓ 서술형 기출문제

- The soup is very salty.
- I can't eat it. (too-to)

[too~to부정사] 구문을 활용할 때, 왼쪽 문장처럼 두 문장의 주어가 다를 경우 의미상의 주어 [for+목적격]을 사용한다.

→ The soup is too salty for me to eat.

①
The music was so loud.
I couldn't sleep well. (so~that…can't)

→ The music was so loud that I couldn't sleep well.

②
The software is very complex for him.
He can't use it. (too~to)

→

③
She sings well.
She can be a singer. (enough to)

→

④
The hall is large.
It can accommodate many people.
(so~that…can)

→

* accommodate는 '수용하다'의 의미를 지니고 있어요.

⑤
He is smart.
He can teach us math. (enough to)

→

⑥
The car is expensive.
I can't buy it. (too~ to)

→

⑦
The shoes were so small.
I couldn't wear them. (so~that…can't)

→

■ 마무리 해석확인

[보기] 그 수프는 내가 먹기에는 너무 짜다.
③ 그녀는 가수가 될 만큼 충분히 노래를 잘 한다.
⑥ 그 차는 내가 사기에 너무 비싸다.

① 그 음악이 너무 시끄러워서 나는 잠을 잘 잘 수 없었다.
④ 그 홀(hall)은 매우 커서 많은 사람들을 수용할 수 있다.
⑦ 그 신발은 너무 작아서 내가 신을 수가 없었다.

② 그 소프트웨어는 그가 사용하기에 너무 복잡하다.
⑤ 그는 우리에게 수학을 가르쳐 줄 만큼 충분히 똑똑하다.

교과서 **서술형 끝내기**

서술형 유형 기본
■ 주어진 구문을 사용해 우리말에 맞게 문장을 완성하시오.　p.113 **STEP 1에 나오는 문장 재확인**

① 그는 그 파티에 가기에는 너무 바쁘다. (too~to)

→ He is [too busy to] go to the party.

too+형용사+to부정사: ~하기에 너무 …한

② 너는 성공할 만큼 충분히 열심히 일했다. (enough to)

→ You worked [ ] succeed.

부사+enough+to부정사: ~할 만큼 충분히 …한

③ 그것은 추천할 만큼 충분히 좋았다. (enough to)

→ It was [ ] recommend.

형용사+enough+to부정사: ~할 만큼 충분히 …한

④ 나는 사무실에서 일하느라 바빴다. (be busy ~ing)

→ I [ ] at the office.

be busy ~ing: ~하느라 바쁘다

⑤ 나는 해변에 가고 싶은 기분이다. (feel like ~ing)

→ I [ ] to the beach.

feel like ~ing: ~하고 싶다(하고 싶은 기분이다)

서술형 유형 심화
■ 주어진 구문을 활용해 우리말에 맞게 문장을 쓰시오.　p.114 **STEP 2에 나오는 문장 재확인**

① 그는 너무 정직해서 거짓말을 할 수 없다. (so~that..cannot)

→

[so+형용사/부사+that…cannot]은 too~to 구문으로 전환 가능

② 그녀는 그 탁자를 옮길 만큼 충분히 힘이 세다. (enough to)

→

[enough+to부정사] 구문 앞에 형용사 (strong) 사용

③ 그에게 다시 이야기해 봤자 소용이 없다. (There is no use ~ing)

→

There is no use ~ing: ~해도 소용이 없다

④ 그는 결코 무서워하지 않았다. (far from ~ing)

→

far from ~ing: 결코 ~하지 않는다

• 동명사의 관용표현
관용표현은 덩어리처럼 하나의 표현으로 사용해요. 다양한 동명사의 관용표현을 꼭 기억하세요.

| 서술형 유형 심화 | ■ 주어진 구문을 활용해 우리말에 맞게 문장을 쓰시오. | p.115 **STEP 3**에 나오는 문장 재확인 |

① 그 수프는 내가 먹기에는 너무 짜다. **(too~to)**

→ The soup is too salty for me to eat.

to부정사가 나타내는 동작을 행하는 주체 역할을 할 때 [for+목적격]을 사용한다.

② 그 음악이 너무 시끄러워서 나는 잠을 잘 잘 수 없었다. **(so~that…can't)**

→

과거시제이기 때문에 can't는 couldn't로 전환해야 한다.

③ 그 소프트웨어는 그가 사용하기에 너무 복잡하다. **(too~to)**

→

[for+목적격]으로 for him을 사용한다.

④ 그녀는 가수가 될 만큼 충분히 노래를 잘한다. **(enough to)**

→

[enough+to부정사] 구문 앞에는 형용사나 부사가 올 수 있다.

⑤ 그 홀(hall)은 매우 커서 많은 사람들을 수용할 수 있다. **(so~that…can)**

→

so~that…can은 '~해서 …할 수 있다'의 의미로 enough to 구문으로 전환할 수 있다.

⑥ 그는 우리에게 수학을 가르쳐 줄 만큼 충분히 똑똑하다. **(enough to)**

→

[형용사+enough+to부정사] 구문이다.

⑦ 그 차는 내가 사기에 너무 비싸다. **(too~to)**

→

[too+형용사+to부정사] 구문으로 행위의 주체로 의미상의 주어 for me를 사용한다.

⑧ 그 신발은 너무 작아서 내가 신을 수가 없었다. **(so~that…can't)**

→

'너무~해서 …할 수 없었다'는 과거 의미로 can't를 couldn't으로 사용한다.

[01-02] 다음 빈칸에 공통으로 알맞은 것을 고르시오.

01

• There weren't any chairs left _____ us to sit on.
• The question was impossible _____ me to answer.

① for   ② to   ③ with
④ of   ⑤ by

02

• I was a little embarrassed _____ find that he was a big fan of my music.
• It's hard to find a place _____ park downtown.

① of   ② for   ③ to
④ with   ⑤ that

03   주어진 두 문장을 한 문장으로 만든 것 중 어법상 올바른 것은?

• I installed a new security camera.
• I wanted to protect my property.

① I installed a new security camera to protect my property.
② I wanted to protect my property for a new camera.
③ I installed a new security camera for protect my property.
④ I installed a new security camera of protecting my property.
⑤ I wanted a new security camera and protected my property.

[04-06] 다음 빈칸에 알맞은 말이 순서대로 짝지어진 것을 고르시오.

04

• Jack grew up _____ resemble his father.
• It's generous _____ you to share your technique and resource with us.

① to – to   ② to – for   ③ to – of
④ of – to   ⑤ for – to

05

• It's your responsibility _____ your culture and tradition.
• The plane is _____ off at 9 a.m. We need to hurry up.

① is learned – to take   ② be learned – taking
③ learn – taking   ④ to learn – to take
⑤ to learn – taken

06

• They enjoyed _____ the show.
• Lauren _____ continuing to take the medicine for two weeks.

① watching – promised
② watching – considered
③ watching – decided
④ to watch – decided
⑤ to be watch – to be considered

07   주어진 우리말을 보고 빈칸에 알맞은 것은?

나는 어젯밤 너무 걱정해서 잠에 드는 데 어려움이 있었다.
→ I was _____ I had trouble falling asleep last night.

① too anxious to   ② so anxious to
③ so anxious because   ④ far from anxious
⑤ so anxious that

08 대화의 흐름상 빈칸에 적합한 문장은?

A: When I get stressed out and feel depressed, I tend to eat something sweet.

B: _____ is not healthy. It's important to be aware of how much sugar you consume per day.

① Eating vegetables
② Eating too much sugar
③ Keeping your diet healthy
④ Far from eating clean
⑤ Appreciating your time

09 다음 문장들 중 어법상 틀린 것으로만 짝지어진 것은?

ⓐ It's very unpleasant to deal with rude people.
ⓑ There is no use to deny the fact.
ⓒ They suggested to take advantage of the challenge.

① ⓐ, ⓑ   ② ⓐ, ⓒ   ③ ⓑ
④ ⓑ, ⓒ   ⑤ ⓒ

10 다음 동사의 형태가 주어진 문장의 밑줄 친 부분과 같은 것은?

Anna quit <u>trying</u> to persuade him to exercise regularly.

① I recommend (visit) Universal Studios when you go to California.
② I am satisfied that my parents agreed (support) my decision.
③ You always pretend not (see) me when you pass me on the street.
④ Chris managed (convince) me to vote for him.
⑤ I called the police (report) a crime.

서술형 대비 문제

11 주어진 구문을 활용해 우리말에 맞게 문장을 쓰시오.

그 사용 설명서는 쉽게 이해할 수 있을 만큼 충분히 간단했다. (enough to)

→ The manual was _____

_____

12 주어진 두 문장을 보고, 그 의미가 서로 통하도록 한 문장으로 바꿔 쓰시오.

• His behavior is too rude.
• I can't handle it.

→ _____ too _____ to _____.

13 주어진 단어들을 알맞게 배열해 우리말에 맞게 문장을 쓰시오.

discuss, solve, need to, in order to, the issue, they

→ _____

_____

그들은 그 문제를 해결하기 위해 토론할 필요가 있다.

14 주어진 우리말을 보고 다음 밑줄에 알맞은 표현을 넣어 대화를 완성하시오.

A: I can't figure this out. Would you mind helping me?

B: Sure, what's that?

A: My sister volunteers to bake pies for the community center every weekend. I promised ⓐ_____ (자원봉사하는 것을) this weekend since my sister is out of town.

B: I'm afraid I can't. I'm ⓑ_____

_____ (~을 준비하느라 바쁘다) the new semester.

한 장의 사진으로 보는
문법이 쓰기다

UNIT 01
to부정사 용법 I

야호! 방학이다.
신나는 방학, 친구와 함께 떠나는 여행은 더 신날
거야. 이제부터 여행계획을 세워볼까?

✏ 써 봐!

그들은 함께 여행 가기로 결정했다.

→

UNIT 02
to부정사 용법 II

이런 느낌 처음이야
내가 응원하는 팀이 결승전을 할 때면
긴장을 안 할 수 없지.

✏ 써 봐!

그는 결승전을 시작해서 긴장했다.

→

UNIT 03
동명사 vs. to부정사

내일이 그 날
그 날이 언제였더라.
오! 벌써 내일이 만나기로 한 날이구나.

✏ 써 봐!

나는 내일 그녀를 볼 것을 기억해야 한다.

→

UNIT 04
여러 가지 구문과 관용표현

두려움과 용기는 한 끗 차이
용기는 마음 먹기 달린 거라고!
할 수 있다고 생각하면 넌 할 수 있어.

✏ 써 봐!

그는 결코 무서워하지 않았다.

→

정답 **UNIT 01.** They decided to take a trip together.   **UNIT 02.** He was nervous to start the final match.
UNIT 03. I have to remember to see her tomorrow.   **UNIT 04.** He was far from being scared.

Part 6

분사

현재분사와 과거분사의 형태와 쓰임을 파악하고,
분사구문 의미에 대해 알아봅니다.
그리고 분사를 이용한 분사구문 문장을 바르게 씁니다.

UNIT 1 현재분사 vs. 과거분사

구성	기초 항목	서술형 유형
STEP 1	분사 형태와 쓰임 고르기	
STEP 2	현재분사와 과거분사 비교해 쓰기	
STEP 3		틀린 부분 고쳐 쓰기
서술형 끝내기		문장완성, 문장쓰기

UNIT 2 분사구문 I

구성	기초 항목	서술형 유형
STEP 1	분사구문 형태 고르기	
STEP 2	분사구문 비교해 쓰기	
STEP 3		틀린 부분 고쳐 쓰기
서술형 끝내기		문장완성, 문장쓰기

UNIT 3 분사구문 II

구성	기초 항목	서술형 유형
STEP 1	분사구문 의미 구별해 고르기	
STEP 2	분사구문으로 바꿔 쓰기	
STEP 3		조건에 맞게 영작하기
서술형 끝내기		문장완성, 문장쓰기

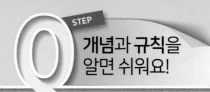

STEP 0 개념과 규칙을 알면 쉬워요!

분사 형태 비교

동사의 형태가 바뀌어 형용사처럼 사용되는 것을 분사라 한다.

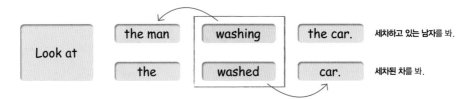

Look at | the man | washing | the car. 세차하고 있는 남자를 봐.
the | washed | car. 세차된 차를 봐.

1 분사의 의미와 쓰임

현재분사 vs. 과거분사

현재분사는 '~하고 있는, ~하게 하는'의 의미를 지니고, 과거분사는 '~된, ~한'의 의미를 지닌다.

	현재분사 [동사원형+ing: 진행/능동의 의미]		과거분사 [동사원형+ed: 수동/완료의 의미]	
①	A **crying** baby is in the room. 울고 있는 아기가 방에 있다.	명사 수식	The **trained** dogs help the blind. 그 훈련받은 개들은 시각장애인들을 돕는다.	명사 수식
②	A baby lay **crying** in the room. 아기가 그 방에서 울면서 누워있었다.	주격 보어 역할	The dogs came back home **trained**. 그 개들은 훈련되어 집으로 돌아왔다.	주격 보어 역할
	I saw a baby **crying** in the room. 나는 그 방에서 울고 있는 아기를 봤다.	목적격 보어 역할	He had his dogs **trained**. 그는 그의 개들을 훈련되게 했다.	목적격 보어 역할

★ ①은 명사의 앞이나 뒤에 위치해 명사를 수식하는 분사의 한정적 용법이다.

★ ②는 주어나 목적어의 상태(행동)를 설명하는 보어의 역할로 분사의 서술적 용법이다.

　수식하는 명사와 능동 관계이므로 현재분사를 써요.

The man **driving** / ~~driven~~ the car is a friend of mine. 그 차를 운전하고 있는 남자는 내 친구 중 한 명이다.

There is a school ~~building~~ / **built** in 1930 in my town. 우리 마을에 1930년에 **지어진** 학교가 있다.

　수식하는 명사와 수동 관계이므로 과거분사를 써요.

2 분사 판단

분사를 판단하는 주요 요인

현재분사 vs. 동명사

The **sleeping** baby looked like an angel. 그 자고 있는 아기는 천사 같이 보였다.	현재분사 = 형용사의 역할 → '~하고 있는'의 의미
The **sleeping** bag kept me warm. 그 침낭은 나를 따뜻하게 유지했다.	동명사 = 명사의 역할 → a bag for sleeping의 의미로 기능을 나타냄

감정을 나타내는 현재분사 vs. 과거분사

The party was very **exciting**. 그 파티는 매우 흥미진진했다.	현재분사 → 주체가 감정의 원인
I was **excited** about the party. 나는 그 파티에 대해 흥분했다.	과거분사 → 주체가 감정을 느낌

★ 주체가 사람이라 해서 무조건 과거분사를 사용하는 것은 아니다.

→ She is an **interesting** person. 그녀는 흥미로운 사람이다.

　현재분사가 person을 수식하고 있어요.

🍃 감정을 나타내는 분사

confusing 혼란스럽게 하는	confused 혼란스러운
frightening 깜짝 놀라게 하는	frightened 깜짝 놀란
satisfying 만족시키는	satisfied 만족한
disappointing 실망스러운	disappointed 실망한
depressing 우울하게 하는	depressed 우울한
embarrassing 당황하게 하는	embarrassed 당황한

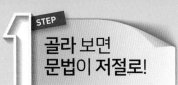

STEP

골라 보면
문법이 저절로!

분사는 명사를 수식하거나, 주어나 목적어가 어떤 상태인지 보충 설명해 주는 기능을 한다. 그 분사가 수식하는 말의 관계가 능동이면 현재분사, 수동이면 과거분사를 사용한다.

✓ 현재분사 vs. 과거분사

올바른 분사 고르기

① 웃고 있는 소년이 문 옆에 서 있었다.

The ⟨smiling⟩ / smiled   boy stood by the door.

② 청바지를 입고 있는 소년이 내 사촌이다.

The boy   wearing / worn   jeans is my cousin.

③ 그 소년은 웃으면서 서 있었다.

The boy stood   smiling / smiled .

④ 그 집은 깨진 창문을 가지고 있다.

The house has a   breaking / broken   window.

⑤ 깨진 창문은 수리되었다.

The   breaking / broken   window was fixed.

⑥ 그가 그 창문을 수리되도록 했다.

He had the window   fixing / fixed .

✓ 분사 판단

쓰임 구별하기

① I heard a [   ] news.
나는 놀라운 뉴스를 들었다.

☑ surprising   ☐ surprised

② I was [   ] at the news.
나는 그 뉴스에 놀랐다.

☐ surprising   ☐ surprised

③ I was [   ] by the noise.
나는 그 소음에 깜짝 놀랐다.

☐ frightening   ☐ frightened

④ I saw him [   ] fast on the track.
나는 그가 트랙 위를 빠르게 달리고 있는 것을 보았다.

☐ 현재분사 running   ☐ 동명사 running

⑤ I bought a pair of [   ] shoes.
나는 운동화 한 켤레를 샀다.

☐ 현재분사 running   ☐ 동명사 running

fall

내리는 눈은 예뻐 보인다.

Falling snow looks pretty.

쓰러진 나무가 그 도로를 막았다.

A fallen tree blocked the road.

---

1 knit

부드러운 울로 짜여진 이 조끼는 우리 아빠를 위한 것이다.

This vest _____ in soft wool is for my dad.

나는 그 조끼를 짜면서 앉아 있었다.

I sat _____ the vest.

---

2 hide

경찰이 그가 그 증거를 숨기고 있는 것을 보았다.

The police saw him _____ the evidence.

그 해적은 보물을 계속 숨겨두었다.

The pirate kept the treasure _____.

---

3 bore

그들은 수학 시간에 지루했다.

They were _____ during the math class.

왜 매 수학 시간은 항상 지루할까?

Why is every math class so _____ ?

---

4 interest

나는 과학에 관한 흥미로운 책을 읽었다.

I read an _____ book about science.

나는 과학에 관심이 있다.

I am _____ in science.

---

5 confuse

그것은 매우 혼란스러운 이야기였다.

It was a very _____ story.

그녀는 그 이야기에 혼란스러워졌다.

She was _____ by the story.

---

6 depress

그것은 가장 우울한 이야기다.

It is the most _____ story.

나는 어제 우울함을 느꼈다.

I felt _____ yesterday.

---

7 embarrass

그것은 내 인생에서 가장 당황스러운 순간이었다.

It was the most _____ moment of my life.

그녀는 도움을 청하게 되어 쑥스러웠다.

She was _____ to ask for help.

STEP 3 고쳐 보면 서술형이 저절로!

다음 우리말을 보고, 주어진 영어 문장에서 틀린 부분을 찾아 바르게 고쳐 쓰세요.

■ 다음 우리말을 보고, 주어진 영어문장에서 **틀린** 부분을 바르게 고쳐 쓰시오.   ✔ 서술형 **기출**문제

저기서 크게 말하고 있는 소녀를 봐라.

→ Look at the girl talked loudly over there.

→ 명사인 '소녀'가 말하는 (talk) 행위의 주체로 진행의 의미를 지닌 현재분사를 사용한다.

Look at the girl (talking) loudly over there.

---

① 그들은 쓰러진 나무를 건널 수 없었다.

They couldn't cross over a falling tree.   →   They couldn't cross over a fallen tree.

② 그녀는 기침을 하면서 계단을 내려갔다.

She walked down the stairs coughed.   →

③ 설거지하는 소년을 봐라.

Look at the boy washed the dishes.   →

④ 그것은 방에서 자고 있는 아기의 그림이었다.

It was a picture of a baby slept in a room.   →

⑤ 그것은 우울한 사람들에게 최고의 노래이다.

It is the best song for depressing people.   →

⑥ 그의 혼란스러운 수업은 나에게 두통을 주었다.

His confused lesson gave me a headache.   →

⑦ 나는 그 식사에 만족했다.

I was satisfying with the meal.   →

복습 프로그램
p. 123, 124, 125에서
배운 문장으로

교과서 **서술형** 끝내기

유형기본 ➕
기본 + 심화 문제

서술형 유형 기본
■ 알맞은 단어를 골라 우리말에 맞게 문장을 완성하시오.   p.123 **STEP 1**에 나오는 문장 재확인

smile   break   surprise   run

① 그 소년은 웃으면서 서 있었다.

→ The boy stood | smiling | .

(◐ smiling)
(✘ smiled)

② 깨진 창문은 수리되었다.

→ The | | window was fixed.

(◐ broken)
(✘ breaking)

③ 나는 그 뉴스에 놀랐다.

→ I was | | at the news.

(◐ surprised)
(✘ surprising)

④ 나는 그가 트랙 위를 빠르게 달리고 있는 것을 보았다.

→ I saw him | | fast on the track.

(◐ running)
(✘ run)

서술형 유형 심화
■ 주어진 단어를 활용해 우리말에 맞게 문장을 쓰시오.   p.124 **STEP 2**에 나오는 문장 재확인

① 쓰러진 나무가 그 도로를 막았다. (fall)

→ | |

(◐ fallen)
(✘ falling)

② 경찰이 그가 그 증거를 숨기고 있는 것을 보았다. (hide)

→ | |

(◐ hiding)
(✘ hidden)

③ 그것은 매우 혼란스러운 이야기였다. (confuse)

→ | |

(◐ confusing)
(✘ confused)

④ 그녀는 도움을 청하게 되어 쑥스러웠다. (embarrass)

→ | |

(◐ embarrassed)
(✘ embarrassing)

• 감정을 나타내는 분사
주체가 감정을 느끼면 과거분사,
감정을 느끼게 하는 원인이면
현재분사를 사용해요.

| 서술형 유형 심화 | ■ 알맞은 형태를 골라 우리말에 맞게 쓰시오. | p.125 STEP 3에 나오는 문장 재확인 |

1 저기서 크게 말하고 있는 **(talking / talked)** 소녀를 봐라.

→ Look at the girl talking loudly over there.

(O talking)
(X talked)

2 그들은 쓰러진 **(falling / fallen)** 나무를 건널 수 없었다.

→

(O fallen)
(X falling)

3 그녀는 기침을 하면서 **(coughing / coughed)** 계단을 내려갔다.

→

(O coughing)
(X coughed)

4 설거지하는 **(washing / washed)** 소년을 봐라.

→

(O washing)
(X washed)

5 그것은 방에서 자고 있는 **(sleeping / slept)** 아기의 그림이었다.

→

(O sleeping)
(X slept)

6 그것은 우울한 **(depressing / depressed)** 사람들에게 최고의 노래이다.

→

(O depressed)
(X depressing)

7 그의 혼란스러운 **(confusing / confused)** 수업은 나에게 두통을 주었다.

→

(O confusing)
(X confused)

8 나는 그 식사에 만족했다 **(satisfying / satisfied)** .

→

(O satisfied)
(X satisfying)

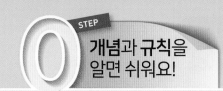

분사구문
문장구조

분사구문은 긴 부사절(접속사+주어+동사)을 분사를 사용해 짧은 구로 바꾼 형태를 말한다.

| While he walked | along the lake, | he whistled. | 그는 호수를 따라 걸으면서 그는 휘파람을 불었다. |

↓

| Walking | along the lake, | he whistled. | 호수를 따라 걸으면서 그는 휘파람을 불었다. |

1 분사구문의 형태

분사구문의 형태

부사절과 주절의 주어가 일치할 때: 접속사와 부사절 주어를 생략하고 부사절 동사를 [동사원형+ing] 형태로 바꾼다.

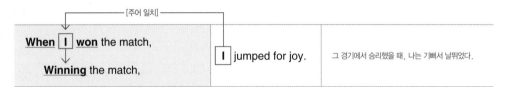

[주어 일치]

| When **I** **won** the match, | **I** jumped for joy. | 그 경기에서 승리했을 때, 나는 기뻐서 날뛰었다. |
| **Winning** the match, | | |

부사절과 주절의 주어가 불일치할 때: 접속사는 생략하고 부사절 주어는 유지하는 것을 주의한다.

[주어 불일치]

| When **the team** **won** the match, | **I** jumped for joy. | 그 팀이 경기에서 승리했을 때, 나는 기뻐서 날뛰었다. |
| **The team winning** the match, | | |

✱ Being으로 시작하는 수동태 분사구문에서 Being은 생략할 수 있다.

<u>As the story is written in English</u>, it's not easy to understand.

= (**Being**) Written in English, the story is not easy to understand.

영어로 쓰였기 때문에 그 이야기는 이해하는 데 쉽지 않다. ↰ 부사절 주어가 생략되었기 때문에 it을 the story로 바꿔야 해요.

2 여러 가지 분사구문

여러 가지 분사구문

[with+명사+현재분사 / 과거분사]는 '~을 …한 채로'의 의미를 지닌다.

| ① | I was sitting
나는 앉아 있었다 | with music **playing**.
음악을 틀어놓은 채로. | 명사와 분사의 관계가 능동: 현재분사 |
| ② | | with my legs **crossed**.
나의 다리를 꼰 채로. | 명사와 분사의 관계가 수동: 과거분사 |

제대로 알기
숙어처럼 표현하는 분사구문은
주절의 주어와 일치하지 않아도
관용구처럼 쓰이기 때문에 분사
구의 주어가 없어요.

✱ 숙어처럼 표현하는 분사구문

Generally speaking, men are taller than women.	**일반적으로 말하면**, 남자는 여자보다 키가 크다.
Strictly speaking, his answer is not correct.	**엄격하게 말하면**, 그의 대답은 정확하지 않다.
Considering it is a tourist attraction, it's not crowded.	이곳이 관광명소임을 **감안하면**, 붐비지 않는다.
Judging from what he did, he must be brave.	그가 한 행동으로 **판단하건대**, 그는 틀림없이 용감하다.

STEP

골라 보면
문법이 저절로!

분사구문은 접속사가 있는 문장에서 주어와 접속사를 생략하고 분사로 시작하는
문장 형태를 말한다. 이때 주어의 생략은 종속절과 주절의 주어 일치 여부에 따라
다르다.

✓ 분사구문 만들기

분사구문 형태 고르기

1 <u>As he arrived</u> late at night, he was very tired.

☐ He arriving   ☑ Arriving

2 <u>As nobody had arrived</u>, he was alone at home.

☐ Nobody having arrived   ☐ Having arrived

3 <u>As I felt tired</u>, I went to bed early.

☐ Feeling tired   ☐ I feeling tired

4 <u>While I was walking</u> along the street, I sang.

☐ Walking   ☐ I walking

5 <u>While I was watching TV</u>, I laughed a lot.

☐ I watching TV   ☐ Watching TV

6 <u>While he was making jokes</u>, I laughed a lot.

☐ He making jokes   ☐ Making jokes

✓ 여러 가지 분사구문

분사 형태 고르기

I stood still [＿＿＿＿＿＿＿]

1 내 눈을 감은 채로.   with my eyes [(closed) / closing].

2 팔짱을 낀 채로.   with my arms [folded / folding].

I went out [＿＿＿＿＿＿＿]

3 TV를 켜 놓은 채로.   with TV [turned / turning] on.

4 내 개가 나를 따르게 하고.   with my dog [followed / following] me.

I listened to music [＿＿＿＿＿＿＿]

5 그 문을 닫은 채로.   with the door [closed / closing].

6 내 다리를 꼰 채로.   with my legs [crossed / crossing].

		그가 늦게 와서 우리는 좌석에 앉을 수 없었다.	늦게 와서 그는 좌석에 앉을 수 없었다.
have arrived		He having arrived late, we couldn't take a seat.	Having arrived late, he couldn't take a seat.

1 approach

그에게 다가갈 때 그녀는 긴장했다.

_____ him, she felt nervous.

그가 그 물체에 접근하자 그의 팀은 긴장했다.

_____ the object, his team got nervous.

2 be

그는 아파서 일찍 잠자리에 들었다.

_____ sick, he went to bed early.

그가 아파서 그녀는 그를 방문했다.

_____ sick, she visited him.

3 take

샤워할 때 나는 노래를 한다.

_____ a shower, I sing.

그가 샤워를 해서 나는 문에서 기다렸다.

_____ a shower, I waited at the door.

4 feel

햇살을 느끼며 그는 의자에 편히 앉았다.

He was sitting in a chair, _____ the sunshine.

그는 바람이 부는 것을 느끼며 거기 서 있었다.

He was standing there, _____ the wind blow.

5 watch

TV쇼를 보고 나서 그는 저녁 준비하는 것을 시작했다.

_____ a TV show, he started to prepare dinner.

그녀가 TV를 보는 동안 그는 저녁 준비하는 것을 시작했다.

_____ TV, he started to prepare dinner.

6 play

그녀가 피아노를 연주하는 동안 나는 손뼉을 쳤다.

_____ the piano, I clapped.

나는 음악을 틀어 놓은 채로 잠들었다.

I fell asleep with music _____ .

7 fold

카드를 접으면서 그는 파티를 준비했다.

_____ the cards, he prepared the party.

팔짱을 낀 채 그는 음악을 들었다.

With his arms _____ , he listened to music.

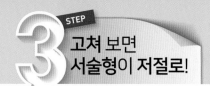

■ 다음 우리말을 보고, 주어진 영어 문장에서 **틀린** 부분을 바르게 고쳐 쓰시오.   ☑ 서술형 **기출**문제

> 음악을 들으면서 나는 그림을 그렸다.
>
> → ~~Listen~~ to music, I drew a picture.

주절과 종속절의 주어가
일치할 때는 동사를 [동사
원형+ing] 형태로 쓴다.

→ (Listening) to music, I drew a picture.

---

1 그가 노래를 부르는 동안 그녀는 춤을 췄다.

~~Singing~~ a song, she danced.

→ He singing a song, she danced.

---

2 호수로 가면서 그들은 휘파람을 불었다.

They walking to the lake, they whistled.

→

---

3 엄마가 걱정되어 나는 병원으로 뛰어갔다.

Being worrying about my mom, I ran to the hospital.

→

---

4 그는 고개를 끄덕이면서 책을 읽었다.

Nodded his head, he read a book.

→

---

5 그는 그의 노트북을 켜 둔 채로 책을 읽었다.

He read a book with his laptop turn on.

→

---

6 상황을 고려하면, 나는 시간이 더 필요하다.

Considered the situation, I need more time.

→

---

7 엄격하게 말하자면, 그것은 공짜가 아니다.

Strict speaking, it is not free.

→

복습 프로그램
p. 129, 130, 131에서
배운 문장으로

교과서 **서술형** 끝내기

유형기본

기본 + 심화 문제

서술형 유형 기본 ■ 알맞은 단어를 골라 우리말에 맞게 분사구문을 완성하시오. (단어 중복 사용 가능) p.129 **STEP 1**에 나오는 문장 재확인

make   arrive   close

① 밤늦게 도착해서 그는 매우 피곤했다.

→ [Arriving] late at night, he was very tired.

(◐ Arriving)
(✗ He arriving)

② 그가 농담을 하는 동안 나는 많이 웃었다.

→ [   ], I laughed a lot.

(◐ He making jokes)
(✗ Making jokes)

③ 나는 눈을 감은 채로 가만히 서 있었다.

→ I stood still with my eyes [   ].

(◐ closed)
(✗ closing)

④ 나는 그 문을 닫은 채로 음악을 들었다.

→ I listened to music with the door [   ].

(◐ closed)
(✗ closing)

서술형 유형 심화 ■ 주어진 어구를 활용해 우리말에 맞게 분사구문 문장을 쓰시오. p.130 **STEP 2**에 나오는 문장 재확인

① 그는 아파서 일찍 잠자리에 들었다. (be, go to bed)

→

(◐ Being)
(✗ Been)

② 그는 바람이 부는 것을 느끼며 거기 서 있었다. (feel, stand)

→

(◐ feeling)
(✗ felt)

③ 그가 그 물체에 접근하자 그의 팀은 긴장했다. (approach)

→

(◐ He approaching)
(✗ Approaching)

④ 나는 음악을 틀어 놓은 채로 잠들었다. (with music, play)

→

(◐ playing)
(✗ played)

• with + 명사 + 분사
명사와 분사와의 관계가 능동이면
현재분사, 수동이면 과거분사를 사용
해요.

서술형 유형 심화   ■ 알맞은 말을 골라 우리말에 맞게 분사구문 문장을 쓰시오.   p.131 STEP 3에 나오는 문장 재확인

① 음악을 들으면서 **(Listen / Listening)** 나는 그림을 그렸다.

→ Listening to music, I drew a picture.

(◑ Listening)
(✘ Listen)

② 그가 노래를 부르는 동안 **(He singing a song / Singing a song)** 그녀는 춤을 췄다.

→

(◑ He singing a song)
(✘ Singing a song)

③ 호수로 가면서 **(They walking / Walking)** 그들은 휘파람을 불었다.

→

(◑ Walking)
(✘ They walking)

④ 엄마가 걱정되어 **(Worried / Worrying)** 나는 병원으로 뛰어갔다.

→

(◑ (Being) Worried)
(✘ Worrying)

⑤ 그는 고개를 끄덕이면서 **(Nodded / Nodding)** 책을 읽었다.

→

(◑ Nodding)
(✘ Nodded)

⑥ 그는 그의 노트북을 켜 둔 **(turn on / turned on)** 채로 책을 읽었다.

→

(◑ turned on)
(✘ turn on)

⑦ 상황을 고려하면 **(Considered / Considering)** , 나는 시간이 더 필요하다.

→

(◑ Considering)
(✘ Considered)

⑧ 엄격하게 말하자면 **(Strict speaking / Strictly speaking)** , 그것은 공짜가 아니다.

→

(◑ Strictly speaking)
(✘ Strict speaking)

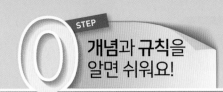

분사구문 의미 비교

분사구문은 대부분 접속사가 생략되는 경우가 많기 때문에 문맥상으로 분사구문의 의미를 파악해야 한다.

Living next door,	I often met her.	옆집에 살 때, 나는 가끔 그녀를 만났다.
= When I lived next door,		

Living next door,	I hardly met her.	옆집에 살았음에도 불구하고, 나는 거의 그녀를 만나지 않았다.
= Although I lived next door,		

1 분사구문의 의미 I

분사구문의 의미 I

시간 / 동작: ~할 때, ~하는 동안, ~하고 나서

특정시점	When he opened the door, he saw me.	→	**Opening the door**, he saw me. 문을 열었을 때, 그는 나를 봤다.
동시동작	While he was listening to music, he danced.	→	**Listening to music**, he danced. 음악을 들으면서 그는 춤을 췄다.
연속동작	He put on his coat, and left the house.	→	**Putting on his coat**, he left the house. 코트를 입고 나서 그는 집을 떠났다.

여러 가지 접속사

시간	when, while, as, and, before, after
이유 결과	because, since, as
조건	if
양보	although, though, even though

★ 같은 문장이라도 글의 문맥에 따라 의미가 달라질 수 있다.

Washing the dishes, I talked to my friend.

= While I washed the dishes, I talked to my friend. **나는 설거지를 하면서 나는 친구에게 이야기를 했다.**

= After I washed the dishes, I talked to my friend. **나는 설거지를 하고 나서, 친구에게 이야기를 했다.**

이유(원인): ~때문에, ~해서

Having lots of work to do, she didn't want to go to the party.

= Because she had lots of work to do, ... 그녀는 많은 일이 있었기 때문에 파티에 가고 싶지 않았다.

2 분사구문의 의미 II

분사구문의 의미 II

조건: 만약~하다면

(Being) Washed at the wrong temperature, clothes <u>can</u> shrink. = If clothes are washed at the wrong temperature, ...	잘못된 온도에서 세탁**한다면**, 옷이 줄어들 <u>수 있다</u>.
Turning to the left, you <u>will</u> see the building. = If you turn to the left, ...	왼쪽으로 돌면, 너는 그 건물을 볼 <u>것이다</u>.

★ 주절의 조동사를 통해 조건의 의미를 파악할 수 있다.

(Being) **Left alone**, your dog <u>might</u> bark loudly. 홀로 남겨진다면, 너의 개는 크게 짖을지도 <u>모른다</u>.

양보: ~이지만, ~일지라도

Nobody wanting to tell the truth, he broke the silence.

= Although nobody wanted to tell the truth, ... 누구도 그 진실을 말하고 싶지 않았지만, 그는 침묵을 깼다.

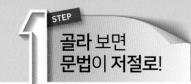

STEP

골라 보면
문법이 저절로!

분사구문은 문맥에서 어떤 의미로 사용되었는지 파악하는 것이 중요하다.
분사구문은 크게 시간, 동작, 이유, 조건, 양보의 의미를 나타낸다.

분사구문: 시간, 동작, 이유

의미 구별하기

1 I washed the dishes, <u>listening to music.</u>
☐ 듣기 때문에   ☑ 들으면서

2 <u>Taking a shower,</u> he put on a new shirt.
☐ 샤워를 한 후에   ☐ 샤워를 하는 동안

3 <u>Being sick,</u> I can't go to work.
☐ 아플지라도   ☐ 아파서

4 <u>Feeling depressed,</u> I often get some sleep.
☐ 우울한 기분일 때는   ☐ 우울한 기분이면서

5 I was scared, <u>being lost.</u>
☐ 길을 잃어서   ☐ 길을 잃었을지라도

6 <u>Studying hard,</u> she got good grades.
☐ 열심히 공부하는 동안   ☐ 열심히 공부했기 때문에

분사구문: 조건, 양보

의미 구별하기

1 <u>Being new,</u> he has a lot of experience.
☐ 신입이기 때문에   ☑ 신입이지만

2 <u>Turning to the left,</u> you can find the store.
☐ 왼쪽으로 돌면   ☐ 왼쪽으로 돌지라도

3 <u>Being late,</u> you'll get in trouble.
☐ 늦으면   ☐ 늦을지라도

4 <u>Not doing anything wrong,</u> I was scolded.
☐ 잘못된 것을 하지 않아서   ☐ 잘못된 것을 하지 않았는데도

5 <u>Coming to the party,</u> you'll have a lot of fun.
☐ 파티에 오면   ☐ 파티에 올지라도

6 <u>He helping me,</u> I couldn't fix the car.
☐ 그가 날 도와주면   ☐ 그가 날 도와줬지만

When he saw the scene, he began to laugh.	영문장 → Seeing the scene, he began to laugh. 우리말 → 그 장면을 봤을 때, 그는 웃기 시작했다.

1 While we were having dinner, we chatted a lot.

영문장 →

우리말 →

2 She went into her room, and she locked the door.

영문장 →

우리말 →

3 When he saw the spider, he jumped in fright.

영문장 →

우리말 →

4 Because she arrived late, she sat in the back row.

영문장 →

우리말 →

5 As I was exhausted by the work, I didn't go there.

영문장 →

우리말 →

6 If you turn to the right, you will see the school.

영문장 →

우리말 →

7 Although he was sad, he smiled.

영문장 →

우리말 →

■ 괄호 안에 주어진 접속사를 활용해 분사구문을 부사절로 바꿔 쓰시오.

✔ 서술형 **기출**문제

> He watching TV, his wife drank coffee. (while)

→ 문맥 안에서 분사구문의 의미를 파악해 보자. while은 '~하는 동안'의 의미로 동시동작을 나타낸다.

→   While he was watching TV, his wife drank coffee.

① Having enough money, I couldn't go shopping. (although)

→ Although I had enough money, I couldn't go shopping.

② Taking a taxi, you will arrive there on time. (if)

→

③ I opened the door, giving the children some candy. (and)

→

④ Wanting to become a lawyer, she studies hard. (because)

→

⑤ I opening the door, she was listening to the radio. (when)

→

⑥ Shouting loudly, she ran toward him. (while)

→

⑦ Preparing dinner, she left home. (after)

→

■ 마무리 해석확인

[보기] 그가 TV를 보는 동안 그의 아내는 커피를 마셨다.
② 택시를 탄다면 너는 그곳에 제시간에 도착할 수 있을 것이다.
④ 변호사가 되고 싶기 때문에 그녀는 열심히 공부한다.
⑥ 크게 소리치면서 그녀는 그를 향해 뛰어갔다.

① 돈이 충분히 있었음에도 불구하고 나는 쇼핑을 갈 수 없었다.
③ 나는 문을 열고 그 아이들에게 약간의 사탕을 주었다.
⑤ 내가 문을 열었을 때, 그녀는 라디오를 듣고 있었다.
⑦ 저녁을 준비한 뒤에 그녀는 집을 나섰다.

복습 프로그램

p. 135, 136, 137에서
배운 문장으로

교과서 **서술형** 끝내기

유형기본 ➕

기본 + 심화 문제

서술형 유형 기본

■ 주어진 단어를 사용해 우리말에 맞게 분사구문을 완성하시오.   p.135 **STEP 1**에 나오는 문장 재확인

① 음악을 들으면서 나는 설거지를 했다. (listen)

→ I washed the dishes, | listening to music | .

동시동작(~하면서)을 표현

② 샤워를 한 후에 그는 새 셔츠를 입었다. (take)

→ [   ] , he put on a new shirt.

연속동작(~하고 나서)을 표현

③ 열심히 공부했기 때문에 그녀는 좋은 성적을 받았다. (study)

→ [   ] , she got good grades.

이유(~때문에)를 표현

④ 신입인데도 불구하고 그는 경험이 많다. (be)

→ [   ] , he has a lot of experience.

양보(~임에도 불구하고)를 표현

⑤ 왼쪽으로 돌면 너는 그 상점을 찾을 수 있다. (turn)

→ [   ] , you can find the store.

조건(만약~하면)을 표현

서술형 유형 심화

■ 주어진 어구를 활용해 우리말에 맞게 분사구문이 있는 문장을 쓰시오.   p.136 **STEP 2**에 나오는 문장 재확인

① 그 장면을 봤을 때, 그는 웃기 시작했다. (see the scene, begin)

→ [   ]

(◯ Seeing)
(✘ See)

② 늦게 도착했기 때문에 그녀는 뒷줄에 앉았다. (arrive, in the back row)

→ [   ]

(◯ Arriving)
(✘ Arrived)

③ 그는 슬펐음에도 불구하고 미소를 지었다. (be, smile)

→ [   ]

(◯ Being sad)
(✘ Be sad)

④ 오른쪽으로 돌면 너는 그 학교를 볼 것이다. (turn to the right)

→ [   ]

(◯ Turning)
(✘ You turning)

• 분사구문의 의미
조건을 나타내는 분사구문은 주절에
사용된 조동사를 보고 그 의미를 더
명확히 할 수 있어요.

서술형 유형 심화 ■ 알맞은 접속사를 골라 주어진 문장을 우리말로 해석하시오. p.137 **STEP 3**에 나오는 문장 재확인

1 He watching TV, his wife drank coffee. **(while / if)**

→ 그가 TV를 보는 동안 그의 아내는 커피를 마셨다.

(〇 while)
(✗ if)

2 Having enough money, I couldn't go shopping. **(when / although)**

→

(〇 although)
(✗ when)

3 Taking a taxi, you will arrive there on time. **(if / when)**

→

(〇 if)
(✗ when)

4 I opened the door, giving the children some candy. **(if / and)**

→

(〇 and)
(✗ if)

5 Wanting to become a lawyer, she studies hard. **(while / because)**

→

(〇 because)
(✗ while)

6 I opening the door, she was listening to the radio. **(if / when)**

→

(〇 when)
(✗ if)

7 Shouting loudly, she ran toward him. **(while / although)**

→

(〇 while)
(✗ although)

8 Preparing dinner, she left home. **(because / after)**

→

(〇 after)
(✗ because)

[01-02] 다음 빈칸에 공통으로 알맞은 것을 고르시오.

01

> • _____ by the loud fireworks, the dog hid under the couch.
> • Jane was too _____ to speak.

① frightening ② frighten ③ frightened
④ being frightened ⑤ have frightened

02

> • Far from being _____, he was upset about his score.
> • As the owner of her business, she works hard to have her customers _____.

① satisfied ② depressed ③ exciting
④ disappointed ⑤ worried

[03-05] 다음 빈칸에 알맞은 말이 순서대로 짝지어진 것을 고르시오.

03

> • The road _____ the villages is too narrow.
> • The waiting room was empty except for a man _____ by the window .

① connect – sits
② connected – sat
③ connected – sitting
④ being connected – being sat
⑤ connecting – sitting

04

> • _____ off his coat, Jack rushed to the river.
> • We all expect our _____ officials to be honest.

① To take – to elect ② Take – to elect
③ Taking – to elect ④ Taking – electing
⑤ Taking – elected

05

> • Trying _____ the boss, the employees worked late every day.
> • I was strongly _____ by her storytelling skills.

① impress – impressive
② to impress – impressed
③ to impress – to impress
④ impress – impressed
⑤ to be impressed – impressive

06 다음 주어진 대화에서 어법상 어색한 부분을 바르게 고친 것은?

> A: I found myself in an ①embarrassing situation last night.
> B: What happened?
> A: I slipped and fell down ②getting off the bus. ③Looking up, I noticed a girl ④standing next to me to help me up. Soon I realized that it was Lucy. ⑤Having lost weight, I hardly recognized her.

① embarrassing → embarrassed
② getting off the bus → got off the bus
③ Looking up → Looked up
④ standing next to me → stood next to me
⑤ Having lost weight → She having lost weight

[07-08] 다음 문장을 보고 빈칸에 알맞은 것을 고르시오.

07

특히, 자라나는 아이는 균형 잡힌 식단이 필요하다.

→ Especially, a _____ child needs a _____ diet.

① growing – balancing
② grown – balancing
③ grown – balanced
④ growing – balanced
⑤ growing – being balanced

08

범죄현장에서 그 증거를 수집했기 때문에 그는 결백을 증명할 수 있었다.

→ _____, he was able to prove his innocence.

① Have collected the evidence from the crime scene
② He was collecting the evidence from the crime scene
③ Having collected the evidence from the crime scene
④ Collected the evidence from the crime scene
⑤ Being collected the evidence from the crime scene

09 다음 주어진 문장들 중 어법상 틀린 것으로만 짝지어진 것은?

ⓐ Don't stay up late surfed up the Internet.
ⓑ Having been washed with my clothes, my cellphone no longer worked.
ⓒ His gesture and facial expression tell us that he is terribly confusing.
ⓓ No one appreciates uninviting houseguests.

① ⓐ, ⓑ   ② ⓐ, ⓒ   ③ ⓓ
④ ⓐ, ⓑ, ⓒ   ⑤ ⓐ, ⓒ, ⓓ

서술형 대비 문제

10 그림을 보고 우리말에 맞게 문장을 완성 하시오.

일에 지쳐서 그는 창문 밖을 바라보았다.

→ _____, he looked out the window.

11 주어진 단어들을 이용하여 문장을 쓰시오.

영어를 말할 수 없어서 의사소통에 어려움이 있었다.
(be able to, trouble, communicate)

→ _____

_____

12 다음 밑줄 친 부분을 분사구문으로 바꿔 쓰시오.

<u>If weather permits,</u> we will go swimming tomorrow.

→ _____ we will go swimming tomorrow.

13 주어진 단어를 올바르게 배열해 우리말에 맞게 쓰시오.

will, teamwork, their, judging from, the project, succeed

→ _____

_____

그들의 팀워크로 판단하건대, 그 프로젝트는 성공할 것이다.

14 주어진 우리말을 보고 다음 밑줄에 알맞은 표현늘 넣어 대화를 완성하시오.

ⓐ E_____ (경험 있는, 숙련된) hikers packed lightly. They carried little more than necessities. Hiking trails having been washed out by heavy rains, they looked for another way up to the top. ⓑ C_____ (천천히 오르면서), they approached to the top of the mountain. ⓒ C_____ (~을 감안하면) their health conditions, it was a wise choice.

문법이 쓰기다

한 장의 사진으로 보는
문법이 쓰기다

UNIT 01
현재분사 vs. 과거분사

도와주세요!
갑자기 차가 고장 났어요. 몇 주 전부터 세운 주말 나들이
계획이 물거품이 되겠네. 누가 저 좀 도와주실래요?

 써 봐!

그녀는 도움을 청하게 되어 쑥스러웠다.

→

 써 봐!

나는 음악을 틀어 놓은 채로 잠들었다.

→

UNIT 02
분사구문 I

나른한 오후
따뜻한 햇볕이 들어오는 나른한 오후,
클래식 음악은 나에게 자장가였어.

UNIT 03
분사구문 II

학교 가는 날
새로운 동네, 새로운 학교, 새로운 친구들.
두근대는 마음을 안고 학교에 가요.
길 잃어버리지 않게 조심해야지.

 써 봐!

오른쪽으로 돌면 너는 학교를 볼 것이다.

→

정답 **UNIT 01.** She was embarrassed to ask for help. **UNIT 02.** I fell asleep with music playing.
UNIT 03. Turning to the right, you will see the school.

Part 7

접속사

부사절 접속사와 상관접속사의 종류와 의미를 비교해
알맞은 쓰임을 파악하고, 접속사를 정확히 사용해 문장을 씁니다.

UNIT 1 부사절 접속사

구성	기초 항목	서술형 유형
STEP 1	의미에 따른 접속사 고르기	
STEP 2	단어 재배열해 쓰기	
STEP 3		우리말 영작하기
서술형 끝내기		문장완성, 문장쓰기

UNIT 2 상관접속사

구성	기초 항목	서술형 유형
STEP 1	의미에 따른 접속사 고르기	
STEP 2	단어 재배열해 쓰기	
STEP 3		조건에 따라 영작하기
서술형 끝내기		문장완성, 문장쓰기

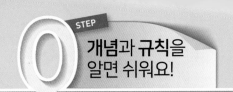

**부사절 접속사
문장구조**

부사절 접속사는 문장과 문장을 연결해 주는 접속사 역할과 주절을 생동감 있게 꾸며주는 부사 역할을 한다.

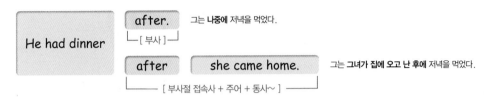

He had dinner

after. 그는 **나중에** 저녁을 먹었다.
└─[부사]─┘

after   she came home. 그는 **그녀가 집에 오고 난 후에** 저녁을 먹었다.
└──── [부사절 접속사 + 주어 + 동사~] ────┘

1 부사절 접속사 I

부사절 접속사 I

① 시간: when, while, as soon as, until, before, after

when	**When** I saw him, he smiled at me.	내가 그를 봤을 **때**, 그는 나에게 미소를 지었다.
while	**While** you were away, I cooked dinner.	네가 없는 **동안** 나는 저녁을 요리했다.
as soon as	**As soon as** I get home, I'll call you.	내가 집에 도착**하자마자** 너에게 전화할 것이다.
until	**Until** you arrive, I'll wait.	네가 도착할 **때까지** 나는 기다릴 것이다.

↱ 시간의 부사절이 미래를 나타내더라도 현재시제를 사용해요.

② 이유 / 목적: because, so that, as, since

because	He stayed in bed **because** he was ill.	그는 아팠기 **때문에** 침대에 누워있었다.
so that	I work out every day **so that** I can get healthy.	나는 건강해지기 **위해** 매일 운동을 한다.

✗ 시간과 이유를 모두 나타내는 접속사는 문맥에 따라 알맞게 해석해야 한다.

	시간	이유
as	**As** I swept the floor, I sang a song. 나는 바닥을 **쓸면서** 노래를 불렀다.	**As** I didn't feel good, I used a sick day. 나는 몸이 좋지 **않아서** 병가를 냈다.
since	**Since** I started to work, I've been busy. 일을 시작한 **이후로** 나는 줄곧 바빴다.	**Since** he was not there, I left a message. 그가 거기에 **없어서** 나는 메시지를 남겼다.

2 부사절 접속사 II

부사절 접속사 II

① 조건: if, unless

if	**If** you want, you can stay here.	**만약** 네가 원한**다면**, 여기 머물러도 좋다.
unless (= if ~not)	**Unless** it rains, I'll ride my bike. = **If** it does **not** rain, I'll ride my bike.	비만 오지 **않는다면**, 나는 자전거를 탈 것이다.

② 양보 / 대조: although, even though, whereas

although	**Although** she's small, she's strong.	그녀는 **비록** 작을**지라도** 힘은 세다.
even though	**Even though** they're poor, they're happy.	그들은 **비록** 가난할**지라도** 행복하다.
whereas	He is tall, **whereas** his twin brother is short.	그는 키가 큰 **반면**, 그의 쌍둥이 형은 작다.

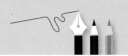

시간, 이유, 목적

접속사 고르기

1 내가 말하는 동안 그는 나에게 미소를 지었다.

Until / (While) I was talking, he smiled at me.

2 나는 일을 마치자마자 집에 갈 것이다.

As soon as / While I finish work, I'll go home.

3 나는 회의가 있어서 떠나야 한다.

After / Since I have a meeting, I have to leave.

4 어렸을 때 이후로 나는 여기서 살고 있다.

So that / Since I was young, I have lived here.

5 나는 아팠기 때문에 나갈 수 없었다.

I couldn't go out before / because I was sick.

6 내가 준비할 때까지 기다려줄 수 있니?

Can you wait until / because I get ready?

조건, 양보, 대조

접속사 고르기

1 _____ the weather is hot, I'll go to the pool.

☐ Although ☑ If

2 _____ it snows, I will make a snowman.

☐ Unless ☐ If

3 _____ you follow the rules, you will get into trouble.

☐ If ☐ Unless

4 _____ I was tired, I kept running.

☐ If ☐ Even though

5 _____ it was hot, he was wearing a coat.

☐ Although ☐ If

6 You have natural curly hair, _____ I have straight.

☐ whereas ☐ even though

---

as soon as, he, her, saw, he, say anything, couldn't

영문장 → As soon as he saw her, he couldn't say anything.

우리말 → 그녀를 보자마자, 그는 아무 말도 할 수 없었다.

---

1 because, I, kind, like, her, she, is

영문장 →

우리말 →

---

2 I will, until, you, arrive, wait

영문장 →

우리말 →

---

3 as, she, calm and polite, became, grew older, she

영문장 →

우리말 →

---

4 since, help, me, let, I, here, am, you

영문장 →

우리말 →

---

5 although, works, she, rich, is, she, hard, very

영문장 →

우리말 →

---

6 unless, you, will, eating, stop, be, sick, too much, you

영문장 →

우리말 →

---

7 she, whereas, hate, likes, chocolate cake, I, it

영문장 →

우리말 →

■ 다음 우리말을 보고 올바른 접속사를 골라 (A)를 완성하시오.

✔ 서술형 **기출**문제

내가 그에게 머무르라고 요청한다면, 그는 오늘 밤에 떠나지 않을 것이다. → 조건을 나타내는 '만약 ~한다면'의 의미를 지닌 부사절 접속사는 if이다.

→ (A) If / Unless , he won't leave tonight.

→ If I ask him to stay, he won't leave tonight.

---

① (A) When / As soon as, he passed the exam. 그는 10살때 그 시험에 통과했다.

→ When he was 10, he passed the exam.

② (A) While / Because, I ate some snacks. 나는 공부하는 동안 약간의 간식을 먹었다.

→

③ I don't eat breakfast (A) although / so that. 나는 잠을 더 자기 위해 아침을 먹지 않는다.

→

④ (A) As soon as / If, I ran to school. 버스에서 내리자마자 나는 학교로 뛰어갔다.

→

⑤ You don't need to come (A) unless / whereas. 네가 원하는 게 아니라면 올 필요는 없다.

→

⑥ (A) While / Even though, you are still my best friend. 우리가 많이 싸우긴 했지만, 너는 여전히 나의 가장 친한 친구야.

→

⑦ (A) Since / When, she has been avoiding me. 지난주에 내 돈을 빌린 이후로, 그녀는 나를 피하고 있다.

→

서술형 유형 기본

■ 알맞은 접속사를 골라 우리말에 맞게 문장을 완성하시오.

p.145 **STEP 1**에 나오는 문장 재확인

| when | while | as soon as | since | until | whereas | although | if |

① 나는 일을 마치자마자 집에 갈 것이다.

→ | As soon as | I finish work, I'll go home.

as soon as ～하자마자

② 어렸을 때 이후로 나는 여기서 살고 있다.

→ | | I was young, I have lived here.

since(시간) ～이후로

③ 내가 준비할 때까지 기다려 줄 수 있니?

→ Can you wait | | I get ready?

until ～까지

④ 날씨가 덥다면 나는 수영장에 갈 것이다.

→ | | the weather is hot, I'll go to the pool.

If 만약 ～한다면

서술형 유형 심화

■ 주어진 어구를 활용해 우리말에 맞게 문장을 쓰시오.

p.146 **STEP 2**에 나오는 문장 재확인

① 그녀가 친절하기 때문에 나는 그녀를 좋아한다. (because, kind)

→

because ～때문에

② 내가 여기 있으니 너를 돕게 해줘. (since, help)

→

since(이유) ～해서, ～하니까

③ 너무 많이 먹는 것을 그만두지 않으면 너는 아프게 될 거야. (unless, stop eating)

→

unless 만약 ～하지 않으면

④ 그녀는 초콜릿 케이크를 좋아하는 반면 나는 그것을 싫어한다. (whereas, hate)

→

whereas 반면에

• 부사절 접속사
양보를 나타내는 부사절 접속사는 whereas, although, even though 등이 있어요.

서술형 유형 심화	■ 알맞은 부사절 접속사를 골라 우리말에 맞게 문장을 쓰시오.	p.147 STEP 3에 나오는 문장 재확인

① 내가 그에게 머무르라고 요청한다면, 그는 오늘 밤에 떠나지 않을 것이다. **(if / unless)**

→ If I ask him to stay, he won't leave tonight.

(○ if)
(✗ unless)

② 그는 10살때 그 시험에 통과했다. **(when / as soon as)**

→

(○ when)
(✗ as soon as)

③ 나는 공부하는 동안 약간의 간식을 먹었다. **(while / because)**

→

(○ while)
(✗ because)

④ 나는 잠을 더 자기 위해 아침을 먹지 않는다. **(although / so that)**

→

(○ so that)
(✗ although)

⑤ 버스에서 내리자마자 나는 학교로 뛰어갔다. **(as soon as / if)**

→

(○ as soon as)
(✗ if)

⑥ 네가 원하는 게 아니라면 올 필요는 없다. **(unless / whereas)**

→

(○ unless)
(✗ whereas)

⑦ 우리가 많이 싸우긴 했지만, 너는 여전히 나의 가장 친한 친구야. **(while / even though)**

→

(○ even though)
(✗ while)

⑧ 지난주에 내 돈을 빌린 이후로, 그녀는 나를 피하고 있다. **(since / when)**

→

(○ since)
(✗ when)

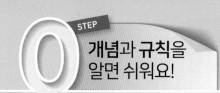

STEP
개념과 규칙을
알면 쉬워요!

상관접속사
문장구조

상관접속사는 두 개 이상의 단어가 짝을 이뤄 서로 떨어져 있는 단어, 구, 절을 이어준다.

| Zoe and I | | are planning to go camping. | Zoe와 나는 캠프를 갈 계획이다. |
| Both Zoe and I | | | Zoe와 나는 **둘 다** 캠프를 갈 계획이다. |

1 상관접속사 I

'추가'의 의미를 가진 상관접속사

① **both A and B**: A와 B 둘 다

| **Both** <u>my friend</u> **and** I like going to the cinema. | 내 친구와 나는 둘 다 극장에 가는 것을 좋아한다. |
| The movie was **both** <u>fun</u> **and** <u>moving</u>. | 그 영화는 재미와 감동이 둘 다 있었다. |

✳ [both A and B]가 주어일 때 항상 복수동사를 사용한다.

Both soccer and baseball ~~is~~ / **are** popular in Korea. 축구와 야구 모두 한국에서 인기 있다.

② **not only A but also B**(= B as well as A): A뿐만 아니라 B도

| **Not only** <u>you</u> **but also** he swims very well.
　　　　A　　　　　　B
너(A)뿐만 아니라 그(B)도 수영을 매우 잘 한다. | = | He **as well as** <u>you</u> swims very well.
　　　　　B　　　　A
너(A)뿐만 아니라 그(B)도 수영을 매우 잘 한다. |

✳ [not only A but also B]와 [B as well as A] 구문 뒤의 동사는 항상 B와 수일치를 시킨다.

Not only he but also I **am** / ~~is~~ a successful businessman. 그뿐만 아니라 나도 성공한 사업가다.

2 상관접속사 II

'대안'의 의미를 가진 상관접속사

① **either A or B**: A와 B 둘 중 하나

Either you **or** Zoe will help me with the project. 너나 Zoe 둘 중에 한 명이 그 프로젝트를 도와줄 것이다.

② **neither A nor B**: A도 B도 아닌

Neither Zoe **nor** I <u>want</u> to have salad. Zoe도 나도 샐러드를 먹길 원하지 **않는다**.
　　　　　　　　↖ 항상 B와 수일치 시켜요.

✳ [either A or B]와 [neither A nor B]의 의미를 비교하고 알맞은 짝을 찾아 쓰도록 한다.

I will **either** / ~~neither~~ go for a walk **nor** play tennis. 나는 산책도 테니스도 하지 않을 것이다.

✳ 다음 각 문장을 보고 의미 비교를 해보자.

나는 그들 둘 다 알아.	I know **both** of them.
나는 그들 중 어느 한 명도 몰라.	I know **neither** of them.
	I don't know **either** of them.

🔖 제대로 알기
[either A or B]와 [neither A nor B] 구문에서 A와 B의 성분이 같아야 해요. A가 명사면 B도 명사여야 하고, A가 동사이면 B도 동사를 사용해요.

STEP

골라 보면
문법이 저절로!

상관접속사는 한 단어 이상으로 구성된 접속사로, 등위접속사처럼 단어와 단어,
구와 구, 절과 절을 대등하게 연결해 주는 역할을 한다.

'추가'의 의미

상관접속사 고르기

1. 그녀와 나는 둘 다 그 수업을 듣는다.

(Both / Either) she and I take the class.

2. 나는 베이컨과 달걀 둘 다 먹을 것이다.

I'm going to have both bacon [and / or] eggs.

3. 그는 잘생겼을 뿐만 아니라 친절하다.

He is [not / not only] handsome but also kind.

4. 너뿐만 아니라 그도 그 책을 가지고 있다.

Not only you [and / but] also he has the book.

5. 너뿐만 아니라 그도 야구를 좋아한다.

He [as well / also] as you likes baseball.

6. 나는 노래뿐만 아니라 춤도 잘 춘다.

I am good at dancing as [well / good] as singing.

'대안'의 의미

상관접속사 고르기

1. 너나 Zoe가 그 게임을 이길 것이다.

Either you [and / or] Zoe will win the game.

2. 나는 오늘 밤 아니면 내일 떠날 것이다.

I will leave [either / not] tonight or tomorrow.

3. 나는 고기도 치킨도 좋아하지 않는다.

I like [either / neither] meat nor chicken.

4. 너도 나도 그것을 어떻게 하는지 알지 못한다.

Neither you [nor / or] I know how to do it.

5. 나는 그것들 둘 다 사고 싶다.

I want to buy [both / either] of them.

6. 나는 그것들 중 어느 것도 원하지 않는다.

I want [either / neither] of them.

---

his father, and, both he, hamburgers, like

영문장 → Both he and his father like hamburgers.

우리말 → 그와 그의 아버지 둘 다 햄버거를 좋아한다.

---

1 meaningful, the movie, was, and interesting, both

영문장 →

우리말 →

---

2 but also, to the park, not only he, she, goes, with you

영문장 →

우리말 →

---

3 Joan, not only beautiful, smart, but also, is

영문장 →

우리말 →

---

4 as watching movies, I, as well, reading books, like

영문장 →

우리말 →

---

5 or, after lunch, either now, can, you, see, I

영문장 →

우리말 →

---

6 he or she, me, will come, either, to help

영문장 →

우리말 →

---

7 neither, drinks, milk, you nor she

영문장 →

우리말 →

STEP 3

바꿔 보면 서술형이 저절로!

다음 문장의 의미를 생각해 보고 주어진 상관접속사를 사용해 그 의미가 서로 통하도록 문장을 바꿔 쓰세요.

■ 다음 문장을 주어진 접속사를 활용해 그 의미가 통하도록 바꿔 쓰시오.

☑ 서술형 **기출**문제

> I as well as he heard someone yell outside.
>
> (not only A but also B)

[B as well as A] 구문은 'A뿐만 아니라 B도'라는 의미로 [not only A but also B] 구문으로 바꿔 쓸 수 있다.

→   Not only he but also I heard someone yell outside.

---

① It may be you or I who have to take care of her. (either A or B)

→ Either you or I have to take care of her.

② He doesn't drink coffee or beer. (neither A nor B)

→

③ Not only she but also he participated in the new project. (B as well as A)

→

④ It tastes good. And also it looks great. (not only A but also B)

→

⑤ She is now in New York or Boston. (either A or B)

→

⑥ English is my favorite subject. Science is my favorite subject too. (both A and B)

→

⑦ She doesn't like vegetables. I don't like vegetables either. (neither A nor B)

→

■ 마무리 해석확인

[보기] 그뿐만 아니라 나도 누군가 밖에서 고함치는 것을 들었다.   ① 너 아니면 내가 그녀를 돌봐야만 한다.   ② 그는 커피도 맥주도 마시지 않는다.
③ 그녀뿐만 아니라 그도 새 프로젝트에 참여했다.   ④ 그것은 맛이 좋을 뿐만 아니라 보기도 좋다.   ⑤ 그녀는 지금 뉴욕이나 보스턴에 있다.
⑥ 영어와 과학은 둘 다 내가 가장 좋아하는 과목들이다.   ⑦ 그녀도 나도 야채를 좋아하지 않는다.

복습 프로그램

p. 151, 152, 153에서
배운 문장으로

교과서 **서술형 끝내기**

유형기본

기본＋심화 문제

서술형 유형 기본
■ 알맞은 접속사를 골라 우리말에 맞게 문장을 완성하시오.　p.151　STEP 1에 나오는 문장 재확인

| not only ~ but also　　as well as　　either ~ or　　neither ~ nor |

① 그는 잘생겼을 뿐만 아니라 친절하다.

→ He is ┃ not only ┃ handsome ┃ but also ┃ kind.

not only A but also B: A뿐만 아니라 B도

② 나는 노래뿐만 아니라 춤도 잘 춘다.

→ I am good at dancing ┃　　　　┃ singing.

B as well as A: A뿐만 아니라 B도

③ 나는 오늘 밤 아니면 내일 떠날 것이다.

→ I will leave ┃　　　　┃ tonight ┃　　　　┃ tomorrow.

either A or B: A와 B 둘 중 하나

④ 너도 나도 그것을 어떻게 하는지 알지 못한다.

→ ┃　　　　┃ you ┃　　　　┃ I know how to do it.

neither A nor B: A도 B도 아닌

서술형 유형 심화
■ 주어진 접속사를 이용해 우리말에 맞게 문장을 쓰시오.　p.152　STEP 2에 나오는 문장 재확인

① 그와 그의 아버지 둘 다 햄버거를 좋아한다. (both A and B)

→

[both A and B]가 주어일 때 항상 복수동사 사용

② 나는 영화를 보는 것뿐 아니라 책 읽는 것도 좋아한다. (B as well as A)

→

B as well as A: A뿐만 아니라 B도

③ 나는 지금이나 점심 후에 너를 볼 수 있다. (either A or B)

→

A와 B 둘 중 어느 것이든 무관하다는 의미 내포

④ 너도 그녀도 우유를 마시지 않는다. (neither A nor B)

→

[Neither A nor B] 구문에서 동사는 항상 B와 수일치

• 상관접속사
대안의 의미를 지니는 상관접속사는
[either A or B]와 [neither A nor B]
가 있어요.

| 서술형 유형 심화 | ■ 알맞은 접속사를 골라 우리말에 맞게 문장을 쓰시오. | p.153 STEP 3에 나오는 문장 재확인 |

① 그뿐만 아니라 나도 누군가 밖에서 고함치는 것을 들었다. **(B as well as A / both A and B)**

→ I as well as he heard someone yell outside.

(O B as well as A)
(X both A and B)

② 너 아니면 내가 그녀를 돌봐야만 한다. **(B as well as A / either A or B)**

→

(O either A or B)
(X B as well as A)

③ 그는 커피도 맥주도 마시지 않는다. **(either A or B / neither A nor B)**

→

(O neither A nor B)
(X either A or B)

④ 그녀뿐만 아니라 그도 새 프로젝트에 참여했다. **(neither A nor B / B as well as A)**

→

(O B as well as A)
(X neither A nor B)

⑤ 그것은 맛이 좋을 뿐만 아니라 보기도 좋다. **(not only A but also B / either A or B)**

→

(O not only A but also B)
(X either A or B)

⑥ 그녀는 지금 뉴욕이나 보스턴에 있다. **(both A and B / either A or B)**

→

(O either A or B)
(X both A and B)

⑦ 영어와 과학은 둘 다 내가 가장 좋아하는 과목들이다. **(both A and B / neither A nor B)**

→

(O both A and B)
(X neither A nor B)

⑧ 그녀도 나도 야채를 좋아하지 않는다. **(either A or B / neither A nor B)**

→

(O neither A nor B)
(X either A or B)

[01-02] 다음 빈칸에 공통으로 가장 알맞은 것을 고르시오.

01

- _____ she has been absent for two weeks, she needs to take a makeup exam.
- He has remained highly respected _____ he became a professor.

① although   ② since   ③ while
④ when   ⑤ even though

02

- I can help you _____ it takes too long.
- I can't hear you _____ you turn down the volume.

① because   ② neither   ③ as soon as
④ unless   ⑤ while

03 주어진 두 문장을 한 문장으로 바꿀 때 빈칸에 들어갈 올바른 것은?

- The library closes at 7 p.m.
- The reading room stays open until 9 p.m.

→ _____, the reading room stays open until 9 p.m.

① As the library closes at 7 p.m.
② The library closes at 7 p.m. so that
③ The library closes at 7 p.m. because
④ Whereas the library closes at 7 p.m.
⑤ Unless the library closes at 7 p.m.

[04-06] 다음 빈칸에 알맞은 말이 순서대로 짝지어진 것을 고르시오.

04

- I won't leave _____ they rescue you.
- We should be patient _____ we have to construct it again.

① until – because   ② when – while
③ as – while   ④ although – because
⑤ even though – while

05

- They have _____ knowledge nor understanding of politics.
- Clearly, spam is _____ annoying and dangerous.

① both – both   ② either – both
③ either – either   ④ neither – both
⑤ not only – but also

06

- I felt guilty _____ it was not my fault.
- Turn off the heat _____ it starts boiling.

① as – because
② although – while
③ even though – as soon as
④ since – because
⑤ if – as

[07-08] 주어진 우리말을 보고 빈칸에 알맞은 것을 고르시오.

07

엘리베이터가 처음 등장했을 때, 그것은 빨랐을 뿐만 아니라 편리하기까지 했다.

→ _____ elevators first came out, they were _____ fast but also convenient.

① As – both   ② When – as
③ When – not only   ④ Either – nor
⑤ So that – as well as

08

숨을 참는 동안, 몸이 긍정적인 에너지로 채워진다고 상상하세요.
→ _____, imagine that your body is filled with positive energy.

① Although you hold your breath
② While holding your breath
③ If you hold your breath
④ As soon as you hold your breath
⑤ Whereas you hold your breath

09 어법상 어색한 부분을 바르게 고친 것은?

It has been roughly twenty years ①since music videos first appeared. ②As cable television expanded, the music industry started to change as well. Music videos influence advertisements ③because ④both the music and the visual images easily grab people's attention. ⑤If music videos are short, they are expensive to produce.

① since → if
② As → Whereas
③ because → if
④ both → either
⑤ If → Although

10 다음 문장에서 밑줄 친 부분과 같은 의미로 쓰인 것은?

Things change as time passes.

① As I have an allergy, I cough and sneeze a lot.
② As the weather got hot and humid, I was frustrated.
③ I've decided to sell my car as I can't afford my car payment.
④ I wondered why she repeated the same mistakes as I read her post.
⑤ As I have plenty of homework to do, I'd better stay home and work on them.

서술형 대비 문제

11 주어진 두 문장을 보고, 그 의미가 서로 통하도록 Unless를 사용해 한 문장으로 바꿔 쓰시오.

If you give full attention to your studies, you will succeed.

→ _____ you give full attention to your studies, _____.

12 주어진 조건에 맞게 다음 대화를 완성하시오.

[조건]
- It was~ 로 시작할 것.
- 접속사 even though를 쓸 것.

A: Did you read that book I recommended?
B: Yes, I did. _____
_____.
(그것은 읽기 어려웠음에도 불구하고 매우 흥미로웠어.)

13 다음을 읽고, 어법상 어색한 곳을 찾아 바꿔 쓰시오.

You must type the password so correctly that you can log in to the computer.

_____ → _____

14 주어진 우리말을 보고 알맞은 표현을 넣어 문장을 완성하시오.

Baking instructions:
1. Add dry ingredients and mix either by hand or with a mixer ⓐ_____ (~때까지) the dough gets soft.
2. ⓑ_____ (만약 ~한다면) the mixture is too wet, add more flour as needed.
3. Put it in ⓒ_____ (~하자마자) the oven reaches the right temperature.

한 장의 사진으로 보는
문법이 쓰기다

UNIT 01
부사절 접속사

내 스타일이야!
내 친구는 초콜릿 케이크를 좋아하지만 나에겐 너무 달아.
새콤달콤 과일 케이크가 바로 내 스타일이지!

 써 봐!

그녀는 초콜릿 케이크를 좋아하는 반면 나는 그것을 싫어한다.

→

UNIT 02
상관접속사

아침엔 우유?
No! 아침에 마시는 우유는 언제나 나를 화장실로
달려가게 만든다고요.

 써 봐!

너도 그녀도 우유를 마시지 않는다.

→

★
상관접속사

노래도 예술, 춤도 예술
내 꿈은 세계적인 유명한 뮤지션이 되는 거예요.
10년 뒤 제 모습 기대해 주세요.

 써 봐!

나는 노래뿐만 아니라 춤도 잘 춘다.

→

정답 **UNIT 01.** She likes chocolate cake, whereas I hate it.   **UNIT 02.** Neither you nor she drinks milk.
★ I am good at dancing as well as singing.

Part 8

관계사

문장에서 관계사가 어떤 역할을 하는지 파악하고
그 쓰임을 알아봅니다.
관계대명사와 관계부사를 사용해 문장을 정확히 씁니다.

UNIT 1 관계대명사 I

구성	기초 항목	서술형 유형
STEP 1	관계대명사 쓰임 고르기	
STEP 2	단어 재배열해 쓰기	
STEP 3		한 문장으로 바꿔 쓰기
서술형 끝내기		문장완성, 문장쓰기

UNIT 2 관계대명사 II

구성	기초 항목	서술형 유형
STEP 1	관계대명사의 쓰임과 역할 고르기	
STEP 2	관계대명사 구별해서 고르기	
STEP 3		틀린 부분 고쳐 쓰기
서술형 끝내기		문장완성, 문장쓰기

UNIT 3 관계부사

구성	기초 항목	서술형 유형
STEP 1	올바른 관계부사 고르기	
STEP 2	단어 재배열해 쓰기	
STEP 3		문장 다시 쓰기
서술형 끝내기		문장완성, 문장쓰기

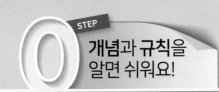

관계대명사는 두 문장을 연결해주고, 명사 뒤에서 사람이나 사물을 더욱 분명하게 설명해 주는 역할을 한다.

관계대명사 문장구조

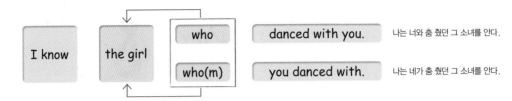

| I know | the girl | who | danced with you. | 나는 너와 춤 췄던 그 소녀를 안다. |
| | | who(m) | you danced with. | 나는 네가 춤 췄던 그 소녀를 안다. |

관계대명사 I

사람이 선행사일 때

사람이 선행사일 때 두 문장을 연결해주는 주격, 목적격, 소유격 관계대명사는 다음과 같다.

주격	I know the man. 나는 그 남자를 안다.	The man lives next door. 그 남자는 옆집에 산다.	→	I know the man **who** lives next door. 나는 옆집에 사는 그 남자를 안다.
목적격		Zoe met **the man**. Zoe는 그 남자를 만났다.	→	I know the man **who(m)** Zoe met. 나는 Zoe가 만났던 그 남자를 안다.
소유격		**The man's** car is stolen. 그 남자의 차는 도난당했다.	→	I know the man **whose** car is stolen. 나는 그의 차를 도난당한 남자를 안다.

★ 선행사가 전치사의 목적어인 경우에는 목적격 관계대명사인 who(m) 앞에 전치사가 위치할 수 있다.

The woman is quite strict. + I work with **the woman**.

= The woman **who(m)** I work **with** is quite strict. 나와 같이 일하는 그 여자는 매우 엄격하다.

= The woman **with who(m)** I work is quite strict.

★ 계속적 용법

| 한정적 용법 | She knows a lot of people <u>who</u> live in London. | 그녀는 런던에 살고 있는 많은 사람들을 안다. |
| 계속적 용법 | She knows my brother Dan, <u>who(=and he)</u> lives in London. | 그녀는 내 동생 Dan을 아는데, 그(Dan)는 런던에 산다. |

선행사에 대한 추가적인 설명을 할 때 사용하고 [접속사+대명사]로 바꿔 쓸 수 있어요.

관계대명사 II

사물, 동물이 선행사일 때

사물, 동물, 상황이 선행사일 때 두 문장을 연결해주는 주격, 목적격, 소유격 관계대명사는 다음과 같다.

주격	I washed the car. 나는 그 차를 세척했다.	**The car** is out of order. 그 차는 고장 났다.	→	I washed the car **which** is out of order. 나는 고장난 그 차를 세척했다.
목적격		I borrowed **the car**. 나는 그 차를 빌렸다.	→	I washed the car **which** I borrowed. 나는 내가 빌린 그 차를 세척했다.
소유격		**The car's** roof is red. 그 차의 지붕은 빨강이다.	→	I washed the car **whose** roof is red. 나는 (차의) 지붕이 빨간 그 차를 세척했다.

★ 계속적 용법

계속적 용법은 문장 맨 앞부터 차례로 해석해요.

She will stay at the Park Hotel, <u>which(= because it)</u> is close to the beach.

그녀는 파크호텔에 머무를 예정인데, 해변과 가깝기 때문이다.

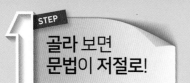
골라 보면
문법이 저절로!

관계대명사는 두 개의 문장을 이어주는 접속사 역할과 앞에 있는 선행사를 대신하는 대명사 역할을 한다. 선행사가 사람인지, 사물인지에 따라 관계대명사를 결정해 사용한다.

who / who(m) / whose

관계대명사 고르기

I found a boy [   ] .

1 나는 소년을 발견했다 / 혼자 사는.

☑ who lives alone   ☐ whose lives alone

2 나는 소년을 발견했다 / 부상당한.

☐ whom was injured   ☐ who was injured

I like the girl [   ] .

3 나는 그 소녀를 좋아한다 / 네가 아는.

☐ whom you know   ☐ whose you know

4 나는 그 소녀를 좋아한다 / 그도 좋아하는.

☐ whom he also likes   ☐ whose he also likes

I am close to him, [   ] .

5 나는 그와 친한데, / 그는 가수이다.

☐ who is a singer   ☐ whose is a singer

6 나는 그와 친한데, / 그는 우승했다.

☐ whose won the race   ☐ who won the race

which / whose

관계대명사 고르기

1 He wrote words [   ] were new to us.

그는 우리에게 새로운 단어들을 썼다.

☑ which   ☐ whose

2 I read a novel [   ] writer was unknown.

나는 (소설의) 작가가 알려지지 않은 소설을 읽었다.

☐ which   ☐ whose

3 He throws a ball [   ] no one can catch.

그는 아무도 잡을 수 없는 공을 던진다.

☐ which   ☐ whose

4 He won the competition [   ] was held in May.

그는 5월에 개최된 대회에서 우승했다.

☐ who   ☐ which

5 He taught the song [   ] was easy to sing.

그는 부르기 쉬운 노래를 가르쳤다.

☐ who   ☐ which

I know a woman (complains, everything, who, about).

영문장 → I know a woman who complains about everything.

우리말 → 나는 모든 것에 대해 불평하는 여자를 안다.

---

1 I like Ms. Smith, (is, my science teacher, who).

영문장 →

우리말 →

---

2 I met a girl (father, a famous actor, was, whose).

영문장 →

우리말 →

---

3 Physics is (the subject, the most, hate, I, which).

영문장 →

우리말 →

---

4 The boy, (have forgotten, I, name, whose), is my neighbor.

영문장 →

우리말 →

---

5 They are (the ones, stole who, my car)!

영문장 →

우리말 →

---

6 The book, (read, just, I, which), was very good.

영문장 →

우리말 →

---

7 He is (the teacher, she, talked, whom) about.

영문장 →

우리말 →

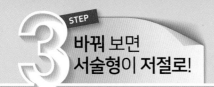
주어진 두 문장을 보고 알맞은 관계대명사를 사용해서 한 문장으로 바꿔 쓰세요.

■ 다음 두 문장을 알맞은 관계대명사를 활용해 그 의미가 통하도록 한 문장으로 쓰시오.

✔ 서술형 **기출**문제

• I like my friend.

• My friend knows how to save money. (계속적 용법으로)

⇨ my friend(사람)가 선행사이고, 그 친구가 돈을 절약하는 방법을 알기 때문에 주격 관계대명사 who을 사용한다.

→ ___I like my friend, who knows how to save money.___

①
• He is a singer.
• His song became very popular.

➡ He is a singer whose song became very popular.

②
• You are the one.
• You ate my sandwich.

➡

③
• I helped a woman.
• The woman's car broke down.

➡

④
• We will take the train.
• The train leaves in one hour.

➡

⑤
• Joan works for a company.
• The company makes furniture.

➡

⑥
• I want to marry someone.
• Someone loves me.

➡

⑦
• Our car was stolen.
• But our car was found by the police.
(계속적 용법으로)

➡

■ 마무리 해석확인

[보기] 나는 내 친구를 좋아하는데, 그는 돈을 절약하는 방법을 안다.　① 그는 그의 노래가 매우 유명해진 가수이다.　② 네가 내 샌드위치를 먹은 사람이구나.
③ 나는 차가 고장난 여자를 도왔다.　④ 우리는 한 시간 뒤에 떠날 기차를 탈 것이다.　⑤ Joan은 가구를 만드는 회사에서 일한다.
⑥ 나는 나를 사랑하는 누군가와 결혼하고 싶다.　⑦ 우리 차는 도난당했는데, 경찰에게 발견되었다.

문법이 쓰기다

복습 프로그램
p. 161, 162, 163에서
배운 문장으로

교과서 **서술형 끝내기**

유형기본 ➕

기본 + 심화 문제

서술형 유형 기본

■ 알맞은 관계대명사를 골라 우리말에 맞게 문장을 완성하시오.

p.161 **STEP 1**에 나오는 문장 재확인

who(m)	which	whose

① 나는 부상당한 소년을 발견했다.

→ I found a boy [who] was injured.

주격 관계대명사 who 사용

② 나는 네가 아는 그 소녀를 좋아한다.

→ I like the girl [ ] you know.

목적격 관계대명사 who(m)을 사용

③ 나는 (소설의) 작가가 알려지지 않은 소설을 읽었다.

→ I read a novel [ ] writer was unknown.

소유격 관계대명사 whose를 사용

④ 그는 아무도 잡을 수 없는 공을 던진다.

→ He throws a ball [ ] no one can catch.

사물(a ball)을 선행사로 갖는 목적격 관계대명사 which를 사용

서술형 유형 심화

■ 주어진 어구를 활용해 우리말에 맞게 문장을 쓰시오.

p.162 **STEP 2**에 나오는 문장 재확인

① 나는 모든 것에 대해 불평하는 여자를 안다. (complain about everything)

→

사람을 선행사로 갖는 주격 관계대명사 who

② 물리는 내가 가장 싫어하는 과목이다. (subject, the most)

→

사물을 선행사로 갖는 목적격 관계대명사 which

③ 나는 (그녀의) 아버지가 유명한 배우였던 소녀를 만났다. (a famous actor)

→

사람을 선행사로 갖는 소유격 관계대명사 whose

④ 그는 그녀가 말했던 그 선생님이다. (talk about)

→

사람을 선행사로 갖는 목적격 관계대명사 who(m)

• 목적격 관계대명사
사람이 선행사일 때, 목적격 관계대
명사로 사용하는 whom은 보통 who
로 사용하기도 해요.

서술형 유형 심화 ■ 알맞은 관계대명사를 골라 우리말에 맞게 문장을 쓰시오. p.163 STEP 3에 나오는 문장 재확인

① 나는 내 친구를 좋아하는데, 그는 돈을 절약하는 방법을 안다. **(, who / , whose)**

→ I like my friend, who knows how to save money.

(○ , who)
(✗ , whose)

② 그는 그의 노래가 매우 유명해진 가수이다. **(whom / whose)**

→

(○ whose)
(✗ whom)

③ 네가 내 샌드위치를 먹은 사람이구나. **(who / which)**

→

(○ who)
(✗ which)

④ 나는 차가 고장난 여자를 도왔다. **(whose / which)**

→

(○ whose)
(✗ which)

⑤ 우리는 한 시간 뒤에 떠날 기차를 탈 것이다. **(whose / which)**

→

(○ which)
(✗ whose)

⑥ Joan은 가구를 만드는 회사에서 일한다. **(whom / which)**

→

(○ which)
(✗ whom)

⑦ 나는 나를 사랑하는 누군가와 결혼하고 싶다. **(which / who)**

→

(○ who)
(✗ which)

⑧ 우리 차는 도난당했는데, 경찰에게 발견되었다. **(, which / , whose)**

→

(○ , which)
(✗ , whose)

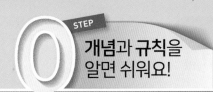

관계대명사
that vs. what

관계대명사 that은 그 앞에 항상 선행사가 있고, 관계대명사 what은 그 자체가 선행사를 포함하고 있다.

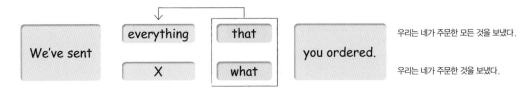

| We've sent | everything / X | that / what | you ordered. |

우리는 네가 주문한 모든 것을 보냈다.

우리는 네가 주문한 것을 보냈다.

1 관계대명사 that

관계대명사 that은 언제 사용할까?

that은 주격, 목적격 관계대명사인 who, which 대신 사용할 수 있고, 다음과 같은 경우에 자주 사용한다.

①	A doctor is <u>a person</u>	**that**	treats ill people.	선행사가 사람일 때 (who로 대체 가능)
②	He found <u>the keys</u>	**that**	he had lost.	선행사가 사물일 때 (which로 대체 가능)
③	Ask me <u>everything</u>	**that**	you want to know.	선행사에 −thing, −body가 있을 때
④	This is <u>the best idea</u>	**that**	you've ever had.	선행사가 최상급일 때
⑤	This is <u>all</u> the information	**that**	I have.	선행사에 all, every, any, no가 있을 때
⑥	This is <u>the only film</u>	**that**	scares me.	선행사에 the only, the same이 있을 때

① 의사는 아픈 사람을 치료하는 사람이다.　　② 그는 잃어버렸던 열쇠들을 찾았다.　　③ 네가 알고 싶은 어떤 것이든 물어봐라.

④ 이것은 네가 가졌던 것 중 가장 좋은 생각이다.　　⑤ 이것은 내가 가지고 있는 모든 정보이다.　　⑥ 이것은 나를 무섭게 하는 유일한 영화이다.

★ that은 계속적 용법으로 사용될 수 없기 때문에 이때는 who나 which를 사용한다.

My car, **which / ~~that~~** is red, goes fast. 내 차는 빨간색이고 빨리 달린다. (계속적 용법: 차가 한 대임을 내포)

2 관계대명사 what

관계대명사 what은 언제 사용할까?

관계대명사 what(~하는 것)은 선행사를 포함하고, 주어, 목적어, 보어 역할을 하는 명사절을 이끈다.

주어	**What** she said made me cry.	그녀가 말한 것이 나를 울게 만들었다.
목적어	I told the police **what** I saw.	나는 내가 본 것을 경찰에게 말했다.
보어	This is **what** I was going to say.	이것은 내가 말하려고 했던 것이다.

관계대명사 what은 [the thing(s) that(which)]으로 바꾸어 쓸 수 있다.

We can't give you **what(= the things that)** you need. 우리는 네가 필요한 것을 너에게 줄 수 없다.

★ that vs. what

① 관계대명사 that의 문장은 항상 선행사가 있다.

② 관계대명사 what 이하는 주어나 목적어, 또는 보어가 빠진 불완전한 문장이다.

I bought **~~that~~ / what** you wanted to read. 나는 네가 읽고 싶어 했던 것을 샀다.

STEP

골라 보면
문법이 저절로!

관계대명사 that은 항상 선행사를 갖는 반면, 관계대명사 what은 선행사를 포함
하고 문장에서 주어, 목적어, 보어로 쓰일 수 있다.

관계대명사 that

올바른 쓰임 구별하기

1 He is the doctor <u>that</u> we all respect.　　☑ O　　☐ X

2 I want to help everybody <u>that</u> lost their parents.　　☐ O　　☐ X

3 This is the best car <u>that</u> I've ever seen.　　☐ O　　☐ X

4 I'll provide <u>that</u> you need.　　☐ O　　☐ X

5 She is the only person <u>that</u> makes me happy.　　☐ O　　☐ X

6 The car, <u>that</u> is the same as mine, is over there.　　☐ O　　☐ X

관계대명사 what

역할 구별하기

1 I'll send <u>what</u> was promised.　　☐ 주어　　☑ 목적어

2 <u>What</u> has been decided needs to be followed.　　☐ 주어　　☐ 목적어

3 <u>What</u> we know is a tip of an Iceberg.　　☐ 주어　　☐ 목적어

4 I am not sure <u>what</u> needs to be done next.　　☐ 보어　　☐ 목적어

5 This is <u>what</u> we will discuss today.　　☐ 보어　　☐ 목적어

6 That skirt is <u>what</u> I want to buy this summer.　　☐ 보어　　☐ 목적어

너는 내가 즐겨 먹는 생선을 주문했다.

You ordered the fish (that / what) I enjoy eating.

너는 내가 즐겨 먹는 것을 주문했다.

You ordered that / what) I enjoy eating.

1

나는 그녀를 행복하게 하는 어떤 것이든 좋아한다.

I like anything that / what makes her happy.

나는 그녀를 행복하게 하는 것을 좋아한다.

I like that / what makes her happy.

2

이것은 내가 지난주에 산 가방이다.

This is the bag that / what I bought last week.

이것은 내가 지난주에 산 것이다.

This is that / what I bought last week.

3

나는 네가 가지고 있는 휴대전화를 사고 싶다.

I want to buy the cellphone that / what you have.

나는 네가 가지고 있는 것을 사고 싶다.

I want to buy that / what you have.

4

그녀는 내가 먹고 싶은 음식을 요리했다.

She cooked the dish that / what I wanted to eat.

그녀는 내가 먹고 싶은 것을 요리했다.

She cooked that / what I wanted to eat.

5

이것이 내가 찾고 있었던 책이다.

This is the book that / what I have been looking for.

이것이 내가 찾고 있었던 것이다.

This is that / what I have been looking for.

6

그가 갖고 있는 정보는 보통 사실이다.

Information that / what he has is usually true.

그가 아는 것은 보통 사실이다.

That / What he knows is usually true.

7

나의 아버지가 산 와인은 비싸다.

The wine that / what my father bought is expensive.

나의 아버지가 산 것은 비싸다.

That / What my father bought is expensive.

■ 다음 우리말을 보고, 주어진 영어 문장에서 <u>어색한</u> 부분을 바르게 고쳐 쓰시오.

☑ 서술형 **기출**문제

이것이 그 수학책이고, 나는 너에게 공부할 것을 권한다.

→ This is the math book, that I suggest you study.

→   This is the math book, (which) I suggest you study.

> 관계대명사 that과 what 은 계속적 용법으로 사용할 수 없기 때문에 선행사가 사물(the book)일 때 사용하는 관계대명사 which를 쓴다.

---

① 이것은 내 노트북이고, 나는 네게 빌려줄 거야.

This is my laptop, that I will lend you.

→ This is my laptop, which I will lend you.

---

② 이 책은 내가 썼으며, 지금 베스트셀러이다.

This book, that I wrote, is now a bestseller.

→

---

③ 이 사람은 Joan이고, 나와 수학 수업을 듣는다.

This is Joan, that takes math class with me.

→

---

④ 우리가 아는 모든 운동선수들은 그 대회에서 우승하고 싶어 한다.

All the athletes what we know want to win the competition.

→

---

⑤ 빛나는 모든 것이 금은 아니다.

All what glitters is not gold.

→

---

⑥ 나는 네가 말한 것을 들을 수 없었다.

I couldn't hear which you said.

→

---

⑦ 나는 그녀가 제안한 것을 하고 싶지 않았다.

I didn't want to do that she suggested.

→

서술형 유형 기본
■ 관계대명사 that이나 what을 사용해 우리말에 맞게 문장을 완성하시오.　p.167 **STEP 1**에 나오는 문장 재확인

① 이것은 내가 지금껏 봤던 최고의 차이다.

→ This is the best car 　that I've ever seen　.

선행사가 최상급일 때 that을 사용

② 나는 부모를 잃은 모두를 돕고 싶다.

→ I want to help everybody 　　　　　.

선행사에 –body가 있을 때 that을 사용

③ 그녀는 나를 행복하게 만드는 유일한 사람이다.

→ She is the only person 　　　　　.

선행사에 the only가 있을 때 that을 사용

④ 우리가 알고 있는 것은 빙산의 일각이다.

→ 　　　　　 is a tip of an iceberg.

(⭕ What)
(❌ That)

⑤ 저 치마는 내가 이번 여름에 사고 싶은 것이다.

→ That skirt is 　　　　　 this summer.

(⭕ what)
(❌ that)

서술형 유형 심화
■ 관계대명사 that이나 what을 사용해 우리말에 맞게 문장을 쓰시오.　p.168 **STEP 2**에 나오는 문장 재확인

① 너는 내가 즐겨 먹는 것을 주문했다. (enjoy eating)

→

(⭕ what)
(❌ that)

② 나는 네가 가지고 있는 것을 사고 싶다. (want to buy)

→

(⭕ what)
(❌ that)

③ 이것이 내가 찾고 있었던 책이다. (have been looking for)

→

(⭕ that)
(❌ what)

④ 나의 아버지가 산 와인은 비싸다. (expensive)

→

(⭕ that)
(❌ what)

• 관계대명사 that
that은 선행사가 사람, 사물일 때
모두 사용할 수 있어요. 선행사가
사물일 때 사용하는 that은 which로
바꿔 쓸 수 있어요.

서술형 유형 심화

■ 알맞은 관계대명사를 골라 우리말에 맞게 문장을 쓰시오.

p.169 **STEP 3**에 나오는 문장 재확인

① 이것이 그 수학책이고, 나는 너에게 공부할 것을 권한다. **(that / which)**

→ This is the math book, which I suggest you study.

(O which)
(X that)

② 이것은 내 노트북이고, 나는 네게 빌려줄 거야. **(that / which)**

→

(O which)
(X that)

③ 이 책은 내가 썼으며, 지금 베스트셀러이다. **(what / which)**

→

(O which)
(X what)

④ 이 사람은 Joan이고, 나와 수학 수업을 듣는다. **(who / that)**

→

(O who)
(X that)

⑤ 우리가 아는 모든 운동선수들은 그 대회에서 우승하고 싶어 한다. **(what / that)**

→

(O that)
(X what)

⑥ 빛나는 모든 것이 금은 아니다. **(that / what)**

→

(O that)
(X what)

⑦ 나는 네가 말한 것을 들을 수 없었다. **(what / which)**

→

(O what)
(X which)

⑧ 나는 그녀가 제안한 것을 하고 싶지 않았다. **(what / that)**

→

(O what)
(X that)

관계부사

관계부사는 관계대명사와 함께 관계사에 속하며, 접속사와 부사의 역할을 동시에 한다.

| I went back to the town | in which | I grew up. |

↓

→ | I went back to the town | where | I grew up. |

나는 내가 자란 그 마을로 돌아갔다.

1 관계부사 I

관계부사 where / when

where: 선행사가 장소를 나타낼 때

| I know **a shop**. | + | You can buy it **at the shop**. |

= I know a shop **at which** you can buy it.

= I know a shop **where** you can buy it. 나는 네가 그것을 살 수 있는 상점을 안다.

when: 선행사가 시간을 나타낼 때

| I remember **the day**. | + | We first met **on the day**. |

= I remember the day **on which** we first met.

= I remember the day **when** we first met. 나는 우리가 처음 만난 그 날을 기억한다.

✖ **관계부사의 계속적 용법**

① 관계부사 when과 where는 계속적 용법이 가능하다.

② [접속사+부사]로 바꾸어 쓸 수 있다.

I was in the park at noon, **when(= and then)** it began to rain.

나는 정오에 공원에 있었고 그때 비가 내리기 시작했다.

📝 관계부사 = [전치사+which]

when	at / in / on which
where	in / at / to which
why	for which
how	in which

2 관계부사 II

관계부사 why / how

why: 선행사가 이유를 나타낼 때

| This is **the reason**. | + | I visit this place **for the reason**. |

= This is the reason **for which** I visit this place.

= This is the reason **why** I visit this place. 이것은 내가 이 장소를 방문하는 이유이다.

how: 선행사가 방법을 나타낼 때

| I don't know **the way**. | + | This computer works **in the way**. |

= I don't know the way **in which** this computer works.

= I don't know **how(= the way)** this computer works. 나는 이 컴퓨터가 어떻게 작동하는지 모른다.

✖ **관계부사 how와 the way는 함께 사용할 수 없다.**

I don't know **the way how** this computer works. (X)

📝 **선행사의 생략**

the time, the place, the reason 등과 같이 일반적인 날짜, 시간, 장소, 이유를 나타낼 때 선행사를 생략할 수 있어요.

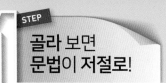

STEP 1 골라 보면 문법이 저절로!

관계부사는 문장에서 접속사와 부사의 역할을 동시에 한다. 선행사가 장소를 나타낼 때는 where, 시간을 나타낼 때는 when, 이유를 나타낼 때는 why, 방법은 how를 사용할 수 있다.

where / when

1. I visited the town [ ] he was born.   ☑ where   ☐ whcn

2. I know a nice place [ ] we can go.   ☐ where   ☐ when

3. I revisited Korea, [ ] I lived for 10 years.   ☐ where   ☐ when

4. I enjoyed the time [ ] we stayed there.   ☐ where   ☐ when

5. That was the year [ ] I got married.   ☐ where   ☐ when

6. I miss the day [ ] we met each other.   ☐ where   ☐ when

why / how

1. There is a reason [ ] I can't go.   ☑ why   ☐ how

2. You know the reason [ ] I like you.   ☐ why   ☐ how

3. This is the reason [ ] I got upset.   ☐ why   ☐ how

4. I can't understand [ ] it operates.   ☐ how   ☐ 필요 없음

5. [ ] he solved the quiz is quite simple.   ☐ How   ☐ 필요 없음

6. I know the way [ ] he broke into the shop.   ☐ how   ☐ 필요 없음

---

she, the company, where,
lived in Busan, was located
(계속적 용법으로)

영문장 → She lived in Busan, where the company was located.

우리말 → 그녀는 부산에 살았는데, 그곳에는 그 회사가 위치해 있었다.

---

1 where, she, often, went, she,
to the park, got ice cream
(계속적 용법으로)

영문장 →

우리말 →

---

2 the time, now is, when, to be
seated, everyone, needs

영문장 →

우리말 →

---

3 miss, when, the days, will,
you, we, hung out with, us

영문장 →

우리말 →

---

4 wasn't sure, why,
were here, he, they

영문장 →

우리말 →

---

5 she, I, finish, don't, know,
the competition, why, didn't

영문장 →

우리말 →

---

6 figure out, it, need to, we,
works, how

영문장 →

우리말 →

---

7 how to go, subway, station,
told him, to the, I

영문장 →

우리말 →

쓰다 보면 서술형이 저절로!

주어진 문장과 그 의미가 서로 통하도록 알맞은 관계부사를 사용해 문장을 다시 쓰세요.

■ 다음 문장을 알맞은 관계부사를 활용해 그 의미가 통하도록 바꿔 쓰시오.

✔ 서술형 **기출**문제

> The police officer told me the reason for which it happened.
> 그 경찰관이 나에게 왜 그 일이 발생했는지 말했다.

→ [전치사+관계대명사]인 for which 대신 이유를 나타내는 관계부사 why를 사용할 수 있다.

→   The police officer told me the reason why it happened.

---

① This is the city in which I was born.
이곳은 내가 태어난 도시이다.

→ This is the city where I was born.

② I know a place in which we can stay.
나는 우리가 머물 수 있는 장소를 안다.

→

③ I visited Joan at noon, but then she wasn't home.
나는 정오에 Joan을 방문했지만 그때 그녀는 집에 없었다.

→

④ I told her the day on which he will come back.
나는 그녀에게 그가 돌아오는 날을 말했다.

→

⑤ Now you know the reason for which I don't like spiders.
이제 너는 내가 거미를 싫어하는 이유를 안다.

→

⑥ This is the way in which he solved it.
이것은 그가 그것을 해결한 방법이다.

→

⑦ Tell me the way in which you study.
네가 어떻게 공부하는지 내게 말해줘.

→

교과서 **서술형** 끝내기

서술형 유형 기본

■ 알맞은 관계부사를 골라 우리말에 맞게 문장을 완성하시오.

p.173 STEP 1에 나오는 문장 재확인

| where | why | when | how |

1 나는 우리가 갈 수 있는 멋진 곳을 안다.

→ I know a nice place where we can go .

(◯ where)
(✘ when)

2 나는 우리가 함께 만났던 그날이 그립다.

→ I miss the day

(◯ when)
(✘ where)

3 내가 갈 수 없는 이유가 있다.

→ There is a reason .

(◯ why)
(✘ how)

4 나는 그것이 어떻게 작동하는지 이해할 수 없다.

→ I can't understand operates.

(◯ how/the way)
(✘ why)

서술형 유형 심화

■ 주어진 어구와 알맞은 관계부사를 활용해 우리말에 맞게 문장을 쓰시오.

p.174 STEP 2에 나오는 문장 재확인

1 그녀는 부산에 살았는데, 그곳에는 그 회사가 위치해 있었다. (be located)

→

(◯ where)
(✘ when)

2 지금은 모두가 착석해야 할 시간이다. (be seated)

→

(◯ when)
(✘ where)

3 그는 그들이 왜 여기 있었는지 확신이 없었다. (be sure)

→

(◯ why)
(✘ how)

4 우리는 그것이 어떻게 작동하는지 알아내야 한다. (figure out, work)

→

(◯ how)
(✘ the way how)

• 관계부사 how
선행사가 방법을 나타낼 때 관계부사
how를 사용할 수 있고, the way와
함께 사용할 수 없어요.

서술형 유형 심화   ■ 알맞은 관계부사를 골라 우리말에 맞게 문장을 쓰시오.   p.175 STEP 3에 나오는 문장 재확인

1 그 경찰관이 나에게 왜 그 일이 발생했는지 말했다. **(why / where)**

→ The police officer told me (the reason) why it happened.

(○ why)
(✗ where)

2 이곳은 내가 태어난 도시이다. **(why / where)**

→

(○ where)
(✗ why)

3 나는 우리가 머물 수 있는 장소를 안다. **(where / when)**

→

(○ where)
(✗ when)

4 나는 정오에 Joan을 방문했지만 그때 그녀는 집에 없었다. **(where / when)**

→

(○ when)
(✗ where)

5 나는 그녀에게 그가 돌아오는 날을 말했다. **(why / when)**

→

(○ when)
(✗ why)

6 이제 너는 내가 거미를 싫어하는 이유를 안다. **(why / how)**

→

(○ why)
(✗ how)

7 이것은 그가 그것을 해결한 방법이다. **(why / how)**

→

(○ how)
(✗ why)

8 네가 어떻게 공부하는지 내게 말해줘. **(why / how)**

→

(○ how)
(✗ why)

문법이 쓰기다

[01-02] 다음 빈칸에 공통으로 알맞은 것을 고르시오 .

01

- Everything _____ happened was my fault.
- I found a clock _____ goes backwards.

① when   ② what   ③ why
④ that   ⑤ where

02

- I cannot support or deny _____ he said.
- _____ you know isn't always everything.

① what   ② that   ③ when
④ how   ⑤ whom

[03-04] 주어진 두 문장을 한 문장으로 바꿀 때 빈칸에 들어갈 올바른 것은?

03

- Scientists explained the reason.
- Astronauts are weightless in space.
- → _____ astronauts appear to be weightless in space.

① The reason for which
② The reason why scientists explained
③ Scientists explained why
④ Scientist explained the reason what
⑤ Scientist explained what

04

- He needs to bring back the things.
- The things belong to me.
- → He needs to bring back _____.

① which belong to me
② in which belong to me
③ the things whose belong to me
④ the things what belong to me
⑤ the things that belong to me

[05-07] 다음 빈칸에 들어갈 말이 순서대로 짝지어진 것을 고르시오.

05

- I still remember the time _____ I rode a roller coaster for the first time.
- I read an article, _____ was based on prejudice.

① where – which   ② when – which
③ when – who   ④ when – whom
⑤ where – who

06

- Select the best option _____ describes the case.
- I don't know _____ she won the second place in the contest.

① what – what   ② what – where
③ what – how   ④ that – what
⑤ that – how

07

- We spent two days in Berlin, _____ we took a walking tour of the city.
- I was just about to express my opinion, and _____ Matt cut in.

① that – when   ② that – when
③ where – when   ④ where – then
⑤ which – then

08 주어진 우리말을 보고 빈칸에 알맞은 것은?

그 카페는 동네에서 최고의 커피를 파는 곳인데 최근에 문을 닫았다.
→ The café, _____, has recently been closed.

① that it serves the best coffee in town
② serves the best coffee in town where
③ which serves the best coffee in town
④ in which it serves the best coffee in town
⑤ where serves the best coffee in town

09 다음 중 어법상 어색한 것으로만 짝지어진 것은?

ⓐ Dessert is all what he wants.
ⓑ The visitors whom you were waiting for have arrived.
ⓒ I saw people that cars had broken down.
ⓓ The waitress who served us was impolite and impatient.

① a, b   ② a, c   ③ c, d
④ a, b, c   ⑤ a, c, d

10 다음 빈칸에 들어갈 말이 주어진 문장의 밑줄 친 부분과 같은 것은?

You should stop judging others by _what_ you see.

① The company produces furniture _____ fits your needs.
② This photocopier, _____ has a two-year guarantee, costs a fortune.
③ This essays show _____ public transportation helps environment.
④ I won't forgive you unless you tell me _____ you were absent.
⑤ I'm so surprised. You won't believe _____ I just heard.

서술형 대비 문제

11 다음 주어진 단어들을 활용해 우리말에 맞게 문장을 쓰시오.

말하고 있는 사람의 말을 막지 않도록 해라.
(interrupt, who)

→ _____

12 주어진 두 문장을 관계대명사 which를 사용해 한 문장으로 바꿔 쓰시오.

• He introduced a new subject.
• The subject was not related to the original argument.

→ He introduced _____
_____

13 다음을 읽고 어법상 어색한 곳을 찾아 바꿔 쓰시오.

I went to see Dr. Brown, that examined me for skin cancer. He gave me a list of things what I need to be concerned about.

① _____ → _____
② _____ → _____

14 주어진 우리말을 보고 알맞은 표현을 넣어 대화를 완성하시오.

A: I need to run an errand for my mom. I'm looking for a grocery store ⓐ_____ _____ (~을 살 수 있는) fresh vegetables.

B: There is an organic supermarket across the street.

A: It's been closed down for a few weeks. No one knows ⓑ_____. (언제 문을 열지)

한 장의 사진으로 보는
문법이 쓰기다

UNIT 01 관계대명사 I

내가 수학을 잘 하는 이유
수학이 가장 어려웠던 내가 이해할 때까지
기다려 주셨던 그 선생님 덕분이야.

 써 봐!

그는 그녀가 말했던 그 선생님이다.

→

UNIT 02 관계대명사 II

아버지의 취미
우리 아버지의 취미는 와인을 수집하는 거예요.
이번에 와인 냉장고까지 구입하셨죠.

 써 봐!

나의 아버지가 산 와인은 비싸다.

→

UNIT 03 관계부사

신기한 건 못 참아
동그란 구멍이 있는 상자인가. 물도 나오고, 소리도 나네?
어떤 물건인지 들어가서 살펴봐야지!

 써 봐!

우리는 그것이 어떻게 작동하는지 알아내야 한다.

→

정답 **UNIT 01.** He is the teacher who(m) she talked about. **UNIT 02.** The wine that my father bought is expensive.
UNIT 03. We need to figure out how it works.

Part 9
가정법/비교구문

시제에 따른 가정법의 의미라 형태를 파악하고, 정확하게 씁니다.
또한 비교급과 최상급의 여러 구문을 알아보고,
의미에 맞게 문장을 씁니다.

UNIT 1 가정법

구성	기초 항목	서술형 유형
STEP 1	시제에 따른 가정법 형태 고르기	
STEP 2	단어 재배열해 쓰기	
STEP 3		조건에 따라 영작하기
서술형 끝내기		문장완성, 문장쓰기

UNIT 2 비교구문

구성	기초 항목	서술형 유형
STEP 1	비교구문 고르기	
STEP 2	비교급과 최상급 비교해서 쓰기	
STEP 3		조건에 따라 영작하기
서술형 끝내기		문장완성, 문장쓰기

가정법 문장구조

가정법은 실제로 발생하지 않은 어떤 상황에 대해 주관적인 감정, 바람, 느낌, 후회 등을 표현할 때 사용된다.

| 과거 ▶ | If | I | saw | her, | I | would tell | you. |

내가 그녀를 **보면**, 너에게 **말할 텐데**.

| 과거완료 ▶ | If | I | had seen | her, | I | would have told | you. |

내가 그녀를 **보았더라면**, 너에게 **말했을 텐데**.

1 가정법 과거

가정법 과거: 만약~라면 …일 텐데

가정법 과거: 미래에 일어나지 않을 법한 이야기나 현실과 반대되는 가정을 할 때 사용한다.

| If | 주어 | 동사 과거 | 주어 | 조동사 과거 | 동사원형 |

| ① | **If** | **I** | **were** a bird, | **I** | **could** | **fly** to you. | 내가 새라면, 너에게 날아갈 **수 있을 텐데**. |
| ② | **If** | **I** | **had** a car, | **I** | **would** | **lend** it to you. | 만약 내가 차가 있다면, 너에게 빌려줄 **텐데**. |

★ ①번 문장처럼 가정법에서 be동사의 과거형은 인칭/수에 관계없이 대부분 were를 사용한다.

I wish 가정법 과거: 현재 사실과 반대되는 소망을 나타낼 때 사용한다.

I'm sorry that you can't come to the party. 나는 네가 파티에 올 수 없어 유감이다. [현재]

= I **wish** you **could come** to the party. 네가 파티에 올 수 있다면 좋을 텐데.

2 가정법 과거완료

가정법 과거완료: 만약 ~였더라면 …했었을 텐데

가정법 과거완료: 과거 사실과 반대되는 가정을 할 때 사용한다.

| If | 주어 | had+과거분사 | 주어 | 조동사 과거 | have+과거분사 |

| ① | **If** | **I** | **had seen** him, | **I** | **could** | **have asked** him. | 내가 그를 봤다면, 그에게 물어볼 **수 있었을 텐데**. |
| ② | **If** | **he** | **had left**, | **I** | **might** | **have felt** lonely. | 그가 떠났다면, 나는 외로웠을**지도 모르겠다**. |

I wish 가정법 과거완료: 과거 사실과 반대되는 소망을 나타낼 때 사용한다.

I regret that I didn't listen to his advice. 나는 그의 조언을 듣지 않았던 것을 후회한다. [과거]

= I **wish** I **had listened** to his advice. 내가 그의 조언을 들었다면 좋았을 텐데.

↖ 부정문은 had not listened예요.

★ 조동사 could를 포함하는 I wish 가정법 과거완료형은
[could+have+과거분사] 형태로 사용한다.

I **wish** I **could have met** you. 너를 만날 수 있었다면 좋았을 텐데.

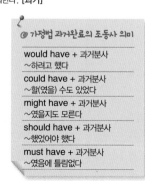

📝 가정법 과거완료의 조동사 의미

would have + 과거분사
~하려고 했다

could have + 과거분사
~할(였을) 수도 있었다

might have + 과거분사
~였을지도 모른다

should have + 과거분사
~했었어야 했다

must have + 과거분사
~였음에 틀림없다

STEP 1

골라 보면
문법이 저절로!

가정법 과거는 현재 사실과 반대되는 가정을 할 때 사용하고, 가정법 과거완료는
과거 사실과 반대되는 가정을 말할 때 사용한다.

가정법 과거

형태 고르기

① 내가 그라면, 늦지 않을 텐데.

If I were him, I wouldn't (be / was) late.

② 내가 천재라면, 그것을 해결할 수 있을 텐데.

If I [were / am] a genius, I could solve it.

③ 내가 그녀라면, 그를 도와줄 텐데.

If I were her, I [would / will] help him.

④ 눈이 온다면, 나는 눈사람을 만들 텐데.

If it [snowed / snow] , I would make a snowman.

⑤ 네가 더 인내심이 있으면 좋을 텐데.

I wish you [have / had] more patience.

⑥ 네가 최소 두 살만 많으면 좋을 텐데.

I wish you [be / were] at least two years older.

가정법 과거완료

형태 고르기

If I had had time, 만약 내가 시간이 있었다면,

① 나는 그를 방문했을 텐데.

I would [have gone / go] to visit him.

② 나는 파티에 갔었을 텐데.

I would [have gone / go] to the party.

If you had lived a little bit closer,
만약 네가 조금 더 가까이 살았다면,

③ 나는 너를 더 자주 볼 수 있었을 텐데.

I could [have seen / see] you more often.

④ 우리는 가장 친한 친구였을지도 모르는데.

we might [have been / be] best friends.

I wish ~(하면) 좋았을 텐데.

⑤ 내가 5년 전에 그를 만났다면

I [had met / met] him five years ago.

⑥ 내가 너와 함께 여행을 갈 수 있었다면

I [could have taken / took] a trip with you.

---

were, I, call her, if, right now, you, I, would	영문장 → If I were you, I would call her right now. 우리말 → 안약 내가 너라면, 지금 당장 그녀에게 전화한 텐데.

1 travel, I, if, had, enough money, to Africa, would, I

영문장 →

우리말 →

2 how to make, if, I, would, make one, knew, for you, I, a cake

영문장 →

우리말 →

3 the prize, if, had won, mine, have been, the race, would, I

영문장 →

우리말 →

4 a supervillain, I, if, had, superpowers, would be, I

영문장 →

우리말 →

5 wish, knew, I, everything, I, about her

영문장 →

우리말 →

6 were, here, I wish, you, with, us

영문장 →

우리말 →

7 I, had been, wish, more, I, adventurous

영문장 →

우리말 →

■ 다음 문장을 그 의미가 통하도록 주어진 조건에 맞게 문장을 바꿔 쓰시오.

✔ 서술형 **기출**문제

As I don't have time, I can't go to the concert.

(조건: if 가정법을 사용할 것)

→ 현재 상황과 반대되는 일
은 가정법 과거로, 과거 사
실과 반대되는 일은 가정법
과거완료로 표현한다.

→ _____ If I had time, I could go to the concert. _____

① Because she didn't study, she failed the exam.

(조건: if 가정법을 사용할 것)

→ If she had studied, she wouldn't have failed the exam.

② I want to live in a city, but I don't have the choice. (조건: if 가정법을 사용할 것)

→

③ I don't see you often because you live so far away. (조건: if 가정법을 사용할 것)

→

④ It was rainy, so I couldn't go climbing.

(조건: if 가정법을 사용할 것)

→

⑤ Because I was busy, I couldn't help him.

(조건: if 가정법을 사용할 것)

→

⑥ I'm sad that I don't have a pet dog.

(조건: I wish 가정법을 사용할 것)

→

⑦ I didn't slow down, and I regret it.

(조건: I wish 가정법을 사용할 것)

→

■ 마무리 해석확인

[보기] 만약 내가 시간이 있다면, 콘서트에 갈 수 있을 텐데.
② 만약 내가 선택의 여지가 있다면, 나는 도시에서 살 텐데.
④ 비가 오지 않았더라면, 나는 암벽 등반하러 갈 수 있었을 텐데.
⑥ 애완견이 있다면 좋을 텐데.

① 그녀가 공부했더라면, 그 시험에 떨어지지 않았을 텐데.
③ 네가 너무 멀리 살지 않는다면, 나는 너를 자주 볼 텐데.
⑤ 바쁘지 않았더라면, 나는 그를 도울 수 있었을 텐데.
⑦ 속도를 줄였더라면 좋았을 텐데.

복습 프로그램
p. 183, 184, 185에서
배운 문장으로

교과서 **서술형** 끝내기

유형기본 ⊕
기본 + 심화 문제

서술형 유형 기본 ■ 알맞은 말을 골라 우리말에 맞게 문장을 완성하시오. p.183 **STEP 1**에 나오는 문장 재확인

| had   would   have gone   had met |

① 내가 그녀라면, 그를 도와줄 텐데.

→ If I were her, I [would] help him.

(〇 would)
(✗ will)

② 네가 더 인내심이 있으면 좋을 텐데.

→ I wish you [   ] more patience.

(〇 had)
(✗ have)

③ 만약 내가 시간이 있었다면, 나는 그를 방문했을 텐데.

→ If I had had time, I would [   ] to visit him.

(〇 have gone)
(✗ went)

④ 내가 5년 전에 그를 만났다면 좋았을 텐데.

→ I wish I [   ] him five years ago.

(〇 had met)
(✗ met)

서술형 유형 심화 ■ 주어진 조건을 이용해 우리말에 맞게 문장을 쓰시오. p.184 **STEP 2**에 나오는 문장 재확인

① 만약 내가 충분한 돈이 있다면, 아프리카로 여행갈 텐데. (if 가정법)

→

if 가정법 과거시제

② 내가 좀 더 모험적이었더라면 좋았을 텐데. (I wish 가정법)

→

I wish 가정법 과거완료시제

③ 내가 그녀에 대해 모든 것을 알면 좋을 텐데. (I wish 가정법)

→

I wish 가정법 과거시제

④ 만약 내가 그 경주를 이겼더라면, 그 상은 내 것이었을 텐데. (if 가정법)

→

if 가정법 과거완료시제

• 가정법 과거완료
과거 사실과 반대되는 가정을 할 때
사용하는 가정법 과거완료는 '만약
~였더라면 …했있을 텐데'의 의미를
지니고 있어요.

서술형 유형 심화　　　■ 알맞은 어구를 골라 우리말에 맞게 문장을 쓰시오.　　　p.185 **STEP 3에 나오는 문장 재확인**

1 만약 내가 시간이 있다면, 콘서트에 갈 수 있을 텐데. **(could have gone / could go)**

→ If I had time, ｜ I could go to the concert ｜ .

(◯ could go)
(✗ could have gone)

2 그녀가 공부했더라면, 그 시험에 떨어지지 않았을 텐데. **(wouldn't have failed / failed)**

→ If she had studied, ｜　　　　　　　　　　　　｜ .

(◯ wouldn't have failed)
(✗ failed)

3 만약 내가 선택의 여지가 있다면, 나는 도시에서 살 텐데. **(would live / would lived)**

→ If I had the choice, ｜　　　　　　　　　　　　｜ .

(◯ would live)
(✗ would lived)

4 네가 너무 멀리 살지 않는다면, 나는 너를 더 자주 볼 텐데. **(would see / seen)**

→ If you didn't live so far away, ｜　　　　　　　　｜ .

(◯ would see)
(✗ seen)

5 비가 오지 않았더라면, 나는 암벽 등반하러 갈 수 있었을 텐데. **(could go / could have gone)**

→ If it had not been rainy, ｜　　　　　　　　　　｜ .

(◯ could have gone)
(✗ could go)

6 바쁘지 않았더라면, 나는 그를 도울 수 있었을 텐데. **(could have helped / could helped)**

→ If I had not been busy, ｜　　　　　　　　　　　｜ .

(◯ could have helped)
(✗ could helped)

7 애완견이 있다면 좋을 텐데. **(have had / had)**

→ I wish ｜　　　　　　　　　　　　　　　　｜ .

(◯ had)
(✗ have had)

8 속도를 줄였더라면 좋았을 텐데. **(have slowed / had slowed)**

→ I wish ｜　　　　　　　　　　　　　　　　｜ .

(◯ had slowed)
(✗ have slowed)

비교구문
표현 비교

형용사, 부사의 비교급과 최상급 형태를 기반으로 여러가지 비교급과 최상급 표현에 대해 알아보자.

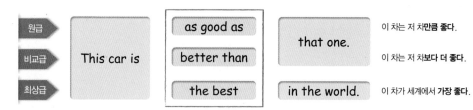

원급		as good as	that one.	이 차는 저 차**만큼** 좋다.
비교급	This car is	better than		이 차는 저 차**보다 더 좋다**.
최상급		the best	in the world.	이 차가 세계에서 **가장 좋다**.

비교구문: 원급 / 비교급

다음 문장들은 원급과 비교급을 이용한 여러 가지 비교 표현이다.

①	The store was **as** crowded **as** usual.	그 가게는 평소**만큼** 붐볐다.
②	The store was **more** crowded **than** usual.	그 가게는 평소**보다 더** 붐볐다.
③	**More and more** people came.	사람들이 **점점 더** 많이 왔다.
④	**The more** people come, **the more** money they earn.	사람들이 오면 올**수록**, 그들은 더 많은 돈을 번다.

① as+형용사/부사 원급+as: ~만큼 …하다

The book was not **as** exciting **as** the last one. 그 책은 지난번 것만큼 흥미진진하지 않았다.

② 형용사/부사의 비교급+than: ~보다 더 …하다

It's **colder** today **than** it was yesterday. 오늘은 어제보다 더 춥다.

③ 비교급 and 비교급: 점점 더 ~한

The weather is getting **warmer and warmer**. 날씨가 점점 더 따뜻해지고 있다.

④ the 비교급, the 비교급: ~하면 할수록 더 …한

The more stress he got, **the more** he ate. 그는 스트레스를 받을수록 더 많이 먹었다.

🖋 동등비교를 이용한 관용표
현도 함께 알아두세요.
- as(so) far as
  ~하는 한 (범위, 정도)
- as(so) long as
  ~하는 한 (조건)
- may as well A as B
  B보다는 A하는 것이 낫다

비교구문: 최상급

다음 문장들은 '가장 ~한/하게' 의미를 가지고 있는 표현들이다.

Asia is the largest continent. 아시아는 가장 큰 대륙이다.	the+최상급
= Asia is **larger than any other** continent.	비교급+than any other+단수명사
= **No other** continent is **as large as** Asia.	No (other)+명사 ~as+원급+as
= **No other** continent is **larger than** Asia.	No (other)+명사 ~비교급+than

🖋 최상급 의미 추가
- 최상급+in+범위
- 최상급+of+비교 대상
- 최상급+관계대명사절

He is the most famous artist **in** Korea. 그는 한국에서 가장 유명한 예술가이다.

= He is more famous than any other **artist / artists** in Korea.

= No other artist is as **famous / more famous** as him in Korea.

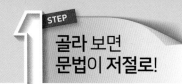

STEP
골라 보면
문법이 저절로!

비교구문은 형용사와 부사의 형태를 변화시켜 두 개 이상의 것을 비교하는
표현으로 원급, 비교급, 최상급이 있다.

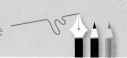

비교구문: 원급 / 비교급

올바른 표현 고르기

1 이 셔츠는 저것(저 셔츠)만큼 비싸다.

This shirt is [as / so] expensive as that one.

2 그는 그 배우보다 잘생겼다.

He is more handsome [as / than] the actor.

3 이 컴퓨터는 예전 것보다 훨씬 낫다.

This computer is far [good / better] than the old one.

4 그 비행기는 점점 더 높이 날았다.

The plane flew higher [and / than] higher.

5 그는 키가 점점 커지고 있다.

He is getting [taller and taller / tall and tall] .

6 네가 더 많이 먹을수록, 너는 더 몸무게가 늘 것이다.

The more you eat, the [more / less] weight you will gain.

비교구문: 최상급

올바른 표현 고르기

1 그는 내가 아는 어떤 남자보다도 힘이 세다.

He is stronger [as / than] any other man I know.

2 그것은 세계에서 가장 높은 산이다.

It is the [higher / highest] mountain in the world.

3 그는 다른 어떤 선수보다도 유명하다.

He is [more / the most] famous than any other player.

4 너는 이 방에서 키가 가장 크다.

You are [the tallest / tall] in this room.

5 어떤 동물도 공작새만큼 (색이) 다채롭지는 않다.

No other animal is [more / as] colorful as a peacock.

6 어떤 강도 나일강보다 길지는 않다.

No river is longer [than / as] the Nile River.

interesting

→ Music is as [interesting] as science. 음악은 과학만큼 흥미롭다.

→ No other subject is [more interesting] than music. 다른 어떤 과목도 음악보다 더 흥미롭지는 않다.

1 good

→ The weather is getting [   ] and better. 날씨가 점점 더 좋아지고 있다.

→ Summer is [   ] than any other season. 여름은 다른 어떤 계절보다도 더 좋다.

2 busy

→ She is [   ] him. 그녀는 그만큼 바쁘다.

→ She is [   ] than him. 그녀는 그보다 바쁘다.

3 strong

→ He is [   ] than her. 그는 그녀보다 힘이 더 세다.

→ He is [   ] among his friends. 그는 그의 친구들 중에서 가장 힘이 세다.

4 cold

→ The further north I went, [   ] it became. 북쪽으로 더 멀리 갈수록 더 추워졌다.

→ The weather is getting much [   ]. 날씨가 점점 매우 추워지고 있다.

5 popular

→ Soccer is [   ] sport in Germany. 축구는 독일에서 가장 인기 있는 스포츠다.

→ Soccer is [   ] than any other sport in Germany. 축구는 독일에서 어떤 스포츠보다도 더 인기 있다.

6 delicious

→ Ramen is one of the most [   ] foods. 라면은 가장 맛있는 음식 중 하나이다.

→ No other food is [   ] ramen. 다른 어떤 음식도 라면만큼 맛있지는 않다.

7 common

→ No other animal is [   ] a dog in America. 어떤 동물도 미국에서 개만큼 흔하지는 않다.

→ A dog is [   ] than any other animal in America. 개는 미국에서 어떤 동물보다 흔하다.

바꿔 보면 서술형이 저절로!

다음 문장과 그 의미가 서로 통하도록 주어진 조건에 맞게 문장을 바꿔 쓰세요.

■ 다음 문장을 그 의미가 통하도록 주어진 조건에 맞게 바꿔 쓰시오.

✔ 서술형 **기출**문제

> Health is the most important thing.
>
> (조건; There is nothing I 비교급+than 구문 사용)

⟶ [There is nothing+비교급
I than] 구문은 '~보다 더
~한 것은 없다'의 의미로
최상급 표현 중 하나이다.

→ **There is nothing more important than health.**

---

①

As you have more, you want more.

(조건: the 비교급, the 비교급 구문 사용)

→ The more you have, the more you want.

②

She is short, but I am not that short.

(조건: as + 원급 + as 구문 사용)

→

③

You know I love you, but I love you more.

(조건: 비교급 + than 구문 사용)

→

④

I think there is no superhero movie better than Iron Man. (조건: the + 최상급 구문 사용)

→

⑤

In the universe, light is the fastest thing.

(조건: There is nothing + 비교급 + than 구문 사용)

→

⑥

The number of travelers from China is increasing.

(조건: 비교급 and 비교급 구문 사용 / There are로 시작)

→

⑦

As I make more, I spend more.

(조건: the 비교급, the 비교급 구문 사용)

→

문법이 쓰기다

■ 마무리 해석확인

[보기] 건강보다 더 중요한 것은 없다.
③ 나는 네가 아는 것보다 너를 더 사랑한다.
⑥ 중국에서 오는 여행자들이 점점 더 많아지고 있다.

① 네가 더 많이 가질수록, 너는 더 많이 원한다.
④ 나는 아이언맨이 최고의 슈퍼영웅 영화라고 생각한다.
⑦ 나는 많이 벌수록 더 많이 소비한다.

② 나는 그녀만큼 작지는 않다.
⑤ 우주에서 빛보다 빠른 것은 없다.

복습 프로그램

p. 189, 190, 191에서
배운 문장으로

교과서 **서술형** 끝내기

유형기본 +

기본 + 심화 문제

서술형 유형 기본

■ 주어진 구문을 활용해 우리말에 맞게 문장을 완성하시오.　p.189 **STEP 1에 나오는 문장 재확인**

① 이 셔츠는 저것만큼 비싸다. (as+원급+as)

→ This shirt is [as expensive as] that one.

as+원급+as: ~만큼 ···하다

② 그는 그 배우보다 잘생겼다. (비교급 than)

→ He is [   ] the actor.

비교급 than: ~보다 더 ···하다

③ 그 비행기는 점점 더 높이 날았다. (비교급 and 비교급)

→ The plane flew [   ].

비교급+and+비교급: 점점 더 ~한

④ 그것은 세계에서 가장 높은 산이다. (the+최상급)

→ It is [   ].

the+최상급: 가장 ~한

⑤ 어떤 동물도 공작새만큼 (색이) 다채롭지는 않다. (No other 명사+as+원급+as)

→ No other animal is [   ].

No other 명사+as+원급+as:
~만큼 ~한 ···은 없다

서술형 유형 심화

■ 주어진 어구를 활용해 우리말에 맞게 문장을 쓰시오.　p.190 **STEP 2에 나오는 문장 재확인**

① 날씨가 점점 더 좋아지고 있다. (better and better)

→ [   ]

better and better 점점 더 좋은

② 그는 그녀보다 힘이 더 세다. (stronger than)

→ [   ]

stronger than ~보다 더 힘이 센

③ 축구는 독일에서 가장 인기 있는 스포츠다. (the most popular)

→ [   ]

the most popular 가장 인기 있는

④ 어떤 음식도 라면만큼 맛있지는 않다. (as delicious as)

→ [   ]

No other food is as delicious as ~
~만큼 맛있는 음식은 없다

• 최상급 비교구문
[No other+명사 ~as+원급+as] 구문
은 [the+최상급]처럼 '가장 ~한 /
하게'의 의미를 지니고 있어요.

서술형 유형 심화　　　　■ 알맞은 말을 골라 우리말에 맞게 문장을 완성하시오.　　p.191 STEP 3에 나오는 문장 재확인

① 건강보다 중요한 것은 없다. **(more important / the most important)**

→ There is nothing | more important | than health.

(◯ more important)
(✗ the most important)

② 네가 더 많이 가질수록, 너는 더 많이 원한다. **(more / the more)**

→ _____ you have, the more you want.

(◯ the more)
(✗ more)

③ 나는 그녀만큼 작지는 않다. **(shorter / short)**

→ I am not as _____ as her.

(◯ short)
(✗ shorter)

④ 나는 네가 아는 것보다 너를 더 사랑한다. **(more / much)**

→ I love you _____ than you think.

(◯ more)
(✗ much)

⑤ 나는 아이언맨이 최고의 슈퍼영웅 영화라고 생각한다. **(best / good)**

→ I think Iron Man is the _____ superhero movie.

(◯ best)
(✗ good)

⑥ 우주에서 빛보다 빠른 것은 없다. **(the fastest / faster)**

→ In the universe, there is nothing _____ than light.

(◯ faster)
(✗ the fastest)

⑦ 중국에서 오는 여행자들이 점점 더 많아지고 있다. **(more and more / many and many)**

→ There are _____ travelers from China.

(◯ more and more)
(✗ many and many)

⑧ 나는 많이 벌수록 더 많이 소비한다. **(the most / the more)**

→ The more I make, _____ I spend.

(◯ the more)
(✗ the most)

[01-02] 다음 빈칸에 공통으로 알맞은 것을 고르시오.

01

- If we caught the 10:30 train, we _____ arrive early.
- If I won the lottery, I _____ buy an amusement park.

① have   ② would   ③ won't
④ will   ⑤ would have

02

- The meal didn't cost as much _____ I expected.
- A bus runs as often _____ a subway.

① than   ② as   ③ more
④ less   ⑤ then

[03-04] 다음 두 문장의 의미가 통하도록 빈칸에 알맞은 것을 고르시오.

03

- I'm sorry I cannot stay longer.
→ I wish _____.

① I cannot stay longer
② I could stay longer
③ I can stay longer
④ If I can stay longer
⑤ If I could stay longer

04

As we brought a map, we didn't get lost.
→ If we had not brought a map, _____
_____.

① we got lost
② we have gotten lost
③ we could have gotten lost
④ we can get lost
⑤ we get lost

[05-06] 다음 빈칸에 알맞은 말이 순서대로 짝지어진 것을 고르시오.

05

- Unfortunately, her illness was _____ we first thought.
- The warmer the weather, _____ I feel.

① much serious than – much better
② more serious then – much better
③ more serious than – the better
④ much serious than – the best
⑤ as serious as – the best

06

- I'm sure I _____ helped you, if you had told me about the problem.
- If I _____ you were busy, I wouldn't have disturbed you.

① have – have known
② will have – have known
③ would have – have known
④ would have – had known
⑤ would had – had known

[07-08] 주어진 우리말을 보고 빈칸에 알맞은 것을 고르시오.

07

첫번째 해결책이 가장 합리적이다.

→ No other solution is _____ the first one.

① as more reasonable as

② not more reasonable than

③ as reasonable as

④ less reasonable than

⑤ the most reasonable

08

만약 내가 너라면 나는 매일 같은 장소에 지갑을 보관할 텐데.

→ _____, I'd keep my wallet in the same place every day.

① I wish I were you

② If I have been you

③ If I was you

④ If I were you

⑤ If I could have been you

09 다음 중 어법상 틀린 것으로만 짝지어진 것은?

ⓐ If he had trained harder and more often, he might have became a champion.

ⓑ The more you exercise, the less chance you have of getting a heart disease.

ⓒ Child overweight is getting more common and common lately.

ⓓ If Kyle speaks better English, he would apply for a job abroad.

① a, b   ② a, c   ③ a, b, c

④ a, c, d   ⑤ a, b, c, d

10 다음 그림을 보고 문장을 완성하시오.

→ Tom is not _____ John.

11 주어진 단어들을 활용해 우리말에 맞게 문장을 쓰시오.

내가 제한 속도를 초과하지 않았더라면 좋았을 텐데. (wish, go over)

→ _____

12 주어진 조건에 맞게 다음 대화를 완성하시오.

- if를 사용해 '만약 ~였다면 …했을 텐데' 의미를 갖도록 할 것.
- weather, nice 활용할 것.

A: How was your vacation?

B: It was OK, but we could have enjoyed it more _____.
(날씨가 더 좋았더라면)

13 다음 두 문장의 의미가 통하도록 문장을 완성하시오.

When you are more tired, it's harder to concentrate.

= _____, the harder it is to concentrate.

14 다음을 읽고 어법상 어색한 곳을 찾아 바꿔 쓰시오.

If I have actually moved to Spain, my life will have been much more interesting.

내가 정말 스페인으로 이사를 갔더라면, 내 인생은 훨씬 흥미로웠을 텐데.

① _____ → _____

② _____ → _____

한 장의 사진으로 보는
문법이 쓰기다

UNIT 01 가정법

만약 …라면
아깝게 실수하지 않았다면 내가 이길 수 있었을 텐데.
아쉽지만 다음에 더 잘하자!

 써 봐!

만약 내가 그 경주를 이겼더라면 그 상은 내 것이었을 텐데.

→

UNIT 02 비교구문

변신의 귀재
어떤 재료를 넣어도 다 잘 어울리는 라면.
나만의 요리법으로 만든 라면 한번 먹어보실래요?

 써 봐!

어떤 음식도 라면만큼 맛있지는 않다.

→

★ 비교구문

I Am a Big Fan of Soccer.
친구들과 축구 경기를 보며 응원하는 것만큼
신나는 일은 없어. 우리 모두 축구를 가장 좋아하거든.

 써 봐!

축구는 독일에서 가장 인기 있는 스포츠다.

→

정답 **UNIT 01.** If I had won the race, the prize would have been mine.　　**UNIT 02.** No other food is as delicious as ramen.
★ Soccer is the most popular sport in Germany.

Part 10
일치/화법/특수구문

수의 일치와 시제의 일치에 따른 동사의 형태와 간접화법의 형태를 알아봅니다.
또한 여러 특수구문의 쓰임과 의미를 파악해 정확히 문장을 씁니다.

UNIT 1 일치

구성	기초 항목	서술형 유형
STEP 1	일치에 따른 형태 고르기	
STEP 2	단어 재배열해 쓰기	
STEP 3		틀린 부분 고쳐 쓰기
서술형 끝내기		문장완성, 문장쓰기

UNIT 2 간접화법

구성	기초 항목	서술형 유형
STEP 1	간접화법 형태 고르기	
STEP 2	화법 비교해서 쓰기	
STEP 3		간접화법 문장으로 바꿔 쓰기
서술형 끝내기		문장완성, 문장쓰기

UNIT 3 강조구문

구성	기초 항목	서술형 유형
STEP 1	강조구문 역할과 쓰임 구별하기	
STEP 2	단어 재배열해 쓰기	
STEP 3		조건에 맞게 문장쓰기
서술형 끝내기		문장완성, 문장쓰기

UNIT 4 간접의문문과 명령문

구성	기초 항목	서술형 유형
STEP 1	간접의문문 형태와 접속사 고르기	
STEP 2	단어 재배열해 쓰기	
STEP 3		한 문장으로 바꿔 쓰기
서술형 끝내기		문장완성, 문장쓰기

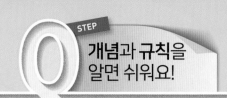
STEP
0 개념과 규칙을
알면 쉬워요!

일치표현

수의 일치는 주어에 따른 동사의 올바른 사용을 말하고, 시제 일치는 주절에 따른 종속절의 올바른 시제 사용을 말한다.

수 일치 ▶ Ten dollars **is / are** a high price to pay.
10달러는 지불하기 높은 금액이다.

시제 일치 ▶ I thought he **sang** / sings his own song.
나는 그가 그의 노래를 불렀다고 생각했다.

---

1 수의 일치

수의 일치

단수로 취급하는 경우

①	**Every** room in the hotel <u>was</u> reserved. 호텔에 모든 방이 다 예약되었다.	every, each, -one, -thing, -body
②	**Three miles** <u>is</u> too far to walk. 3마일은 걷기에는 너무 멀다.	시간, 거리, 금액, 무게를 나타내는 명사구
③	**The number of students** <u>is</u> decreasing. 학생들의 수가 감소하고 있다.	the number of + 복수명사: ~의 수

복수로 취급하는 경우

④	**Both** she **and** I <u>walk</u> to school every day. 그녀와 나는 둘 다 매일 학교에 걸어간다.	both A and B
⑤	**A number of tourists** <u>come</u> to Korea. 많은 여행객이 한국에 온다.	a number of + 복수명사: 많은

명사에 일치시키는 경우

⑥	**Some of the components** <u>are</u> missing. 그 부품들 일부가 없어졌다.	all, some, most, half of + 명사구

---

2 시제의 일치

시제의 일치

주절의 시제가 현재일 때 종속절에 올 수 있는 시제는 다음과 같다.

단순현재		the movie **is** great.	나는 그 영화가 멋지다고 생각한다.
단순과거	I <u>think</u> (that)	the movie **was** great.	나는 그 영화가 멋졌다고 생각한다.
단순미래		the movie **will be** great.	나는 그 영화가 멋질 거라 생각한다.
현재완료	I <u>know</u> (that)	you've already **watched** the movie.	나는 네가 이미 그 영화를 본 것을 안다.

주절의 시제가 과거일 때 종속절에 올 수 있는 시제는 다음과 같다.

과거진행		you **were preparing** for the exam.	나는 네가 시험을 준비하던 중이라 생각했다.
단순과거	I <u>thought</u> (that)	you **prepared** for the exam.	나는 네가 시험을 준비했다고 생각했다.
과거완료		you **had prepared** for the exam.	나는 네가 시험을 준비했었다고 생각했다.
조동사과거		you **would prepare** for the exam.	나는 네가 시험을 준비할 거라고 생각했다.

시제 일치의 예외

종속절에 현재시제 사용
• 과학적 사실일 때
• 일반적 사실/습관일 때
• 속담일 때
종속절에 과거시제 사용
• 역사적 사실일 때

문법이 쓰기다

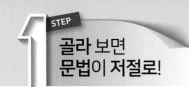

STEP

**골라 보면
문법이 저절로!**

수의 일치는 주어에 따라 동사의 단수나 복수를 선택해 사용하는 것을 말하고,
시제 일치는 두 개 이상의 절을 하나로 합쳤을 때 주절의 동사와 종속절 동사의
시제를 맞추는 것을 말한다.

수의 일치

형태 고르기

1 Ten dollars ⬜ a high price to pay.　　☑ is　　☐ are

2 The number of immigrants ⬜ unclear.　　☐ is　　☐ are

3 Some of my friends ⬜ angry at me.　　☐ is　　☐ are

4 Everybody ⬜ to see the movie.　　☐ want　　☐ wants

5 Both she and I ⬜ the guitar.　　☐ play　　☐ plays

6 A number of people ⬜ the ticket.　　☐ buy　　☐ buys

시제의 일치

형태 고르기

1 나는 그가 열심히 일하고 있는 것을 봤다.　　I saw that he [is /⟨was⟩] working hard.

2 나는 그녀가 혼자 산다고 생각했다.　　I thought that she [live / lived] alone.

3 나는 네가 그를 기다렸다고 들었다.　　I heard that you [have / had] waited for him.

4 나는 네가 너의 가족을 그리워한다는 것을 안다.　　I know that you [miss / missed] your family.

5 나는 엄마가 내게 그것을 주셨다는 것을 기억한다.　　I remember that my mom [give / gave] it to me.

6 그는 그가 일기를 쓸 것이라고 말한다.　　He says that he [will / would] keep a diary.

the students, go, want, on, to, all of, a field trip

영문장 → All of the students want to go on a field trip.

우리말 → 모든 학생들이 현장학습을 가길 원한다.

1 own, its, each country, has, unique culture

영문장 →

우리말 →

2 stolen, some of, his, was, money

영문장 →

우리말 →

3 from Canada, came, both, Joan and Steven

영문장 →

우리말 →

4 your best, I, know, have done, you, that

영문장 →

우리말 →

5 the performance, I, was great, think

영문장 →

우리말 →

6 the tickets, it, difficult to get, thought, would be, I

영문장 →

우리말 →

7 said, that, every day, opens, at ten o'clock, he, the store

영문장 →

우리말 →

■ 다음 우리말을 보고, 주어진 영어 문장에서 **틀린** 부분을 바르게 고쳐 쓰시오. ☑ 서술형 **기출**문제

아이들 중 몇몇은 그 게임을 즐기는 것처럼 보인다.

· Some of the children seems to enjoy the game.

→ Some of the children seem to enjoy the game.

> [some of+명사]에서 동사는 명사와 수 일치한다. children은 복수명사이기 때문에 동사 seems를 seem 으로 바꿔야 한다.

1 세 시간은 그것을 끝마치기에 충분하지 않다.

Three hours are not enough to finish it. → Three hours is not enough to finish it.

2 많은 사람들이 다쳤다.

A number of people was injured. →

3 물의 일부가 증발했다.

Some of the water have evaporated. →

4 나는 그가 다시 돌아올 거라고 생각했다.

I thought that he will come back. →

5 그녀는 나에게 그녀가 너를 좋아했다고 말했다.

She told me that she will like you. →

6 그녀는 그가 머무를 거라고 들었다.

She heard that he had stayed. →

7 나는 내가 답을 안다고 생각한다.

I think I will know the answer. →

복습 프로그램
p. 199, 200, 201에서
배운 문장으로

교과서 **서술형** 끝내기

유형기본 ➕
기본 + 심화 문제

서술형 유형 기본

■ 주어진 영어 문장에서 틀린 부분을 고쳐 쓰시오.　　p.199 **STEP 1**에 나오는 문장 재확인

① Both she and I plays the guitar.

그녀와 나는 모두 기타를 연주한다.

→ Both she and I play the guitar.

(◯ play)
(✗ plays)

② Some of my friends is angry at me.

내 친구들 중 몇몇은 나에게 화가 났다.

→

(◯ are)
(✗ is)

③ A number of people buys the ticket.

많은 사람들이 그 표를 산다.

→

(◯ buy)
(✗ buys)

④ I know that you missed your family.

나는 네가 너의 가족을 그리워한다는 것을 안다.

→

(◯ miss)
(✗ missed)

⑤ Everybody want to see the movie.

모두 그 영화를 보길 원한다.

→

(◯ wants)
(✗ want)

서술형 유형 심화

■ 주어진 어구를 활용하여 우리말에 맞게 문장을 쓰시오.　　p.200 **STEP 2**에 나오는 문장 재확인

① 그의 돈 일부가 도난당했다. (some of his money)

→

some of 뒤의 명사에 따라 수 일치

② 모든 학생들이 현장학습을 가길 원한다. (all of the students)

→

all은 복수명사와 함께 복수 취급

③ 나는 그 공연이 훌륭했다고 생각한다. (I think)

→

(◯ was)
(✗ is)

④ 나는 그 표들을 구하기 어려울 거라고 생각했다. (I thought)

→

(◯ would)
(✗ will)

• 시제의 일치
주절의 시제가 과거일 때 종속절에
있는 조동사 역시 과거로 사용해요.

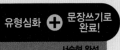

정답과 해설 p.31

| 서술형 유형 심화 | ■ 알맞은 것을 골라 우리말에 맞게 문장을 쓰시오. | p.201 **STEP 3에 나오는 문장 재확인** |

1 물의 일부가 증발했다. **(has / have)**

→ Some of [the water has evaporated] .

(○ has)
(✗ have)

2 많은 사람들이 다쳤다. **(was / were)**

→ A number of [　　　　] .

(○ were)
(✗ was)

3 세 시간은 그것을 끝마치기에 충분하지 않다. **(is / are)**

→ Three hours [　　　　] .

(○ is)
(✗ are)

4 아이들 중 몇몇은 그 게임을 즐기는 것처럼 보인다. **(seem / seems)**

→ Some of [　　　　] .

(○ seem)
(✗ seems)

5 나는 내가 답을 안다고 생각한다. **(know / knew)**

→ I think [　　　　] .

(○ know)
(✗ knew)

6 그녀는 나에게 그녀가 너를 좋아했다고 말했다. **(like / liked)**

→ She told [　　　　] .

(○ liked)
(✗ like)

7 그녀는 그가 머무를 거라고 들었다. **(will / would)**

→ She heard [　　　　] .

(○ would)
(✗ will)

8 나는 그가 다시 돌아올 거라고 생각했다. **(will / would)**

→ I thought that [　　　　] .

(○ would)
(✗ will)

문법이 쓰기다

직접화법 vs. 간접화법

직접화법은 다른 사람이 한 말을 따옴표 안에 그대로 옮기는 것을 말하고, 간접화법은 남이 한말을 자기 말로 바꾸어 그 내용을 옮기는 화법을 말한다.

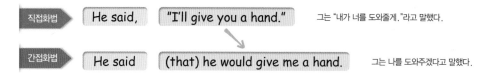

| 직접화법 | He said, | "I'll give you a hand." | 그는 "내가 너를 도와줄게."라고 말했다. |

| 간접화법 | He said | (that) he would give me a hand. | 그는 나를 도와주겠다고 말했다. |

1 간접화법 평서문 vs. 명령문

평서문과 명령문의 간접화법

평서문의 간접화법 전환

| I <u>said to</u> him, "You look very nice." 나는 그에게 "네가 매우 멋있어 보여."라고 말했다. |
| → **I told him (that) he looked very nice.** 나는 그에게 그가 매우 멋있어 보인다고 말했다. |

① 직접화법 동사를 바꾼다. (say → say / say to → tell)

② 주절의 동사가 과거일 때, that절 동사가 현재면 과거로, 과거면 과거완료 형태로 바꾼다.

He said to me, "She called and left a message."
→ He told me (that) she **had called** and **had left** a message.
그는 나에게 그녀가 전화하고 메시지를 남겼다고 말했다.

③ 조동사, 부사, 지시대명사를 시제에 맞게 바꾼다.

You said, "I <u>will</u> be busy <u>tomorrow</u>."
→ You said (that) you **would** be busy **the next day**. 너는 다음 날 바쁠 거라고 말했다.

명령문의 간접화법 전환

전달동사를 문맥에 맞게 tell, order, ask, advise 등으로 적절히 바꾼다.

| She said to me, "<u>Go to bed.</u>" | → | She <u>told</u> me **to go** to bed. 그녀는 나에게 잠자리에 들라고 말했다. |
| He said to me, "<u>Don't go out.</u>" | → | He <u>ordered</u> me **not to go** out. 그는 나에게 나가지 말라고 명령했다. |

2 간접화법 의문문

의문문의 간접화법

의문사가 없는 의문문

| She <u>said to</u> me, "Will you come later?" |
| → She **asked** me **if I would** come later. 그녀는 나에게 이따 올 것인지 물었다. |

whether도 사용할 수 있어요.

의문사가 있는 의문문

| She <u>said to</u> me "<u>When</u> will you come?" |
| → She **asked** me when I **would** come. 그녀는 나에게 언제 올 것인지 물었다. |

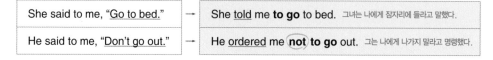

지시대명사와 부사의 변환

this	→ that	here	→ there
now	→ then	these	→ those
today	→ that day		
yesterday	→ the day before, the previous day		
tomorrow	→ the next day		
next week	→ the following week		
last week	→ the previous week		

★ 의문사가 주어인 경우에는 [의문사+동사] 순서를 그대로 유지한다.

She said to him, "What makes you sad?"
→ She asked him what made him sad. 그녀는 그에게 무엇이 그를 슬프게 했는지 물었다.

STEP

골라 보면
문법이 저절로!

화법은 다른 사람의 말을 전달하는 방식으로 직접화법과 간접화법이 있다.
평서문, 명령문, 의문문에서 직접화법이 간접화법으로 전환될 때,
전달동사와 시제의 변화에 주의한다.

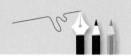

✓ 평서문과 명령문의 간접화법   형태 고르기

① He said, "Zoe bought a new car."   He said Zoe [buy / had bought] a new car.

② He said, "I want to learn Spanish."   He said he [wanted / want] to learn Spanish.

③ She said to me, "I lost a cellphone."   She told me she [lose / had lost] a cellphone.

④ She said, "I will visit you."   She said she [will / would] visit me.

⑤ She said to me, "Eat your breakfast."   She advised me [eating / to eat] my breakfast.

⑥ I said to her, "Wake up early."   I told her [waking / to wake] up early.

✓ 의문문의 간접화법   형태 고르기

① He said to me, "Can you explain why?"   He asked me if I [can / could] explain why.

② She said to me, "Are you tired?"   She asked me if I [am / was] tired.

③ I said to him, "Did you enjoy the movie?"   I asked him if he [enjoy / had enjoyed] the movie.

④ He said to her, "What time is it?"   He asked her what time [it was / was it].

⑤ She said to me, "Where are you going?"   She asked me where [I was / was I] going.

⑥ I said to him, "How did you find it?"   I asked him how [he had found / found he] it.

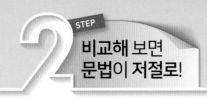

STEP

비교해 보면
문법이 저절로! 직접화법과 간접화법 문장을 비교해 본 후, 빈칸에 알맞은 말을 넣어 우리말에 맞게 문장을 완성하세요.

그녀는 "나는 내 개를 잃어버렸어."라고 말했다.　　She said, "I [lost] my dog."

그녀는 그녀의 개를 잃어버렸다고 말했다.　　She said that she [had lost] her dog.

1

그는 나에게 "그녀는 이미 떠났어."라고 말했다.　　He said to me "She [　　] already [　　]."

그는 그녀가 이미 떠났다고 나에게 말했다.　　He [　　] me that she had already left.

2

그녀는 "나는 다시 돌아올게."라고 말했다.　　She [　　], "I'll be back."

그녀는 그녀가 다시 돌아올 거라고 말했다.　　She said that she [　　] be back.

3

나는 그에게 "차를 세워!"라고 말했다.　　I said to him, "[　　] the car!"

나는 차를 세우라고 그에게 소리쳤다.　　I shouted at him [　　] the car.

4

그는 네게 "이것을 먹지 마세요."라고 말했다.　　He said to you, "[　　] eat this."

그는 네게 저것을 먹지 말라고 말했다.　　He told you not to eat [　　].

5

나는 그에게 "당신은 어디 출신인가요?"라고 말했다.　　I said to him, "Where [　　] from?"

나는 그가 어디서 왔는지 그에게 물었다.　　I [　　] him where he was from.

6

그는 "누가 그녀에게 그 열쇠를 주었지?"라고 말했다.　　He said, "[　　] gave her the key?"

그는 그 열쇠를 누가 주었는지 물었다.　　He asked who [　　] her the key.

7

나는 "내가 여기에 앉아도 되니?"라고 말했다.　　I said, "Can I sit [　　]?"

나는 내가 거기에 앉아도 되는지 물었다.　　I asked [　　] I could sit there.

■ 다음 문장을 간접화법으로 바꿔 쓰시오.

✔ 서술형 **기출**문제

> She said to me, "You will arrive there on time."
>
> 그녀는 나에게 "너는 정각에 그곳에 도착할 거야."라고 말했다.

↱ 평서문 직접화법을 간접화법으로 바꿀 때 say to는 tell로 바꾼다.

→ <u>She told me (that) I would arrive there on time.</u>

① He said to me, "I met her yesterday."

그는 나에게, "나는 어제 그녀를 만났어."라고 말했다.

→ He told me (that) he had met her the day before.

② He said, "I will leave here."

그는 "나는 여기를 떠날 거야."라고 말했다.

③ She said, "I can go to the supermarket."

그녀는 "내가 슈퍼에 갈 수 있어."라고 말했다.

④ He said to me "Can you give me a ride?"

그는 나에게 "차를 태워줄 수 있어요?"라고 말했다.

⑤ I said to her, "When did the class begin?"

나는 그녀에게 "수업이 언제 시작했나요?"라고 말했다.

(tell)

⑥ My mom said to me, "Reuse the paper bags."

엄마는 내게 "그 종이봉투들은 재사용해라."라고 말씀하셨다.

(advise)

⑦ He said to her, "Eat more vegetables."

그는 그녀에게 "야채를 더 많이 먹어라."라고 말했다.

서술형 유형 기본
■ 지시에 맞게 바꿔 쓰시오.　　p.205 STEP 1에 나오는 문장 재확인

1 He said, "I want to learn Spanish." (→ 간접화법으로)

→ He said (that) he wanted to learn Spanish.

주절의 동사가 과거이면 that절의 현재동사는 과거

2 He said, "Zoe bought a new car." (→ 간접화법으로)

→

주절의 동사가 과거이면 that절의 과거동사는 과거완료

3 She said to me, "Are you tired?" (→ 간접화법으로)

→

직접화법 의문문을 간접화법으로 바꿀 때, 전달동사 ask를 사용

4 He said to her, "What time is it?" (→ 간접화법으로)

→

의문문의 어순이 달라지는 것에 주의

5 He said to me, "Can you explain why?" (→ 간접화법으로)

→

의문사가 없는 의문문은 if나 whether를 사용할 수 있음

서술형 유형 심화
■ 주어진 단어를 활용하여 우리말에 맞게 문장을 쓰시오.　　p.206 STEP 2에 나오는 문장 재확인

1 그는 네게 저것을 먹지 말라고 말했다. (tell, to eat)

→

명령문의 간접화법의 부정형은 [not to 동사원형]을 사용

2 나는 내가 거기에 앉아도 되는지 물었다. (ask, sit)

→

의문사가 없는 의문문은 if를 사용할 수 있음

3 나는 차를 세우라고 그에게 소리쳤다. (shout at, to stop)

→

명령문의 간접화법은 to부정사를 사용

4 그녀는 그녀가 다시 돌아올 거라고 말했다. (say, be back)

→

평서문은 화법 전환 시 that을 사용하고, that은 생략 가능하다.

• 평서문의 간접화법
직접화법 동사 say to는 간접화법에서 tell로 바꿔 사용하고, 인용부호를 삭제한 후에 that을 사용해 문장을 완성해요.

| 서술형 유형 심화 | ■ 주어진 문장을 보고 틀린 부분을 찾아 바르게 고쳐 쓰시오. | p.207 STEP 3에 나오는 문장 재확인 |

1 She said that she can go to the supermarket.

그녀는 슈퍼에 갈 수 있다고 말했다.

→ She said that she could go to the supermarket.

(O could)
(X can)

2 She told me that I will arrive there on time.

그녀는 나에게 정각에 그곳에 도착할 거라고 말했다.

→

(O would)
(X will)

3 He told me that he meet her the day before.

그는 나에게 그 전날 그녀를 만났다고 말했다.

→

(O had met)
(X meet)

4 My mom told me reuse the paper bags.

엄마는 내게 그 종이봉투들은 재사용하라고 말씀하셨다.

→

(O to reuse)
(X reuse)

5 He said that he would leave here.

그는 그곳을 떠날 거라고 말했다.

→

(O there)
(X here)

6 I asked her when the class begins.

나는 그녀에게 수업이 언제 시작했는지 물었다.

→

(O had begun)
(X begins)

7 He advised me to eat more vegetables.

그는 그녀에게 야채를 더 많이 먹으라고 충고했다.

→

(O her)
(X me)

8 He asked me if I can give him a ride.

그는 나에게 차를 태워줄 수 있는지 물었다.

→

(O could)
(X can)

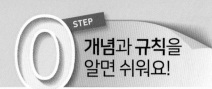

**강조구문
문장구조**

강조구문은 강조하고 싶은 말을 it과 that 사이에 넣어 그 의미를 강조하는 것을 말한다.

| Zoe | told me a lie. | Zoe는 나에게 거짓말을 했다. |

| It was | Zoe | that | told me a lie. | 나에게 거짓말을 한 사람은 **바로 Zoe**이다. |

1 강조구문 I

It is(was) … that 강조구문

문장에서 주어, 목적어, 부사구 중 강조하고 싶은 말을 It is(was)와 that 사이에 넣어 강조할 수 있다.

| Joan | met | the man | at the bus stop. | Joan은 그 남자를 버스 정류장에서 만났다. |
| 주어 | | 목적어 | 부사구 | |

 **좀 더 알아보기**

[It was …that] 강조구문의 that은 무엇을 강조하느냐에 따라 다음과 같이 전환해 사용할 수 있다.
• 사람 강조: who
• 장소 강조: where
• 시간, 때 강조: when
• 이유 강조: why

It was **Joan** that met the man at the bus stop.	버스정류장에서 그 남자를 만난 사람은 **바로 Joan**이었다.
It was **the man** that she met at the bus stop.	버스정류장에서 그녀가 만난 사람은 **바로 그 남자**였다.
It was **at the bus stop** that she met the man.	그녀가 그 남자를 만난 곳은 **바로 그 버스정류장**이었다.

★ 강조구문 vs. 가주어/진주어 구문 비교

강조구문	가주어 / 진주어 구문
It was she that passed the exam.	It was true that she passed the exam.
• 주어, 목적어를 강조할 때 that 이하는 불완전한 문장임	• that 이하가 완전한 문장임
• that 이하를 it 자리로 옮기면 문장이 성립되지 않음	• that 이하를 it 자리로 옮기면 문장이 성립됨

2 강조구문 II

동사, 명사, 의문사, 부정어의 강조구문

① **동사 강조 표현**: 조동사 [do/does/did+동사원형]을 사용해 동사의 의미를 강조할 수 있다.

| I <u>enjoy</u> playing with my dog. | → | I **do enjoy** playing with my dog.
나는 내 강아지와 노는 것을 정말로 즐긴다. |
| He <u>enjoyed</u> playing with his dog yesterday. | → | He **did enjoy** playing with his dog yesterday.
그는 어제 그의 강아지와 노는 것을 정말로 즐겼다. |

② **명사 강조 표현**: the very+명사

　This is **<u>the very car</u>** that I want to buy. 이것이 내가 사고 싶은 **바로 그 차**이다.

③ **의문사 강조 표현**: 의문사+on earth/in the world

　How <u>in the world</u> did you make that mistake? **도대체** 어떻게 그런 실수를 했니?

④ **부정어 강조 표현**: at all, in the least를 활용

　I did **not <u>in the least</u>** expect to see you here. 나는 너를 여기서 볼 거라고 **전혀** 예상하지 못했다.

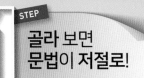 

골라 보면 문법이 저절로!

강조구문은 문장의 주어, 목적어, 부사어의 의미를 강조할 수 있다. 또한 명사나 동사를 강조할 때, 의문사나 부정어를 강조할 때는 강조어구를 사용할 수 있다.

It is(was) ~ that 강조구문

역할 구별하기

I woke her up at 9 sharp.

1 It was at 9 sharp that I woke her up. ☑ 부사구 강조 ☐ 주어 강조

2 It was I that woke her up at 9 sharp. ☐ 목적어 강조 ☐ 주어 강조

I saw him at the theater.

3 It was at the theater that I saw him. ☐ 주어 강조 ☐ 부사구 강조

4 It was him that I saw at the theater. ☐ 부사구 강조 ☐ 목적어 강조

Dan bought the ticket at the station.

5 It was Dan that bought the ticket at the station. ☐ 목적어 강조 ☐ 주어 강조

6 It was the ticket that Dan bought at the station. ☐ 목적어 강조 ☐ 주어 강조

동사, 의문사, 부정어의 강조구문

강조구문 구별하기

1 I did expect she would give me a call. ☑ O ☐ X

2 She do look good with her white shirt. ☐ O ☐ X

3 What on earth is that insect? ☐ O ☐ X

4 Where in the world did you meet him? ☐ O ☐ X

5 I do not agree at all. ☐ O ☐ X

6 I do feel guilty in the least. ☐ O ☐ X

I, that, the baby,
took care of, it, was

영문장 → It was I that took care of the baby.

우리말 → 그 아기를 돌본 것은 바로 나였다.

---

1 then, in Kenya, arrived,
it was, that I

영문장 →

우리말 →

---

2 because of her dream, had
left, it was, that she, home

영문장 →

우리말 →

---

3 at that store, first met, we,
it was, where

영문장 →

우리말 →

---

4 know, a lot, physics,
I do, about

영문장 →

우리말 →

---

5 person, the very, who, I,
want to, work with, she is

영문장 →

우리말 →

---

6 how, did you, on earth,
him, find

영문장 →

우리말 →

---

7 did not, I, anything,
find out, at all

영문장 →

우리말 →

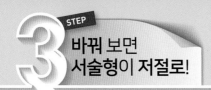
3 STEP
바꿔 보면
서술형이 저절로!
다음 문장에서 밑줄 친 부분을 강조하는 문장을 조건에 맞게 쓰세요.

■ 밑줄 친 말을 강조하는 문장을 주어진 조건에 맞게 완성하시오.

✔ 서술형 **기출**문제

> I met the girl I like <u>on this street</u>.
>
> (조건: it…that 강조구문 사용)

> 부사구 on the street을 강조할 때 it was와 that 사이에 넣어 강조할 수 있다.

→ It was on this street that I met the girl I like.

① <u>He</u> recommended me a good restaurant in my town. (조건: it … that 강조구문 사용)

→ It was he that recommended me a good restaurant in my town.

② I met my husband <u>in Paris</u>. (조건: it … that 강조구문 사용)

→

③ <u>Only then</u> I realized we had won. (조건: it … that 강조구문 사용)

→

④ I <u>called</u> you last night, ten times. (조건: 동사 강조구문 사용)

→

⑤ You are <u>the person</u> I wanted to see. (조건: 명사 강조구문 사용)

→

⑥ <u>Who</u> said so? (조건: in the world 강조어구 사용)

→

⑦ We are <u>not</u> afraid of sharks. (조건: in the least 강조어구 사용)

→

■ 마무리 해석확인

[보기] 내가 좋아하는 그 소녀를 만난 것은 바로 이 거리였다.
② 내가 내 남편을 만난 것은 바로 파리였다.
④ 나는 어젯밤 정말로 너게 전화를 했어, 열 번씩이나.
⑥ 도대체 누가 그렇게 말했니?

① 우리 마을의 좋은 레스토랑을 내게 추천한 것이 바로 그였다.
③ 우리가 이겼다는 사실을 내가 안 것은 바로 그때였다.
⑤ 너는 내가 보기를 원했던 바로 그 사람이다.
⑦ 우리는 상어를 조금도 두려워하지 않는다.

교과서 서술형 끝내기

서술형 유형 기본

■ 지시에 맞게 바꿔 쓰시오.　　p.211　STEP 1에 나오는 문장 재확인

1 Dan bought the ticket at the station. (→ 목적어 강조구문으로)

→ It was the ticket that Dan bought at the station.

목적어를 it was … that 사이에 쓴다.

2 I saw him at the theater. (→ 부사구 강조구문으로)

→

부사구를 it was … that 사이에 쓴다.

3 I do not agree. (→ at all 강조어구 활용)

→

문장 마지막에 at all을 덧붙인다.

4 She looks good with her white shirt. (→ 동사 강조구문으로)

→

동사 앞에 조동사 does를 쓴다.

5 I woke her up at 9 sharp. (→ 주어 강조구문으로)

→

주어를 it was ~ that 사이에 쓴다.

서술형 유형 심화

■ 주어진 어구를 활용해 우리말에 맞게 문장을 쓰시오.　　p.212　STEP 2에 나오는 문장 재확인

1 그 아기를 돌본 것은 바로 나였다. (I, take care of)

→

강조하려는 대상인 목적어를 it was ~ that 사이에 쓴다.

2 내가 케냐에 도착한 것은 바로 그때였다. (then, arrive in Kenya)

→

강조하려는 대상인 부사를 it was ~ that 사이에 쓴다.

3 대체 어떻게 그를 찾은 거니? (on earth, find)

→

의문사 뒤에 on earth를 써서 강조할 수 있다.

4 그녀는 내가 같이 일하고 싶은 바로 그 사람이다. (the very, work with)

→

명사를 강조할 때 그 앞에 the very를 쓴다.

• 명사 강조구문
[the very+명사]는 명사를 강조하는
강조구문으로 '바로 그~'의 의미를
지니고 있어요.

서술형 유형 심화 ■ 주어진 문장을 보고 틀린 부분을 바르게 고쳐 쓰시오. p.213 **STEP 3**에 나오는 문장 재확인

① It was Paris that I met my husband.

내가 내 남편을 만난 것은 바로 파리였다.

→ It was in Paris that I met my husband.

(◑ It was in Paris that)
(✘ It was Paris that)

② We are in the least afraid of sharks.

우리는 상어를 조금도 두려워하지 않는다.

→

(◑ not in the least)
(✘ in the least)

③ It was that he recommended me a good restaurant in my town.

우리 마을의 좋은 레스토랑을 내게 추천한 것이 바로 그였다.

→

(◑ It was he that)
(✘ It was that he)

④ It was this street that I met the girl I like.

내가 좋아하는 그 여자아이를 만난 것은 바로 그 거리였다.

→

(◑ It was on this street that)
(✘ It was this street that)

⑤ Who said so in the world?

도대체 누가 그렇게 말했니?

→

(◑ Who in the world said so?)
(✘ Who said so in the world?)

⑥ You are person the very I wanted to see.

너는 내가 보기를 원했던 바로 그 사람이다.

→

(◑ the very person)
(✘ person the very)

⑦ I did called you last night, ten times.

나는 어젯밤 정말로 네게 전화를 했어, 열 번씩이나.

→

(◑ did call)
(✘ did called)

⑧ It was only than that I realized we had won.

내가 우리가 이겼다는 사실을 안 것이 바로 그때였다.

→

(◑ It was only then)
(✘ It was only than)

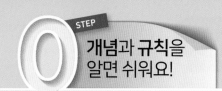

STEP
개념과 규칙을
알면 쉬워요!

문장구조

간접의문문은 의문사가 이끄는 절이 다른 문장의 일부인 형태로 주어, 목적어, 보어가 되는 명사절의 기능을 한다.

직접의문문 Do you know ? + Who is he ?

간접의문문 Do you know who he is ? 너는 그가 누구인지 아니?

1. 간접의문문

간접의문문

간접의문문은 더 예의 있는 표현으로 특히 잘 모르는 사람과 말할 때 자주 사용한다.

WH-의문사가 있는 간접의문문 vs. Yes or No 간접의문문

①	WH-의문사 간접의문문	<u>Where</u> is the bank? 은행이 어디에 있나요?	[의문사+주어+동사] Could you tell me **where the bank is**? 은행이 어디에 있는지 저에게 알려줄 수 있습니까?
②	Yes or No 간접의문문	<u>Is</u> he Chinese? 그는 중국인입니까?	[if/whether+주어+동사] Do you know **if he is Chinese**? 당신은 그가 중국인인지 아나요?

시제에 따른 Yes or No 간접의문문

<u>Was</u> he late for the meeting? [be동사 과거시제]	Can you tell me **if he was late for the meeting**? 그가 미팅에 늦었는지 나에게 말해줄 수 있나요?
<u>Does</u> he <u>live</u> in London? [일반동사 현재시제]	Can you tell me **if he lives in London**? 그가 런던에 사는지 나에게 말해줄 수 있나요?
<u>Did</u> he <u>call</u> her yesterday? [일반동사 과거시제]	Can you tell me **if he called her yesterday**? 그가 어제 그녀에게 전화했는지 나에게 말해줄 수 있나요?

guess, think, believe, suppose 등

✖ 주절의 동사가 <u>생각이나 추측을 나타내는 동사</u>일 때, 간접의문문의 의문사를 문장 앞에 쓴다.

Do you think? + Why do we have to save money?
= **Why** do you think we have to save money? 당신은 왜 우리가 돈을 저축해야 한다고 생각합니까?

2. 명령문, and / or

명령문, and/or

[명령문, and ~]와 [명령문, or ~]의 의미를 문장을 통해 알아보자.

①	<u>Be quiet</u>, **and** the baby will sleep well.	조용히 **해라, 그러면** 그 아기는 잠을 잘 **것이다.**
	= If you are quiet, the baby will sleep well.	네가 조용하면 그 아기는 잠을 잘 것이다.
②	<u>Be quiet</u>, **or** the baby will wake up and cry.	조용히 **해라, 그렇지 않으면** 아기는 깨서 울 **것이다.**
	= If you are not quiet, the baby will wake up and cry.	네가 조용하지 않으면 그 아기는 깨서 울 것이다.
	= Unless you are quiet, the baby will wake up and cry.	

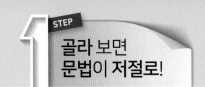

STEP

골라 보면
문법이 저절로!

의문사가 있는 의문문 그 자체가 주된 의미를 가지는 직접의문문에 반해 간접의문
문은 의문사가 이끄는 절이 다른 문장의 일부인 형태로 나타난다.

간접의문문

형태 고르기

① Do you know ⬚⬚⬚ for living?
너는 그가 무슨 일을 하는지 아니?

☑ what he does   ☐ what does he do

② Do you know ⬚⬚⬚ ?
너는 그녀가 어디에 사는지 아니?

☐ where she lives   ☐ where does she live

③ Do you know ⬚⬚⬚ ?
너는 그들이 어디에 있는지 아니?

☐ where they are   ☐ where are they

④ Do you know ⬚⬚⬚ ?
너는 그가 그녀를 만났는지 아니?

☐ if he meets her   ☐ if he met her

⑤ Do you know ⬚⬚⬚ ?
너는 그녀가 그것을 끝냈는지 아니?

☐ if she finishes it   ☐ if she finished it

⑥ Do you know ⬚⬚⬚ ?
너는 그것이 사실인지 아니?

☐ if it is true   ☐ if is it true

명령문, and / or

접속사 고르기

① 서둘러, 그러면 제시간에 도착할 거야.

Hurry up, **and** / or you'll get there on time.

② 저희를 방문하세요, 그러면 공짜 표를 받으실 거예요.

Visit us, and / or you'll got a frcc ticket.

③ 그 규칙들을 따라, 그렇지 않으면 벌금을 내게 될 거야.

Follow the rules, and / or you'll pay a fine.

④ 휴식을 취해, 그렇지 않으면 나중에 아프게 될 거야.

Get some rest, and / or you'll get sick later.

⑤ 열심히 공부해, 그렇지 않으면 그 시험에 떨어질 거야.

Study hard, and / or you'll fail the exam.

---

what, it, to know, means, I, want

영문장 → I want to know what it means.

우리말 → 나는 그것이 무슨 의미인지 알고 싶다.

---

1 whether, I, coming, know, he is, need to

영문장 →

우리말 →

---

2 last night, want to know, you were, we, where

영문장 →

우리말 →

---

3 wants to know, the movie, if you, he, watched

영문장 →

우리말 →

---

4 was here, she, tell me, if, can you, today, ?

영문장 →

우리말 →

---

5 her homework, or she, her, help, won't be able to, finish

영문장 →

우리말 →

---

6 homework, and you, finish, will get, your, the video game

영문장 →

우리말 →

---

7 and we, arrive, good seats, early, will get

영문장 →

우리말 →

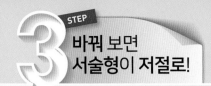

■ 다음 두 문장을 그 의미가 통하도록 한 문장으로 쓰시오.

✔ 서술형 **기출**문제

> • Do you know?
>
> • Why couldn't she come?
>
> → 너는 왜 그녀가 올 수 없었는지 아니?

의문사가 있는 간접의문문의 어순은 [의문사+주어+동사]이므로 couldn't she가 she couldn't로 도치된다.

→ _Do you know why she couldn't come?_

1
• Can you tell me?
• Did you understand the question?
→ 그 질문을 이해했는지 내게 말해줄 수 있니?

→ Can you tell me if you understood the question?

2
• Can you tell me?
• How does it work?
→ 그것이 어떻게 작동하는지 내게 말해줄 수 있니?

→

3
• Do they know?
• What did you do last year?
→ 네가 작년에 무엇을 했는지 그들은 알고 있니?

→

4
• Do you know?
• How did the accident happen?
→ 어떻게 그 사고가 일어났는지 너는 알고 있니?

→

5
• Can you tell me?
• Where did they go?
→ 그들이 어디로 갔는지 내게 말해줄 수 있니?

→

6
• Press the button.
• It will be turned on.
→ 버튼을 눌러라, 그러면 켜질 것이다.

→

7
• Leave now.
• You will miss your flight.
→ 지금 떠나, 그렇지 않으면 비행기를 놓칠 거야!

→

교과서 **서술형 끝내기**

서술형 유형 기본

■ 알맞은 단어를 골라 우리말에 맞게 문장을 완성하시오.　p.217 **STEP 1에 나오는 문장 재확인**

if   what   and   or

① 너는 그가 무슨 일을 하는지 아니?

→ Do you know [**what he does**] for living?

간접의문문의 어순은 의문사, 주어, 동사로 쓴다.

② 너는 그가 그녀를 만났는지 아니?

→ Do you know [　　　　　] ?

의문사가 없는 간접의문문은 if/whether를 쓴다.

③ 저희를 방문하세요, 그러면 공짜 표를 받으실 거예요.

→ Visit us, [　　　　　] .

명령문 뒤에 and를 쓰면 '~해라, 그러면 … 할 것이다'의 의미를 지닌다.

④ 열심히 공부해, 그렇지 않으면 그 시험에 떨어질 거야.

→ Study hard, [　　　　　] .

명령문 뒤에 or를 쓰면 '~해라, 그렇지 않으면 …할 것이다'의 의미를 지닌다.

서술형 유형 심화

■ 주어진 단어를 활용하여 우리말에 맞게 문장을 쓰시오.　p.218 **STEP 2에 나오는 문장 재확인**

① 그는 네가 영화를 보았는지 알기를 원한다. (want, watch, if)

→

의문사가 없는 간접의문문은 if를 쓴다.

② 나는 그것이 무슨 의미인지 알고 싶다. (want, mean, what)

→

간접의문문 어순: [의문사+주어+동사]

③ 숙제를 끝내라, 그러면 너는 그 비디오 게임을 얻을 것이다. (finish, get, and)

→

명령문, and: ~해라, 그러면 …할 것이다

④ 그녀를 도와라, 그렇지 않으면 그녀는 그녀의 숙제를 끝낼 수 없을 것이다. (won't be able to, or)

→

명령문, or: ~해라, 그렇지 않으면 …할 것이다

• 명령문, and / or
[명령문, and~]는 '~해라 그러면…'
의 의미를 지니고 [명령문, or~]은
'~해라, 그렇지 않으면…'의 의미를
지니고 있어요.

서술형 유형 심화 　　　　■ 주어진 문장을 보고 틀린 부분을 바르게 고쳐 쓰시오.　　　p.219 **STEP 3**에 나오는 문장 재확인

1▶ Do they know what did you last year?

네가 작년에 무엇을 했는지 그들은 알고 있니?

→　Do they know what you did last year?

(O what you did)
(X what did you)

2▶ Can you tell me how does it work?

그것이 어떻게 작동하는지 내게 말해줄 수 있니?

→

(O how it works)
(X how does it work)

3▶ Do you know why she can't come?

너는 왜 그녀가 올 수 없었는지 아니?

→

(O couldn't)
(X can't)

4▶ Leave now, and you will miss your flight!

지금 떠나, 그렇지 않으면 비행기를 놓칠 거야!

→

(O or)
(X and)

5▶ Do you know how happened the accident?

어떻게 그 사건이 일어났는지 너는 알고 있니?

→

(O how the accident happened)
(X how happened the accident)

6▶ Press the button, or it will be turned on.

버튼을 눌러라, 그러면 켜질 것이다.

→

(O and)
(X or)

7▶ Can you tell me do you understood the question?

그 질문을 이해했는지 내게 말해줄 수 있니?

→

(O if/whether)
(X do)

8▶ Can you tell me where they go?

그들이 어디로 갔는지 내게 말해줄 수 있니?

→

(O went)
(X go)

[01-02] 다음 빈칸에 공통으로 알맞은 것을 고르시오.

01

- The number of copies _____ limited.
- Each cake _____ covered with different kinds of fruits and nuts.

① are　　　② is　　　③ have
④ has　　　⑤ had

02

- Walk quietly, _____ you will wake up the entire house.
- Pay the bill now, _____ you will pay the late fee.

① if　　　② and　　　③ or
④ then　　　⑤ unless

03　다음 두 문장의 의미가 통하도록 한 문장으로 만들 때, 빈칸에 알맞은 것은?

Claire asked, "When will the post office be open?"
→ Claire wanted to know _____.

① when the post office be open
② when the post office opening
③ when will the post office opening
④ when the post office would be open
⑤ when would the post office be open

[04-05] 다음 밑줄 친 부분을 강조하는 문장으로 전환할 때, 빈칸에 들어갈 알맞은 것을 고르시오.

04

His voice annoys me.
→ _____

① His voice do annoys me.
② It is his voice that annoys me.
③ I do annoy his voice.
④ It is me that his voice annoys.
⑤ It is annoys that his voice me.

05

Ted threw a farewell party for me.
→ _____ threw a farewell party for me.

① It was Ted that
② It was that Ted
③ Ted was that
④ He was Ted that
⑤ He was Ted that

06　어법상 어색한 부분을 바르게 고친 것은?

A: I'm burned out at work. I'm always stressed. Seth ①advised me to take some time off from work.
B: That does ②not surprise me at all. Do you know ③when can you take a vacation?
A: ④I thought I could go on a vacation this year as I planned. But ⑤all of us can't take vacation due to our busy schedules.

① advised me to take → advised me take
② not surprise me at all → not at all surprise me
③ when can you take → when you can take
④ I thought I could go → I though I can go
⑤ all of us can't → all of us couldn't

07 다음 빈칸에 들어갈 말이 순서대로 짝지어진 것은?

Nate said he _____ feeling ill, so he _____ the classes.

① wakes up – skips ② wakes up – skipped
③ wake up – skipped ④ woke up – skipped
⑤ woke up – skipping

[08-09] 주어진 우리말을 보고 빈칸에 알맞은 것을 고르시오.

08

내 이웃이 새끼 코알라를 발견한 곳은 바로 뒷마당이었다.
→ _____ my neighbor found a baby koala.

① That was in the backyard
② In the backyard, it was
③ It was that in the backyard
④ It was in the backyard
⑤ It was in the backyard that

09

100 달러는 그 목걸이 가격으로 불합리한 가격이다.
→ One hundred dollars _____ for the necklace.

① is unreasonable prices
② is an unreasonable price
③ are unreasonable prices
④ are an unreasonable price
⑤ am an unreasonable price

10 다음 중 어법상 <u>틀린</u> 것으로만 짝지어진 것은?

ⓐ Jake asked me what him happened to.
ⓑ I did worry about running out of cash.
ⓒ Kay told me setting up the tent and start a campfire.

① a ② b ③ a, c
④ c ⑤ b, c

서술형 대비 문제

11 다음 그림을 보고 문장을 완성하시오.

"I have a sore throat so I will go to see a doctor tomorrow."

→ Jamie said that he had a sore throat so _____.

12 주어진 단어들을 활용해 우리말에 맞게 문장을 쓰시오.

밧줄을 꽉 붙잡아라, 그렇지 않으면 너는 절벽에서 떨어질 것이다. (hold on, tight, fall, cliff)

→ _____

13 다음 문장을 간접화법 문장으로 바꿔 쓰시오.

She said to me, "Is it enough to pay off your debts?"

→ _____
_____

14 주어진 우리말을 보고 〈보기〉에서 알맞은 단어들을 골라 바르게 나열해 빈칸을 완성하시오.

Zoe was driving and her sister was about to fall asleep in the passenger seat. As the car approached the exit, her sister shouted at Zoe ⓐ_____ (주의하다, 살피다) and slow down. It was a deer that walked across the highway. They did not ⓑ_____ (전혀) expect to see it there.

〈보기〉
watch, in, to, least, the, out

한 장의 사진으로 보는
문법이 쓰기다

UNIT 01   일치

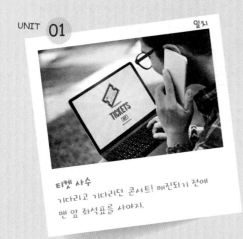

티켓 사수
기다리고 기다리던 콘서트! 매진되기 전에
맨 앞 좌석표를 사야지.

 써 봐!

나는 그 표들을 구하기가 어려울 거라고 생각했다.

→

UNIT 02   간접화법

그만 울어
장보고 돌아온다는 엄마 말씀 못 들었니?
엄마 보고 싶다고 우는 내 동생은 아직도 아기라니까.

 써 봐!

그녀는 그녀가 다시 돌아올 거라고 말했다.

→

UNIT 03   강조구문

Career Woman
그녀는 무슨 일이든 멋지게 해내.
동료들도 그녀와 함께 일하는 걸 즐거워하지.
나도 그녀처럼 되고 싶어!

 써 봐!

그녀는 내가 같이 일하고 싶은 바로 그 사람이다.

→

UNIT 04   간접의문문과 명령문

내 동생의 선생님
내 동생의 선생님은 바로 나예요.
항상 동생 숙제를 도와주거든요.

 써 봐!

그녀를 도와라, 그렇지 않으면 그녀는 그녀의 숙제를 끝낼 수 없을
것이다.

→

정답 **UNIT 01.** I thought it would be difficult to get the tickets.   **UNIT 02.** She said that she would be back.
UNIT 03. She is the very person who I want to work with.   **UNIT 04.** Help her, or she won't be able to finish her homework.

중학 영문법, 쓸 수 있어야 진짜 문법이다!

문법이 쓰기다

Workbook 3학년

실전력 100% 서술형 기출

**내신 기출
단답형·서술형
실전문제**

기본이 탄탄해지는 서술형 유형

**서술형 유형별
기본·심화
추가문제**

교육 R&D에 앞서가는

키출판사

중학 영문법, 쓸 수 있어야 진짜 문법이다!

문법이 쓰기다

단답형·서술형 기출 실전 문제

5형식 | 중학 내신 단답형 · 서술형 기출 실전 문제

3학년 ( )반 ( )번 이름 ( )   점수 :

1 다음 빈칸에 들어갈 말로 알맞지 <u>않은</u> 것을 보기에서 골라 쓰시오.

> I made my son _____ .

> <보기>
> · become a doctor   · famous
> · angry   · to study

→ _____

[2~4] 보기의 동사들을 알맞게 활용하여 문장을 완성하시오.

> turn   go   feel   apologize

2 우리 엄마는 내가 사과하도록 강요했다.

→ My mom forced me _____ .

3 그것은 나를 불안하게 느끼게 만들었다.

→ It made me _____ anxious.

4 그녀는 내가 혼자 가도록 허락하지 않을 것이다.

→ She won't allow me _____ alone.

[5~6] 다음 문장의 뜻이 같도록 빈칸에 알맞은 말을 써 문장을 완성하시오.

5
> A car accident happened. I saw a car accident.

= I saw a car accident _____ .

6
> He looks older when he wears glasses.

= Glasses make him _____ .

[7~8] 다음 보기를 사용하여 주어진 문장을 완성하시오.

> <보기>
> · my hair cut regularly
> · me to put them together
> · himself an expert in the field
> · herself sleep on the floor

7 I got _____ .

8 He considers _____ .

9 다음 대화를 읽고 ①, ②를 알맞은 형태로 고쳐 쓰시오.

> A: What is it? Did you get hurt?
> B: When I woke up in the morning, I found my leg seriously ① to hurt.
> A: Why don't you see a doctor?
> B: I'm on my way to the hospital. Ryan advised me ② see a doctor.

① _____   ② _____

[10~12] 다음 우리말에 맞게 주어진 단어를 활용하여 대화를 완성하시오.

10
> A: 너는 내가 TV소리를 줄이길 원하니? (want)
> B: Yes, I'd appreciate that.

→ _____

11
> A: 그녀는 나에게 그녀와 함께 여행을 가자고 물어봤다. (ask)
> B: You can go if you want.

→ _____

12

> A: 나는 지난 밤 피자를 배달시켰다. (get)
> B: You should stop eating junk food.

→ _____

[13~14] 다음 대화를 읽고 물음에 답하시오.

> A: I didn't expect you ① win the competition!
> B: (A) At first, I didn't want to apply for the dance competition, but Jesse persuaded me.
> A: How do you feel now?
> B: It doesn't feel real. When I heard my name ② call, I just froze.

13 밑줄 친 (A)와 의미가 같도록 빈칸에 알맞은 말을 써 문장을 완성하시오.

→ Jesse persuaded _____ .

14 위 글의 ①, ②를 알맞은 형태로 바꿔 쓰시오.

① _____ ② _____

15 다음 대화를 읽고 틀린 부분을 찾아 바르게 고쳐 쓰시오.

> A: I heard the news. Liam is going to leave for Canada.
> B: I considered him my best friend.
> A: That's too bad.
> B: I hope he come back soon.

→ _____

[16~17] 다음 대화를 읽고 물음에 답하시오.

> A: I'm in trouble. My sister said the email was personal and she wouldn't let me to read it. And she made me promise that I wouldn't read it. But I was just curious. She saw me reading her email.
> B: She won't allow anyone to read her email because it's private. (A) 나는 네가 언니에게 사과하기를 조언할게.

16 위 글에서 틀린 부분을 찾아 바르게 고쳐 쓰시오.

→ _____

17 위 글의 밑줄 친 (A)를 영작하시오.

> **조건 ①** 동사 advise를 사용할 것
> **조건 ②** 5형식으로 쓸 것

→ _____

[18~20] 다음 대화를 읽고 물음에 답하시오.

> Mia: My teacher had me stop by his office yesterday. He encouraged me to have an interest in math.
> Emily: You have a good teacher.
> Mia: (A) He, me, good, want, made, to be, a, student. I don't want him to be disappointed in me. (B) 나는 네가 어려운 수학문제를 풀고 있는 것을 발견했다. Can you help me study for the exam?
> Emily: Sure! That's great! Can I ask you to come over to my house, though?

18 What did Mia's teacher do yesterday?

→ He _____ .

→ He _____ .

19 (A)에 주어진 단어들을 바르게 배열하여 문장을 완성하시오.

→ _____

20 위 글의 밑줄 친 (B)를 영작하시오.

> **조건 ①** 시제에 주의할 것
> **조건 ②** 동사 find를 사용할 것

→ _____

시제 | 중학 내신 단답형·서술형 기출 실전 문제

3학년 (   )반 (   )번 이름 (   )   점수 :

1 다음 빈칸에 들어갈 말로 알맞지 <u>않은</u> 것을 보기에서 골라 쓰시오.

> I   last week.

> <보기>
> · visited China
> · painted my room blue
> · has been reading a book
> · lost my wallet in the subway

→ _____

[2~4] 다음 표를 보고 문장을 완성하시오.

Time	Event
5:00 a.m.	· somebody broke into the office · the door was open
9:00 a.m.	· Jason arrived at work · the door was still open
9:15 a.m.	· Jason called the police

2 Jason _____ at work in the morning.

3 He found that somebody _____ into to the office during the night.

4 The door _____ since 5:00 a.m.

[5~6] 다음 두 문장을 한 문장으로 만들 때 빈칸에 알맞은 말을 쓰시오.

5
> The baby began crying an hour ago.
> She is still crying.

= The baby _____ for an hour.

6
> I have a headache. It started when I woke up.

= I _____ a headache since I woke up.

[7~9] 빈칸에 알맞은 말을 보기에서 골라 문장을 완성하시오.

before	for	yet	since

7 I have known her _____ I was young.

8 I had left home _____ you phoned me.

9 I have been reading this book _____ two years.

[10~12] 자연스러운 대화가 되도록 빈칸에 알맞은 말을 써 대화를 완성하시오.

10
> A: How long have you lived in London?
> B: I _____ in London for 5 years.

→ _____

11
> A: Have you finished your homework?
> B: No, I _____ my homework yet.

→ _____

12

A: How long have you been waiting here?

B: I _____ for an hour.

→ _____

13 다음 글의 ①, ②를 알맞은 시제로 바꿔 쓰시오.

We were driving on the highway when we saw a car that ① broke down, so we ② stop to help.

① _____   ② _____

14 다음 우리말에 맞게 주어진 단어들을 활용하여 대화를 완성하시오.

A: 나는 내가 지하철에서 잃어버렸던 내 지갑을 찾았어. (found)

B: How did you find it?

A: I found it at the lost and found.

→ _____

[15~16] 다음 대화를 읽고 물음에 답하시오.

A: (A) 최근에 Julie를 본 적이 있니?

B: No, I haven't. I hadn't talked to her for a while.

A: I have called her several times this week to check up on her. But she has never picked up.

B: She's disappeared into thin air.

15 위 글의 밑줄 친 (A)를 영작하시오.

조건 ① 현재완료를 쓸 것
조건 ② 부사는 문장 마지막에 쓸 것

→ _____

16 위 글에서 틀린 부분을 찾아 바르게 고쳐 쓰시오.

→ _____

17 밑줄 친 두 문장을 한 문장으로 바꿔 쓰시오.

A: May I speak to Emma, please?

B: She is not at home now. She went on a vacation last week. She is still enjoying her vacation.

A: When will she come back?

→ _____

[18~19] 다음 대화를 읽고 물음에 답하시오.

Sue: Hi, Tom! What have you been up to lately?

Tom: I have been training for a karate competition next week. How about you? Have you talked to your parents about applying for college?

Sue: (A) 나는 내가 어디로 대학교를 갈지 결정할 수 있도록 그들을 설득하려고 노력해오고 있어, but they already scheduled some college visits without telling me.

Tom: That sounds like a stressful situation.

18 What has Tom been doing lately?

→ _____ .

19 밑줄 친 (A)와 의미가 같도록 빈칸에 알맞은 말을 써 문장을 완성하시오.

→ _____

to let me decide where to go to college.

조동사 | 중학 내신 단답형 · 서술형 기출 실전 문제

3학년 (   )반 (   )번 이름 (   )   점수 :

[1~3] 보기의 단어들을 알맞게 활용하여 문장을 완성하시오.

think	get	feel	go

1 나는 그것에 대해 더 생각했어야 했다.

→ I _____ about it more.

2 나는 온라인으로 책을 읽는 데 익숙해졌다.

→ I _____ reading books online.

3 그는 그녀와 함께 거기에 갔을 리가 없다.

→ He _____ there with her.

[4~6] 다음 두 문장의 뜻이 같도록 빈칸에 알맞은 말을 쓰시오.

4

I am able to go back home safely.

= I _____ go back home safely.

5

Can I ask you some questions?

= _____ I ask you some questions?

6

You should not tell her about it.

= You _____ tell her about it.

[7~8] 다음 대화에서 <u>틀린</u> 부분을 찾아 바르게 고쳐 쓰시오.

7

A: Where was Mina last night?
B: She must go to the party.

→ _____

8

A: I am used to smoke, but I don't any more.
B: How did you quit smoking?

→ _____

9 다음 주어진 문장의 조동사와 동일한 의미의 조동사가 쓰인 문장을 보기에서 골라 쓰시오.

He can speak five different languages.

<보기>
· You must see a doctor once.
· She can be at home by now.
· He just had lunch. He can't be hungry.
· I can manage the situation by myself.

→ _____

10 다음 빈칸에 공통으로 알맞은 말을 쓰시오.

· You got here quickly. You must _____ walked very fast.
· I will _____ to stay in the hospital another week.

→ _____

[11~13] 다음 우리말에 맞게 주어진 단어들을 활용하여 대화를 완성하시오.

11

A: 우리는 곧 주유소에 잠깐 들르는 게 낫겠다 (had better, stop for) because the tank is almost empty.
B: There's no gas station for miles.

→ _____

12

A: I can't find my purse anywhere. 나는 아마도 가게에 그것을 두고 왔을지도 모른다. (might, leave)

B: I just left it on the table in the living room.

→ _____

13

A: There was a fire in the building on Friday.

B: Fortunately, 모두가 건물에서 빠져나올 수 있었다. (be able to)

→ _____

14 주어진 단어들을 알맞게 배열하여 우리말에 맞게 쓰시오.

have to, the party, I, leave, might, early
나는 일찍 파티를 떠나야 할지도 몰라.

→ _____

15 다음 글을 읽고 Amy의 심정을 잘 드러내는 문장을 완성하시오.

Amy was walking down the street by herself. She noticed something strange, and she could see someone in the distance. She regretted going out alone at night.

→ Amy _____

at night.

[16~17] 다음 대화를 읽고 물음에 답하시오.

A: I'm so frustrated. All of sudden, my GPS doesn't work properly. (A) 내가 누군가에게 방향을 물어보는 게 낫겠어.

B: We might have to take the train downtown instead of driving. It depends on the traffic.

A: I think we had better repaired my GPS.

16 밑줄 친 (A)를 영작하시오.

조건 ① 조동사 should를 사용할 것

→ _____

17 위 글에서 틀린 부분을 찾아 바르게 고쳐 쓰시오.

→ _____

[18~19] 다음 대화를 읽고 물음에 답하시오.

Liam: Have you made any vacation plans for this summer?

Mia: I'm going backpacking alone across Europe. (A) 나에게 조언 좀 줄 수 있니?

Liam: That sounds exciting! Well, you must pack any medication you need. Also, many tourists get robbed almost every day. You shouldn't carry a lot of cash when you go out. You'd better not keep anything valuable in your backpack.

Mia: Thank you for your advice.

18 When you go backpacking, there are a few things you should and should not do. Find all of them and write them down.

→ _____

→ _____

19 밑줄 친 (A)를 영작하시오.

조건 ① 조동사 could를 사용할 것
조건 ② 4형식으로 쓸 것

→ _____

수동태 | 중학 내신 단답형 · 서술형 기출 실전 문제

3학년 (   )반 (   )번 이름(   )   점수 :

[1~3] 보기의 동사들을 활용하여 다음 문장을 완성하시오.

| give | build | send | steal |

1 This house _____ by my uncle last year.

2 The wedding invitations might have _____ to the wrong address.

3 While I was on vacation, my camera _____ from my hotel room.

4 다음 빈칸에 공통으로 알맞은 말을 쓰시오.

· The basket was filled _____ apples and grapes.
. He was caught up _____ by the police.

→ _____

[5~7] 다음 문장을 수동태로 바꿔 쓰시오.

5
They taught the students English.

= The students _____ .

= English _____ .

6
People saw the man ride a skateboard.

= The man _____ .

7
We considered him a nice worker.

= He _____ .

[8~9] 다음 대화에서 틀린 부분을 찾아 바르게 고쳐 쓰시오.

8
A: Why didn't they go to the class?
B: They were informed that the class had cancelled.

→ _____

9
A: We were forced join the science club.
B: Why don't you tell your parents?

→ _____

[10~12] 다음 우리말에 맞게 주어진 단어들을 활용하여 대화를 완성하시오.

10
A: 그 박물관은 사람들로 붐빌 것이다. (crowd with) We should get there early.
B: What time do you want to leave?

→ _____

11
A: I was so embarrassed. 몇몇 어려운 질문들은 나에게 물어봐졌다. (ask)
B: Did you answer all the questions?

→ _____

12
A: 전기는 인간 역사상 가장 중요한 발견으로 믿어진다. (the most important)
B: Can you tell me why it is so important?

→ _____

[13~14] 다음 글을 읽고 물음에 답하시오.

At midnight, Ryan was making too much noise and disturbing other guests. Some guests were complained about him being too loud. He was asked to be quiet several times. He refused, but eventually he was forced to leave.

13 What was Ryan asked to do?

→ He _____ .

→ He _____ .

14 위 글에서 틀린 문장을 찾아 바르게 고쳐 쓰시오.

_____

→ _____

15 빈칸에 주어진 문장과 같은 단어가 들어가는 문장을 보기에서 골라 쓰시오.

The topic was talked about _____ the members.

<보기>
· He is being chased _____ a dog.
· It was known _____ he is a liar.
· We were involved _____ the accident.
· I was disappointed _____ the ending of the film.

→ _____

16 주어진 단어들을 바르게 배열하여 문장을 완성하시오.

allowed, go, out, The man, at night, wasn't, to, late

→ _____

그 남자는 밤늦게 나가는 것이 허락되지 않았다.

17 다음 문장을 주어진 조건에 맞게 바꿔 쓰시오.

People say that he is generous.

조건 ① that절의 주어를 문장 전체 주어로
조건 ② [be동사+과거분사+to부정사]
　　　　형태의 수동태 문장으로

→ _____

18 다음 글의 ①~②를 알맞은 형태로 바꿔 쓰시오.

Thousands of tons of waste and trash ① dumped into the ocean on a daily basis. Serious questions have ② raised about waste management. All household waste should be separated and recycled. Recently, people have begun to pay more attention to how waste can be reused profitably.

① _____

② _____

[19~20] 다음 대화를 읽고 물음에 답하시오.

A: Your back should check by a specialist.
B: Yes, my back is giving me a lot of pain.
A: (A) 지난 번에 의사를 만났을 때, 운동 방법 리스트를 받았었잖아. Have you tried them?
B: Yes, of course. I've been exercising to reduce pain, but it doesn't seem to get any better. I want to be treated by a good physical therapist.

19 위 글에서 틀린 부분을 찾아 바르게 고쳐 쓰시오.

_____

→ _____

20 밑줄 친 (A)와 의미가 같도록 빈칸에 알맞은 말을 써 문장을 완성하시오.

→ _____

when you went to see a doctor last time.

to부정사/동명사 | 중학 내신 단답형 · 서술형 기출 실전 문제

3학년 (   )반 (   )번 이름(   )   점수 :

[1~2] 자연스러운 대화가 되도록 주어진 단어를 활용하여 대화를 완성하시오.

1
> A: I had trouble _____ an English diary. (write)
> B: I can give you some help if you want.

→ _____

2
> A: You are not _____ the school until I say so. (leave)
> B: What did I do wrong?

→ _____

[3~5] 다음 문장들을 보고 같은 의미가 되도록 빈칸에 알맞은 말을 쓰시오.

3
> I installed a new security camera.
> I wanted to protect my property.

= I installed a new security camera _____ .

4
> I got up early so as to attend the class.

= I got up early _____ attend the class.

5
> He is smart. He can teach us math.

= He is smart _____ us math.

[6~8] 보기의 단어들을 활용하여 문장을 완성하시오.

be	take	think	move

6 They decided _____ a trip together.

7 She grew up _____ the best dancer in the world.

8 I cannot help _____ about you.

[9~10] 다음 대화에서 <u>틀린</u> 부분을 찾아 바르게 고쳐 쓰시오.

9
> A: Did you assemble this by yourself?
> B: Yes. The manual was enough simple to understand easily.

→ _____

10
> A: I was so embarrassed. He must be stupid to making such a joke.
> B: He didn't mean to embarrass you.

→ _____

[11~12] 다음 우리말에 맞게 주어진 단어들을 활용하여 대화를 완성하시오.

11
> A: 나는 방과 후에 그 꽃들에 물을 주는 것을 그만 뒀다. (stop)
> B: Why did you do that?

→ _____

12

A: Are there any places that you'd recommend?
B: 네가 캘리포니아에 가면 Universal Studios 를 방문하는 것을 추천한다. (recommend)

→ _____

13 to부정사의 용법이 주어진 문장과 같은 것을 보기에서 골라 쓰시오.

Jack grew up to resemble his father.

<보기>
· My goal is to get an A on the math test.
· It is very unpleasant to deal with rude people.
· I awoke to realize that people were around me.

→ _____

[14~15] 다음 대화를 읽고 물음에 답하시오.

A: When I get stressed out and feel depressed, I tend to eat something sweet.
B: (A) 설탕을 너무 많이 먹는 것은 건강하지 않아.
(B) It's important to be aware of how much sugar you consume per day.

14 위 글의 (A)를 영작하시오.

조건 ① 동명사를 주어로 사용할 것
조건 ② 현재시제의 부정문으로 쓸 것

→ _____

15 위 글의 (B)를 to부정사를 주어로 사용하는 문장으로 바꿔 쓰시오.

→ _____

[16~18] 다음 대화를 읽고 물음에 답하시오.

A: (A) 규칙적으로 운동하는 것은 중요하다. Where is Henry?

B: He isn't coming today. I quit try to persuade him to exercise regularly.
A: It is not easy to exercise regularly. He will get used to it soon.
B: It is generous   ①   you to say so.

16 위 글의 (A)를 영작하시오.

조건 ① to부정사를 사용할 것
조건 ② 가주어 it을 주어로 쓸 것

→ _____

17 위 글에서 틀린 부분을 찾아 바르게 고쳐 쓰시오.

→ _____

18 위 글의 ①에 알맞은 말을 쓰시오.

→ _____

[19~20] 다음 대화를 읽고 물음에 답하시오.

Jake: I can't figure this out. Would you mind helping me?
Yumi: Sure, with what?
Jake: My sister volunteers to bake pies for the community center every weekend. I promised to volunteer this weekend since my sister is out of town.
Yumi: I'm afraid I can't. (A) 나는 새 학기를 준비하느라 바빠.

19 Jake asked Yumi to do something. Find it and write it down.

→ _____

20 위 글의 (A)를 영작하시오.

→ _____

분사 | 중학 내신 단답형·서술형 기출 실전 문제

3학년 (   )반 (   )번 이름 (   )   점수 :

[1~3] 보기의 동사들을 알맞게 활용하여 문장을 완성하시오.

| walk | build | embarrass | drive |

1 There is a school ＿＿＿＿＿ in 1930 in my town.

2 The man ＿＿＿＿＿ the car is a friend of mine.

3 It was the most ＿＿＿＿＿ moment of my life.

4 다음 대화를 읽고 ①, ②를 알맞은 형태의 분사로 고쳐 쓰시오.

> A: The boy ① wear jeans is my cousin.
> B: I met him last summer when I visited your house. I saw him ② played with his toys.

① ＿＿＿＿＿   ② ＿＿＿＿＿

[5~7] 다음 문장들을 보고 같은 의미가 되도록 빈칸에 알맞은 말을 쓰시오.

5
> As he arrived late at night, he was very tired.

= ＿＿＿＿＿＿＿, he was very tired.

6
> While he was making jokes, I laughed a lot.

= ＿＿＿＿＿＿＿, I laughed a lot.

7
> If they are washed at the wrong temperature, clothes can shrink.

= ＿＿＿＿＿＿＿, clothes can shrink.

[8~9] 다음 대화에서 틀린 부분을 찾아 바르게 고쳐 쓰시오.

8
> A: A fall tree had blocked the road, we had it removed.
> B: Did you do it by yourself? You could have called the community center.

→ ＿＿＿＿＿＿＿

9
> A: Considered it is a tourist attraction, it's not crowded.
> B: I hope we can come here again soon.

→ ＿＿＿＿＿＿＿

[10~11] 다음 우리말에 맞게 주어진 단어를 활용하여 대화를 완성하시오.

10
> A: How was your date last night?
> B: It was great. 저녁을 먹는 동안에 우리는 수다를 많이 떨었다. (chat)

→ ＿＿＿＿＿＿＿

11
> A: 그의 혼란스러운 수업은 나에게 두통을 주었다. (lesson)
> B: You had better drop the class.

→ ＿＿＿＿＿＿＿

· Being excited
· Going into the room
· Turning to the right
· Nobody having arrived

12 _____, she locked the door.

13 _____, you will see the school.

[14~15] 다음 대화를 읽고 물음에 답하시오.

A: I found myself in an embarrassing situation last night.
B: What happened?
A: I slipped and fell down getting off the bus. (A) When I looked up, I noticed a girl standing next to me to help me up. Soon I realized that it was Lucy. (B) 그녀는 살이 빠져서, 나는 그녀를 거의 알아보지 못했어.

14 위 글의 문장 (A)를 분사구문으로 바꿔 쓰시오.

→ _____

15 위 글의 (B)를 영작하시오.

조건 ① 분사구문을 사용할 것
조건 ② 시제에 주의할 것

→ _____

[16~18] 다음 대화를 읽고 물음에 답하시오.

Jiyeon: I expected to see you at the conference.
Max: Being exhausted by my work, I didn't go there. I fell asleep (A) 음악을 틀어 놓은 채로. How was the conference?
Jiyeon: _____

16 위 글의 (A)를 영작하시오.

조건 ① [with+명사+분사] 형태로 쓸 것

→ _____

17 Why didn't Max go to the conference?

조건 ① 부사절이 있는 문장으로 쓸 것
조건 ② 시제에 주의할 것

→ _____

18 주어진 단어를 바르게 배열하여 대화의 마지막에 올 문장을 우리말에 맞게 완성하시오.

speak, I, English, Not, communicating, being able to, had trouble

_____

영어를 말할 수 없어서 의사소통에 어려움이 있었다.

[19~20] 다음 글을 읽고 물음에 답하시오.

Experienced hikers packed lightly. They carried little more than necessities. Hiking trails having been washed out by heavy rains, they looked for another way up to the top. Climbing up slowly, they approached to the top of the mountain. Being considered their health conditions, it was a wise choice.

19 Why did they look for another way up to the top? (※ 과거시제의 문장으로 쓸 것)

_____

20 위 글에서 틀린 문장을 찾아 바르게 고쳐 쓰시오.

→ _____

접속사 | 중학 내신 단답형·서술형 기출 실전 문제

3학년 (　　) 반 (　　) 번 이름 (　　　　　) | 점수 :

[1~3] 다음 보기를 사용하여 주어진 문장을 완성하시오.

> · When he was 10
> · As soon as I got off the bus
> · Unless you stop eating too much
> · If you give full attention to your studies

1 _____ ,

you will be sick.

2 _____ ,

you will succeed.

3 _____ ,

I ran to school.

[4~6] 다음 빈칸에 공통으로 알맞은 것을 보기에서 골라 쓰시오.

> because   while   since   although

4
> · _____ I am here, let me help you.
> · _____ she borrowed my money last week, she has been avoiding me.

→ _____

5
> · Things change _____ time passes.
> · _____ the weather got hot and humid, I was frustrated.

→ _____

6
> · _____ she is rich, she works very hard.
> · _____ we fought a lot, you are still my best friend.

→ _____

[7~8] 다음 두 문장을 한 문장으로 바꿀 때 빈칸에 알맞은 말을 쓰시오.

7
> English is my favorite subject. Science is my favorite subject, too.

= _____ English _____ science are my favorite subjects.

8
> She doesn't like vegetables. I don't like vegetables either.

= _____ she _____ I like vegetables.

[9~11] 다음 대화에서 틀린 부분을 찾아 바르게 고쳐 쓰시오.

9
> A: Would you do me a favor?
> B: What can I do for you? I can help you if it takes too long.

→ _____

10
> A: Clearly, spam is both annoying or dangerous.
> B: We can install antivirus software to prevent spam and viruses.

→ _____

11

A: Either you and I have to take care of her.

B: I'm busy studying for the test tomorrow.

→ _____,

12 주어진 문장의 밑줄 친 부분과 의미가 같은 것을 보기에서 골라 쓰시오.

Even though they're poor, they're happy.

<보기>
· Since I started to work, I've been busy.
· As I didn't feel good, I used a sick day.
· Although it was hot, he was wearing a coat.
· I work out every day so that I can get healthy.

→ _____

[13~15] 다음 우리말에 맞게 주어진 단어들을 활용하여 대화를 완성하시오.

13

A: 너는 2주 동안 결석을 해서 보충 시험을 봐야만 한다. (since)

B: When do I have to take the test?

→ _____

14

A: He shouldn't be here. 그는 정치에 관한 지식도 이해도 없다. (neither)

B: Why don't you tell him to leave?

→ _____

15

A: When elevators first came out, 그것들은 빨랐을 뿐만 아니라 편리하기까지 했다. (not only)

B: I think they are still convenient as well as fast.

→ _____

[16~17] 다음 글을 읽고 물음에 답하시오.

Baking instructions:
1. Add dry ingredients and mix either by hand or with a mixer until the dough gets soft.
2. If the mixture is too wet, add more flour as needed.
3. (A) 오븐이 알맞은 온도에 도달하자마자 그것을 넣어라.

16 According to the baking instructions above, you can mix ingredients two ways. What are they?

→ _____

17 위 글의 (A)를 영작하시오.

조건 ① 접속사 as soon as를 사용할 것
조건 ② Put it in으로 시작할 것

→ _____

[18~19] 다음 글을 읽고 물음에 답하시오.

It has been roughly twenty years since music videos first appeared. ① _____ (~하면서) cable television expanded, the music industry started to change as well. Music videos influence advertisements because both the music and the visual images easily grab people's attention. ② _____ (~에도 불구하고) music videos are short, they are expensive to produce.

18 위 글에서 뮤직비디오가 광고에 영향을 주는 이유로 언급한 것을 찾아 영어로 쓰시오.

→ _____

19 위 글의 빈칸 ①, ②에 주어진 우리말에 맞는 말을 써 문장을 완성하시오.

① _____   ② _____

관계사 │ 중학 내신 단답형·서술형 기출 실전 문제

3학년 (   )반 (   )번 이름 (   )   점수 :

[1~3] 주어진 우리말에 맞게 빈칸에 알맞은 말을 써 문장을 완성하시오.

1 나는 그녀가 제안한 것을 하고 싶지 않았다.

→ I didn't want to do _____ she suggested.

2 이 사람은 Joan이고, 나와 수학 수업을 듣는다.

→ This is Joan, _____ takes math class with me.

3 우리가 아는 모든 운동선수들은 그 대회에서 우승하고 싶어한다.

→ All the athletes _____ we know want to win the competition.

[4~6] 다음 보기를 사용하여 주어진 문장을 완성하시오.

· which I lent you
· when we first met
· that describes the case
· whom she talked about

4 I remember the day _____ .

5 He is the teacher _____ .

6 Select the best option _____ .

[7~8] 다음 두 문장을 한 문장으로 바꿀 때 빈칸에 알맞은 말을 쓰시오.

7
Scientists explained the reason.
Astronauts are weightless in space.

= Scientists explained _____ .

8
He needs to bring back the things.
The things belong to me.

= He needs to bring back _____ .

9 다음 주어진 문장과 빈칸에 들어갈 말이 <u>다른</u> 것을 보기에서 찾아 쓰시오.

I read an article, _____ was based on prejudice.

<보기>
· I found a clock _____ goes backward.
· He wrote words _____ were new to us.
· That skirt is _____ I want to buy this summer.
· She taught the song _____ was easy to sing.

→ _____

[10~12] 다음을 읽고 틀린 부분을 찾아 바르게 고쳐 쓰시오.

10
Dessert is all what he wants. Now is the time when you give him sweets.

→ _____

11
We will miss the days where you hung out with us. You are the one who brought us joy.

→ _____

12

This book, that I wrote, is now a bestseller. I know a place where you can buy one.

→ _____

[13~14] 다음 우리말에 맞게 주어진 단어를 활용하여 대화를 완성하시오.

13

A: Our car, which was stolen, was found by the police.
B: 그 경찰관이 나에게 왜 그 일이 발생했는지 말했다. (why)

→ _____

14

A: 우리는 그것이 어떻게 작동하는지 알아내야 한다. (how)
B: I couldn't hear what you said.

→ _____

[15~16] 다음 글을 읽고 물음에 답하시오.

(A) I went to see Dr. Brown. Dr. Brown examined me for skin cancer. He gave me a list of things ① I need to be concerned about. Now you know the reason ② I can't go.

15 (A)의 두 문장을 한 문장으로 쓰시오.

조건 ① 관계대명사를 사용할 것
조건 ② 계속적 용법으로 쓸 것

→ _____

16 위 글의 ①, ②에 알맞은 말을 쓰시오.

① _____   ② _____

[17~18] 다음 대화를 읽고 물음에 답하시오.

A: (A) 나는 내 의견을 표현하려고 했고, 그때 Matt가 끼어들었다. He introduced a new subject what was not related to the original argument.
B: I want to tell him not to interrupt a person who is speaking.

17 위 글의 (A)를 영작하시오.

조건 ① 한 문장으로 쓸 것
조건 ② [접속사+부사] 형태를 사용할 것

→ _____

18 위 글에서 틀린 문장을 찾아 바르게 고쳐 쓰시오.

→ _____

[19~20] 다음 대화를 읽고 물음에 답하시오.

A: I need to run an errand for my mom. (A) I'm looking for a grocery store. I can buy fresh vegetables at the store.
B: There is an organic supermarket across the street.
A: It's been closed down for a few weeks. (B) 언제 문을 열지 아무도 몰라.

19 (A)의 두 문장을 한 문장으로 쓰시오.

→ _____

20 위 글의 (B)를 영작하시오.

조건 ① 시제에 주의할 것
조건 ② 관계부사를 사용할 것

→ _____

가정법/비교구문 | 중학 내신 단답형 · 서술형 기출 실전 문제

3학년 (   )반 (   )번 이름 (   )   점수 :

[1~3] 다음 보기를 사용하여 주어진 문장을 완성하시오.

> · If I were you
> · As I don't have time
> · If I could have been you
> · Because she didn't study
> · If you had lived a little bit closer

1 _____ ,

I would call her right now.

2 _____ ,

she failed the exam.

3 _____ ,

I could have seen you more often.

[4~6] 보기의 단어들을 알맞게 활용하여 우리말에 맞게 문장을 완성하시오.

> exciting   strong   tall   warm

4 날씨가 점점 더 따뜻해지고 있다.

→ The weather is getting _____ .

5 그 책은 지난번 것보다 흥미진진하지 않았다.

→ The book was not _____ the last one.

6 그는 내가 아는 어떤 남자보다도 힘이 세다.

→ He is _____ any other man I know.

7 다음 대화를 읽고 <u>틀린</u> 부분을 찾아 바르게 고쳐 쓰시오.

> A: How was your vacation?
> B: It was OK, but we could enjoyed it more if the weather had been nicer.

→ _____

[8~10] 다음 두 문장의 의미가 같도록 빈칸에 알맞은 말을 쓰시오.

8

> I'm sorry I cannot stay longer.

= I wish _____ .

9

> As we brought a map, we didn't get lost.

= If we had not brought a map, _____ .

10

> Asia is the largest continent.

= No other continent is _____ Asia.

= No other continent is _____ Asia.

[11~12] 다음 빈칸에 공통으로 알맞은 말을 쓰시오.

11

> · Unfortunately, her illness was _____ serious than we first thought.
> · The _____ I make, the _____ I spend.

→ _____

12

· I wish I _____ been more adventurous.
· If I _____ won the race, the prize would have been mine.

→ _____

[13~14] 다음 우리말에 맞게 주어진 단어를 활용하여 대화를 완성하시오.

13

A: I started exercising to bring some changes to my life.
B: That's great. 건강보다 중요한 것은 없다. (more)

→ _____

14

A: 네가 피곤할수록 집중하기가 더 힘들어진다. (more)
B: If I were not busy, I could take a break.

→ _____

[15~16] 다음 대화를 읽고 물음에 답하시오.

A: (A) 어린이 과체중이 요즘 점점 흔해지고 있다.
B: The more they exercise, the less chance they have of getting a heart disease.
A: We need to discuss more to solve the issue.
B: (B) The first one is the most reasonable solution.

15 위 글의 (A)에 주어진 우리말에 맞게 단어를 배열하여 문장을 완성하시오.

common, Child, and, is, getting, more, overweight, more, lately

→ _____

16 위 글의 문장 (B)와 같은 의미가 되도록 문장을 쓰시오.

조건 ① 원급을 활용한 최상급 표현을 사용할 것

→ _____

[17~18] 다음 대화를 읽고 물음에 답하시오.

A: (A) He is more famous than any other artist in Korea. I'm going to his concert with Hana. Will you join us?
B: (B) As I don't have time, I can't go to the concert.
A: I wish you could come to the concert.

17 위 글의 문장 (A)와 같은 의미가 되도록 쓰시오.

조건 ① [the+최상급] 구문을 사용할 것

→ _____

18 위 글의 문장 (B)를 if 가정법을 사용하여 같은 의미가 되도록 쓰시오.

→ _____

[19~20] 다음 대화를 읽고 물음에 답하시오.

A: He is ① famous than any other player.
B: (A) 그가 만약 더 열심히 그리고 자주 훈련을 했더라면, 그는 챔피언이 됐을 지도 몰라.
A: He is still the ② great athlete in the history of golf.

19 위 글의 문장 (A)를 영작하시오.

조건 ① 가정법 과거완료를 사용할 것
조건 ② might를 사용할 것

→ _____

20 위 글의 ①, ②를 알맞은 형태로 바꿔 쓰시오.

① _____ ② _____

일치 / 화법 / 특수구문 | **중학 내신 단답형 · 서술형 기출 실전 문제**

3학년 (　　) 반 (　　) 번 이름 (　　　　　　)　|　점수 :

1　다음 빈칸에 들어갈 말로 알맞은 것을 보기에서 모두 골라 쓰시오.

> _____ wants to see the movie.

> <보기>
> · Everybody
> · Both she and I
> · A number of people
> · Some of my friends

→ _____

[2~4] 다음 보기를 사용하여 주어진 문장을 완성하시오.

> · you'll pay a fine
> · you'll miss the train
> · you'll get there on time
> · you'll get the video games

2　Hurry up, and _____ .

3　Follow the rules, or _____ .

4　Finish your homework, and _____ .

[5~7] 다음 두 문장의 의미가 같도록 빈칸에 알맞은 말을 쓰시오.

5
> She said to me, "Is it enough to pay off your debts?"

= She asked me

_____

6
> Do you know? Why couldn't she come?

= Do you know _____

_____ ?

7
> He said to me, "Don't go out."

= He ordered me _____ .

[8~9] 다음 문장에서 틀린 부분을 찾아 바르게 고쳐 쓰시오.

8
> A: The necklaces looks great on you!
> B: One hundred dollars are an unreasonable price for the necklace. I don't want to buy it.

→ _____

9
> A: Zoe said, "I live with my parents."
> B: I thought that she live alone.

→ _____

[10~12] 다음 우리말에 맞게 주어진 단어를 활용하여 문장을 쓰시오.

10
> A: Do you know why she left home?
> B: 그녀가 집을 떠났던 것은 바로 그녀의 꿈 때문이었다. (because of)

→ _____

11
> A: 그가 미팅에 늦었는지 나에게 말해줄 수 있나요? (late for, if)
> B: He said he woke up feeling ill, so he missed the meeting.

→ _____

12

> A: Can you tell me how it works?
> B: 버튼을 눌러라, 그러면 켜질 것이다. (turn on)

→ _____

13 다음 중 어법상 틀린 문장을 말한 사람을 모두 찾아 쓰시오.

> Dan: The number of copies are limited.
> Ryan: Three hours is not enough to finish it.
> Mia: I heard that you have waited for him.
> Joel: Each cake is covered with different kinds of fruits and nuts.

→ _____

[14~15] 다음 대화를 읽고 빈칸에 알맞은 말을 쓰시오.

> A: (A) My neighbor found a baby koala in the backyard. She said to me, "I called a local animal shelter."
> B: I can't believe it! (B) How did she find a baby koala?

14 밑줄 친 (A)를 조건에 맞게 바꿔 쓰시오.

> **조건** ① it ⋯ that 강조구문을 사용할 것
> **조건** ② 부사구를 강조하여 쓸 것

→ _____

15 밑줄 친 문장 (B)를 의문사 how를 강조하여 쓰시오. (on earth 사용)

→ _____

[16~17] 다음 대화를 읽고 물음에 답하시오.

> A: I'm burned out at work. I'm always stressed. Seth advised me to take some time off from work.
> B: That does not surprise me at all. (A) 너는 언제 휴가를 낼 수 있을지 아니?
> A: (B) 나는 이번 연도에 계획한 대로 휴가를 갈 수 있을 줄 알았어. But all of us can't take vacation due to our busy schedules.

16 밑줄 친 (A)를 영작하시오.

> **조건** ① 간접의문문을 사용할 것

→ _____

17 밑줄 친 (B)의 우리말에 맞게 다음 단어들을 바르게 배열하여 문장을 완성하시오.

> I, this year, go on, as, thought, could, I, a vacation, planned, I

→ _____

[18~19]다음 글을 읽고 물음에 답하시오.

> Zoe was driving and her sister was about to fall asleep in the passenger seat. As the car approached the exit, she shouted at Zoe to watch out and slow down. (A) A deer walked across the highway. They did not in the least expect to see it there.

18 What did Zoe's sister do?

→ She shouted at Zoe "

_____ !"

19 밑줄 친 (A)를 조건에 맞게 바꿔 쓰시오.

> **조건** ① it ⋯ that 강조구문을 사용할 것
> **조건** ② 주어를 강조하여 쓸 것

→ _____

중학 영문법, 쓸 수 있어야 진짜 문법이다!

문법이 쓰기다

유형별 기본/심화 문제풀기

5형식 Grammar for 서술형 · 유형별 기본 / 심화 문제 풀기

유형 1 | 배열하기 기본

A 주어진 단어들을 배열하여 문장을 완성하시오.

1 Jena _____ .
   (heard, him, shout)

2 She _____ .
   (watches, play, her children, games)

3 He _____ .
   (hears, someone, his name, calling)

4 I _____ .
   (attend, had, the event, him)

5 I _____ .
   (the offer, accept, made, her)

6 She _____ .
   (lets, situations, us, imagine)

배열하기 심화

A 주어진 단어들을 배열하고 우리말을 쓰시오.

1 I, a thief, saw, run away
→ 영문장: _____
→ 우리말: _____

2 my back, pushing, feel, someone, I
→ 영문장: _____
→ 우리말: _____

3 cry, I, heard, you
→ 영문장: _____
→ 우리말: _____

4 me, laugh, you, make
→ 영문장: _____
→ 우리말: _____

유형 2 | 문장 고치기 기본

B 문법상 잘못된 부분을 고쳐 쓰시오.

1 I kept them quietly.
→ _____

2 The man made her depressing.
→ _____

3 I heard my name calling.
→ _____

4 She allowed her child go to the party.
→ _____

5 She made me to apologize.
→ _____

문장 고치기 심화

B 주어진 단락을 읽고 문법상 잘못된 부분을 찾아 바르게 고쳐 쓰시오.

> Parents often expect their children do better in school. They want their children have a better life than they do. So they push their children to attend college.

① _____ → _____

② _____ → _____

시제

Grammar for 서술형 · 유형별 기본 / 심화 문제 풀기

유형 1 | 빈칸 채우기 기본

A 주어진 단어를 활용하여 빈칸을 채우시오.

| break   get   clean   arrive   live   stay |

1 I have _____ the room yet.
나는 아직 그 방을 청소하지 않았다.

2 I have _____ in Paris for 5 years.
나는 5년 동안 파리에서 살고 있다.

3 The Korean War _____ out in 1950.
한국 전쟁은 1950년에 일어났다.

4 He _____ at the hotel since last month.
그는 지난 달부터 호텔에 머무르고 있다.

5 He _____ to the hotel last month.
그는 지난 달에 호텔에 도착했다.

빈칸 채우기 심화

A 주어진 단어를 활용하여 빈칸을 채우시오.

1 I _____ in Japan last year.
나는 작년에 일본에서 살았다(live).

I _____ in Japan since last year.
나는 작년부터 일본에서 살고 있다(live).

2 It _____ since yesterday.
어제부터 비가 계속 오고 있다(rain).

It _____ all day yesterday.
어제 온종일 비가 왔다(rain).

3 I _____ tennis before.
나는 전에 테니스를 쳐본 적이 있다(play).

I _____ tennis for 2 hours.
나는 전에 두 시간 동안 테니스를 치고 있다(play).

유형 2 | 문장 고치기 기본

B 문법상 잘못된 동사를 고쳐 쓰시오.

1 She has been interested in music then.

→ _____

2 Has she do her homework?

→ _____

3 When I came, he has left home.

→ _____

4 I couldn't believe he has read my email.

→ _____

5 They have lived in London for 3 years when she visited them.

→ _____

문장 고치기 심화

B 주어진 단락을 읽고 문법상 잘못된 부분을 찾아 고쳐 쓰시오.

| I came to Japan two weeks ago. Keigo, my Japanese friend, picked me up at the airport. I have stay at his house for two weeks. I enjoy my time here so far. |

① _____ → _____

② _____ → _____

조동사

Grammar for 서술형 • 유형별 기본 / 심화 문제 풀기

유형 1 | 빈칸 채우기 기본

A 주어진 단어를 활용하여 빈칸을 채우시오.

touch	be	enter	go	be	practice

1 It _____ warm in winter.
겨울에 따뜻할 리가 없다(can).

2 It _____ warm outside.
밖이 따뜻함에 틀림 없다(must).

3 You _____ back to school.
너는 학교로 돌아가야 한다(should).

4 I _____ every night.
나는 매일 밤 연습해야 한다(must).

5 You _____ anything in this room.
너는 이 방의 어떤 것도 손대지 않는 게 낫다(had better).

유형 2 | 배열하기 기본

B 주어진 단어들을 배열하여 문장을 완성하시오.

1 He _____ .
(tried, may, many times, to call, have)

2 I _____ .
(have, not, said, that, should)

3 She _____ .
(have, used to, long hair)

4 You _____ .
(not, tell, her, should, a lie)

5 It _____ .
(must, rained, then, have)

빈칸 채우기 심화

A 주어진 단어를 활용하여 빈칸을 채우시오.

bring	go	wear	listen

1 should

You _____ to my advice.
너는 내 충고를 들어야 한다.

You _____ to my advice.
너는 내 충고를 들었어야 했다.

2 used to

I _____ the uniform.
나는 그 유니폼을 가져오곤 했다.

I _____ the uniform.
나는 그 유니폼을 입는 것에 익숙하다.

3 must

You _____ to his party.
너는 그의 파티에 가야 한다.

You _____ to his party.
너는 그의 파티에 갔었음에 틀림 없다.

배열하기 심화

B 주어진 단어들을 배열하여 문장을 완성하시오.

Mina was absent yesterday. And she was late today. (been, she, must, have, sick) She looked pale. I think (should, she, to, go, the doctor)

① _____

② _____

수동태

Grammar for 서술형 · 유형별 기본 / 심화 문제 풀기

유형 1 | 빈칸 채우기 기본

A 주어진 단어를 활용하여 빈칸을 채우시오.

> protect   build   use   deliver

1 We _____ the book in the class.
우리는 그 책을 수업 시간에 쓴다.

The book _____ in the class.
그 책은 수업 시간에 쓰인다.

2 Wild animals _____ by many people.
야생 동물들은 많은 사람들에 의해 보호받는다.

Many people _____ .
많은 사람들이 야생 동물들을 보호한다.

3 The building _____ in 1930.
그 건물은 1930년에 지어졌다.

The building _____ for 3 years.
그 건물은 3년째 지어지고 있다.

유형 2 | 문장 고치기 기본

B 문법상 잘못된 동사를 고쳐 쓰시오.

1 These pictures was taken by my mother.

→ _____

2 The item is invented in Korea 20 years ago.

→ _____

3 Shelters aren't be damaged by floods.

→ _____

4 The car hasn't examined regularly.

→ _____

배열하기 심화

A 주어진 단어들을 배열하고 우리말을 쓰시오.

1 taught, by my teacher, weren't, they
→ 영문장: _____
→ 우리말: _____

2 by mistakes, many accidents, caused, were
→ 영문장: _____
→ 우리말: _____

3 by this machine, the paper, copied, is not,
→ 영문장: _____
→ 우리말: _____

4 a car, by policemen, stopped, is, ?
→ 영문장: _____
→ 우리말: _____

문장 고치기 심화

B 주어진 단락을 읽고 문법상 잘못된 부분을 찾아 고쳐 쓰시오.

> Did Thomas Edison invent the first light bulb? Yes and no. In 1800, the first electric light invented by Humphry Davy, but Edison credited with inventing the first long-lasting light bulb.

① _____ → _____

② _____ → _____

to부정사/동명사

Grammar for 서술형 · 유형별 기본 / 심화 문제 풀기

유형 1 | 배열하기 기본

A 주어진 단어들을 배열하여 문장을 완성하시오.

1 _____ the film.
   (is, to watch, it, interesting)

2 _____ alone.
   (sad, to stay, I am)

3 _____ the contest.
   (smart , to , she, must be, win)

4 _____ many people.
   (need, the car, to carry, I)

5 _____ a car.
   (to get, save, I, money)

배열하기 심화

A 주어진 단어들을 배열하고 우리말을 쓰시오.

1 grew up, the best dancer, she, in the world, to be
   → 영문장: _____
   → 우리말: _____

2 I, to see, at the conference, expected, him
   → 영문장: _____
   → 우리말: _____

3 him, there, talking, is, to, again, no use
   → 영문장: _____
   → 우리말: _____

4 the table, she, to move, enough, is, strong
   → 영문장: _____
   → 우리말: _____

유형 2 | 문장 고치기 기본

B 문법상 잘못된 부분을 고쳐 쓰시오.

1 It is urgent to hired someone.
→ _____

2 I plan provide the information.
→ _____

3 His job is edit books.
→ _____

4 You have something to asking me.
→ _____

5 Her advice is make a budget.
→ _____

문장 고치기 심화

B 주어진 단락을 읽고 동명사 문법상 잘못된 두 부분을 찾아 고쳐 쓰시오.

> I like writing. Write poems is interesting.
> I enjoy to keep a diary, too. What do you
> like to do?

① _____ → _____

② _____ → _____

분사 Grammar for 서술형·유형별 기본 / 심화 문제 풀기

유형 1 │ 문장 쓰기 기본

A 주어진 단어를 활용하여 문장을 완성하시오.

excite surprise bore touch confuse

1 I _____ .
   나는 감동 받는다.

2 The question _____ .
   그 질문은 혼란스럽다.

3 The news _____ .
   그 소식은 놀라게 만든다.

4 The game _____ .
   그 게임은 흥미롭다.

5 I _____ .
   나는 매우 지루했다.

문장 쓰기 심화

A 우리말에 맞도록 문장을 완성하시오.

1 Your story _____ .
   네 이야기는 충격적이다.

   You _____ .
   너는 충격 받는다.

2 We _____ .
   우리는 만족한다.

   The service _____ .
   그 서비스는 만족스럽다.

3 The class _____ .
   그 수업은 지루하다.

   I _____ .
   나는 지루하다.

유형 2 │ 문장 고치기 기본

B 문법상 잘못된 부분을 고쳐 쓰시오.

1 The worked man is my dad.
→ _____

2 I see the stand lady.
→ _____

3 We had dinner cooking by my mom.
→ _____

4 My grandfather is fished.
→ _____

5 I see Jacob to eating the sandwiches.
→ _____

문장 고치기 심화

B 우리말 풀이가 잘못된 부분을 고쳐 쓰시오

1 Nobody having arrived, he was alone at home.
   그는 도착한 채로 혼자 집에 있었다.
→ _____

2 Taking a shower, he put on a new shirt.
   그는 샤워를 하는 동안 새 셔츠를 입었다.
→ _____

3 Coming to the party, you'll have a lot of fun.
   네가 파티에 올지라도 너는 아주 재미있을 거야.
→ _____

4 I listened to music with my eyes closed.
   나는 눈을 감았기 때문에 음악을 들었다.
→ _____

접속사 Grammar for 서술형·유형별 기본 / 심화 문제 풀기

유형 1 | 문장 쓰기 기본

A 주어진 단어를 활용하여 문장을 완성하시오.

1 나는 일을 마치자마자 집에 갈 것이다. (finish work)
→ _____, I'll go home.

2 그녀가 친절하기 때문에 나는 그녀를 좋아한다. (kind)
→ _____, I like her.

3 나는 잠을 더 자기 위해 아침을 먹지 않는다. (sleep more)
→ I don't eat breakfast _____.

4 네가 원하는 게 아니라면 올 필요는 없다. (want to)
→ You don't need to come _____.

5 그녀는 부유하지만 열심히 일한다. (rich)
→ _____, she works very hard.

문장 쓰기 심화

A 주어진 단어를 이용해 문장을 쓰시오.

1 그는 잘생겼을 뿐만 아니라 친절하다. (not only)
→ _____

2 나는 고기도 치킨도 좋아하지 않는다. (neither)
→ _____

3 그 또는 내가 그녀를 돌보아야 한다. (either)
→ _____

4 축구와 야구 모두 한국에서 인기 있다. (both)
→ _____

5 나는 사과와 달걀 둘 다 먹을 것이다. (both)
→ _____

유형 2 | 문장 고치기 기본

B 문법상 잘못된 부분을 고쳐 쓰시오.

1 Before she goes to a park, she takes her camera.
그녀는 공원에 갈 때, 그녀의 카메라를 가져간다.

→ _____

2 While he wins a game, he always calls his parents. 그는 경기를 이긴 후에, 그의 부모님에게 항상 전화를 한다.

→ _____

3 Unless you see something strange at the station, call the police. 네가 역에서 이상한 것을 본다면, 경찰에 신고해라.

→ _____

문장 고치기 심화

B 주어진 단락을 읽고 밑줄 친 잘못된 부분을 바르게 고쳐 쓰시오.

Unless(~한다면) you want a bacon-and-egg sandwich for dinner, you need buns, not sliced bread. When(~하더라도) breakfast sandwiches are usually served hot, don't feel like you can't eat them cold.

① _____ → _____

② _____ → _____

관계사

Grammar for 서술형 · 유형별 기본 / 심화 문제 풀기

유형 1 | 배열하기 기본

A 주어진 단어들을 배열하여 문장을 완성하시오.

1 I found _____ .
   (lives, who, alone, a boy)

2 We'll take _____ .
   (leaves, the train, in one hour, which)

3 This is _____ .
   (I've, the best car, ever, that, seen)

4 This is _____ .
   (I've, been, what, looking for)

5 I remember _____ .
   (when, the day, first met, we)

6 Now you know _____ .
   (why, don't like, I, spiders, the reason)

배열하기 심화

A 주어진 단어들을 배열하여 문장을 완성하고 우리말을 쓰시오.

1 which, a dress, was, bought, very expensive
   → 영문장: I _____
   → 우리말: _____

2 made, which, my mom, dinner, had
   → 영문장: I _____
   → 우리말: _____

3 killed, was, many people, an earthquake, which
   → 영문장: There _____
   → 우리말: _____

4 which, a text message, was, received,
   from my mom
   → 영문장: I _____
   → 우리말: _____

유형 2 | 문장 고치기 기본

B 문법상 잘못된 부분을 고쳐 쓰시오.

1 There is a concert hall, is which huge.
   → _____

2 I stay at the place when we met.
   → _____

3 I don't know the reason how you are upset.
   → _____

4 Seoul is the city why I was born.
   → _____

문장 고치기 심화

B 주어진 단락을 읽고 문법상 잘못된 두 부분을 찾아 고쳐 쓰시오.

> I like the girl which he knows. She is good at taking photographs. I looked at a photograph who she took. It was amazing.

① _____ → _____

② _____ → _____

가정법/비교구문

Grammar for 서술형·유형별 기본 / 심화 문제 풀기

유형 1 | 문장 쓰기 기본

A 주어진 단어를 활용하여 문장을 완성하시오.

> hot　smart　tall　expensive　wide　poor

1 That hat is _____ other items.
이 모자는 다른 것보다 더 비싸다.

2 She is _____ John.
그녀는 John보다 키가 더 크다.

3 This is _____ window in this house.
이것은 이 집에서 다른 어느 창문보다 더 넓다.

4 This is _____ area in Seoul.
이곳이 서울에서 가장 빈곤한 지역이다.

5 Summer is _____ of the four seasons.
여름은 4계절 중 가장 덥다.

문장 쓰기 심화

A 주어진 단어를 활용하여 문장을 완성하시오.

1 If I had a car, _____.
만약 내가 차가 있다면, 너에게 빌려줄 텐데.

2 If he _____, _____.
그가 떠났다면, 나는 외로웠을지도 모른다.

3 I wish I _____.
내가 그의 조언을 들었다면 좋았을 텐데.

4 If I _____, _____.
내가 그녀를 보았더라면 너에게 말했을 텐데.

5 I wish _____.
네가 우리와 함께 여기에 있다면 좋을 텐데.

유형 2 | 문장 고치기 기본

B 문법상 잘못된 부분을 고쳐 쓰시오.

1 If I lived on the island, I could have go swimming every day. 만약 내가 그 섬에 산다면, 매일 수영하러 갈 수 있을 텐데.

→ _____

2 If I had been cheerful, I might have have many friends.
만약 내가 밝은 성격이었다면, 많은 친구들이 있었을지도 모를 텐데.

→ _____

3 He is smarter than student in this school.
그는 이 학교에서 다른 어느 학생보다 더 똑똑하다.

→ _____

문장 고치기 심화

B 주어진 단락을 읽고 문법상 잘못된 부분을 찾아 바르게 고쳐 쓰시오.

> When is your birthday? If I knew your birthday, I could have bought you a gift. If I had had enough money, I could buy you a cellphone.

① _____ → _____

② _____ → _____

일치/화법/특수구문

Grammar for 서술형 · 유형별 기본 / 심화 문제 풀기

유형 1 | 문장 쓰기 기본

A 괄호 안의 지시에 따라 문장을 바꿔 쓰시오.

1 He said, "I want to learn Spanish."
→ (간접화법) _____

2 I said to him, "Did you enjoy the movie?"
→ (간접화법) _____

3 This is the car that I want to buy.
→ (명사 강조) _____

4 He enjoyed playing with his dog yesterday.
→ (동사 강조) _____

5 Every room in the hotel was reserved.
→ (주어 Many rooms로) _____

6 A number of tourists come to Korea.
→ (주어 Everybody로) _____

배열하기 심화

A 주어진 단어들을 배열하고 우리말을 쓰시오.

1 was, at 9 sharp, I woke her, up, that, it
→ 영문장: _____
→ 우리말: _____

2 she, me, how, it, asked, found, I
→ 영문장: _____
→ 우리말: _____

3 the number of, is, students, decreasing
→ 영문장: _____
→ 우리말: _____

4 a number of, come, to, tourists, Korea
→ 영문장: _____
→ 우리말: _____

유형 2 | 문장 고치기 기본

B 문법상 잘못된 부분을 고쳐 쓰시오.

1 Do you know that they are doing?
너는 그들이 무엇을 하고 있는지 알고 있니?

→ _____

2 She asked him that he could give her a ride.
그녀는 차를 태워줄 수 있는지 그에게 물었다.

→ _____

3 Some of the water have evaporated.
물의 일부가 증발했다.

→ _____

문장 고치기 심화

B 주어진 단락을 읽고 문법상 잘못된 부분을 찾아 바르게 고쳐 쓰시오.

I want to go shopping. You don't want to go shopping, are you? What about your friends? James and Lindsey don't have enough money, don't they?

① _____ → _____
② _____ → _____

중학 영문법, 쓸 수 있어야 진짜 문법이다!

문법이 쓰기다

정답

PART 01 5형식 — p.2

1. to study
2. to apologize
3. feel
4. to go
5. happen
6. look older
7. my hair cut regularly
8. himself an expert in the field
9. ① hurt ② to see
10. Do you want me to turn down the TV?
11. She asked me to go on a trip with her.
12. I got a pizza delivered last night.
13. me to apply for the dance competition
14. ① to win ② called
15. he come → he will come / I hope (that) he will come back soon.
16. let me to read → let me read / she wouldn't let me read it
17. I advise you to apologize to your sister.
18. had her stop by his office, encouraged her to have an interest in math
19. He made me want to be a good student.
20. I found you solving difficult math problems.

PART 02 시제 — p.4

1. has been reading a book
2. arrived
3. had broken
4. has been open
5. has been crying
6. have had
7. since
8. before
9. for
10. have lived
11. haven't finished
12. have been waiting
13. ① had broken down ② stopped
14. I found my wallet that I had lost in the subway.
15. Have you seen Julie recently?
16. hadn't talked → haven't talked / I haven't talked to her for a while.
17. She has been enjoying her vacation since last week.
18. He has been training for a karate competition next week.
19. I've been trying to persuade them

PART 03 조동사 — p.6

1. should have thought
2. got used to
3. cannot have gone
4. can
5. May/Could
6. ought not to/had better not
7. must go → must have gone / She must have gone to the party.
8. am used to smoke → used to/would smoke / I used to/would smoke
9. I can manage the situation by myself.
10. have
11. We'd (We had) better stop for gas soon
12. I might have left it in the store.
13. everybody was able to escape from the building
14. I might have to leave the party early.
15. should not have gone out alone
16. I should ask somebody for directions.
17. had better repaired → had better repair / I think we had better repair my GPS.
18. You must pack any medication you need. / You shouldn't carry a lot of cash when you go out. / You'd better not keep anything valuable in your backpack.
19. Could you give me some advice?

PART 04 수동태 — p.8

1. was built
2. been sent
3. was stolen
4. with
5. were taught English by them, was taught to the students by them
6. was seen to ride a skateboard
7. was considered a nice worker by us
8. had cancelled → had been cancelled / They were informed that the class had been cancelled.
9. were forced join → were forced to join / We were forced to join the science club.
10. The museum will be crowded with people.
11. Some difficult questions were asked of me.
12. Electricity is believed to be the most important discovery in human history.
13. was asked to be quiet, was forced to leave
14. were complained about → complained about / Some guests complained about him being too loud.

15. He is being chased _____ a dog.
16. The man wasn't allowed to go out late at night.
17. He is said to be generous (by people).
18. ① are dumped into ② been raised
19. should check → should be checked / Your back should be checked by a specialist.
20. You were given a list of exercises

PART 05 to부정사 / 동명사   p.10

1. writing
2. to leave
3. to protect my property
4. in order to/to
5. enough to teach
6. to take
7. to be
8. thinking
9. enough simple → simple enough / The manual was simple enough to understand easily.
10. to making → to make / He must be stupid to make such a joke.
11. I stopped watering the flowers after school.
12. I recommend visiting Universal Studios when you go to California.
13. I awoke to realize that people were around me.
14. Eating too much sugar is not healthy.
15. To be aware of how much sugar you consume per day is important.
16. It is important to exercise regularly.
17. quit try to → quit trying to / I quit trying to persuade him to exercise regularly.
18. of
19. He asked her to volunteer for the community center.
20. I'm busy preparing for the new semester.

PART 06 분사   p.12

1. built
2. driving
3. embarrassing
4. ① wearing ② play/playing
5. Arriving late at night
6. He making jokes
7. (Being) Washed at the wrong temperature
8. A fall tree → A fallen tree / A fallen tree had blocked the road
9. Considered → Considering / Considering it is a tourist attraction
10. Having dinner, we chatted a lot. 또는 While we were having dinner, we chatted a lot.

11. His confusing lesson gave me a headache.
12. Going into the room
13. Turning to the right
14. Looking up, I noticed a girl standing next to me to help me up.
15. She having lost weight, I hardly recognized her.
16. with music playing
17. As he was exhausted by his work, he didn't go there.
18. Not being able to speak English, I had trouble communicating.
19. Hiking trails were washed out by heavy rains.
20. Being considered → Considering / Considering their health conditions, it was a wise choice.

PART 07 접속사   p.14

1. Unless you stop eating too much
2. If you give full attention to your studies
3. As soon as I got off the bus
4. since
5. as
6. although
7. Both, and
8. Neither, nor
9. if → unless / I can help you unless it takes too long.
10. or → and / spam is both annoying and dangerous
11. and → or 또는 Either → Both / Either you or I have to take care of her. 또는 Both you and I have to take care of her.
12. Although it was hot, he was wearing a coat.
13. Since you have been absent for two weeks, you need to take a makeup exam.
14. He has neither knowledge nor understanding of politics.
15. they were not only fast but also convenient
16. either by hand or with a mixer
17. Put it in as soon as the oven reaches the right temperature.
18. Both the music and the visual images easily grab people's attention.
19. ① As ② Although/Even though

PART 08 관계사   p.16

1. what
2. who
3. that
4. when we first met
5. whom she talked about
6. that describes the case

7. why astronauts are weightless in space
8. what belongs to me (what 대신 the things that, the things which도 가능)
9. That skirt is _____ I want to buy this summer.
10. what → that / Dessert is all that he wants.
11. where → when / We will miss the days when you hung out with us.
12. that → which / This book, which I wrote, is now a bestseller.
13. The police officer told me (the reason) why it happened.
14. We need to figure out how it works.
15. I went to see Dr. Brown, who examined me for skin cancer.
16. ① which/that ② why
17. I was just about to express my opinion, and then Matt cut in.
18. what → which(/that) / He introduced a new subject which(/that) ~.
19. I'm looking for a grocery store where I can buy fresh vegetables.
20. No one knows when it will open.

PART 09 가정법 / 비교구문   p.18

1. If I were you
2. Because she didn't study
3. If you had lived a little bit closer
4. warmer and warmer
5. as exciting as
6. stronger than
7. could enjoyed → could have enjoyed / we could have enjoyed it more
8. I could stay longer
9. we could have gotten lost
10. as large as, larger than
11. more   12. had
13. There is nothing more important than health.
14. The more tired you are, the harder it is to concentrate.
15. Child overweight is getting more and more common lately.
16. No other solution is as reasonable as the first one.
17. He is the most famous artist in Korea.
18. If I had time, I could go to the concert.
19. If he had trained harder and more often, he might have become a champion.
20. ① more famous ② greatest

PART 10 일치 / 화법 / 특수구문   p.20

1. Everybody
2. you'll get there on time
3. you'll pay a fine
4. you'll get the video games
5. if/whether it was enough to pay off my debts
6. why she couldn't come
7. not to go out
8. are → is / One hundred dollars is an unreasonable price for the necklace.
9. live → lived / I thought that she lived alone.
10. It was because of her dream that she had left home.
11. Can you tell me if he was late for the meeting?
12. Press the button, and it will be turned on.
13. Dan, Mia
14. It was in the backyard that my neighbor found a baby koala.
15. How on earth did she find a baby koala?
16. Do you know when you can take a vacation?
17. I thought I could go on a vacation this year as I planned.
18. Watch out and slow down
19. It was a deer that walked across the highway

PART 01 5형식 ———————————○ p.23

유형 01 >> 배열하기 기본 A

1 heard him shout
2 watches her children play games
3 hears someone calling his name
4 had him attend the event
5 made her accept the offer
6 lets us imagine situations

유형 01 >> 배열하기 심화 A

1 (문장) I saw a thief run away.
  (우리말) 나는 도둑 한 명이 도망치는 것을 보았다.
2 (문장) I feel someone pushing my back.
  (우리말) 나는 누군가 내 등을 밀고 있는 것을 느낀다.
3 (문장) I heard you cry. (우리말) 나는 네가 우는 것을 들었다.
4 (문장) You make me laugh. (우리말) 너는 나를 웃게 한다.

유형 02 >> 문장 고치기 기본 B

1 quietly → quiet / I kept them quiet.
2 depressing → depressed / The man made her
  depressed.
3 calling → called / I heard my name called.
4 go → to go / She allowed her child to go to the
  party.
5 to apologize → apologize / She made me
  apologize.

유형 02 >> 문장 고치기 심화 B

① do better → to do better / Parents often expect
  their children to do better in school.
② have → to have / They want their children to have a
  better life than they do.

PART 02 시제 ———————————○ p.24

유형 01 >> 빈칸 채우기 기본 A

1 not cleaned 2 lived   3 broke
4 has stayed   5 arrived

유형 01 >> 빈칸 채우기 심화 A

1 lived, have lived
2 has been raining, rained
3 have played, have been playing

유형 02 >> 문장 고치기 기본 B

1 has been → was / She was interested in music
  then.
2 do → done / Has she done her homework?
3 has left → had left / When I came, he had left
  home.
4 has read → had read / I couldn't believe he had
  read my email.
5 have lived → had lived / They had lived in London
  for 3 years when she visited them.

유형 02 >> 문장 고치기 심화 B

① have stay → have stayed / I have stayed at his
  house for two weeks.
② enjoy → have enjoyed / have enjoyed my time here
  so far.

PART 03 조동사 ———————————○ p.25

유형 01 >> 빈칸 채우기 기본 A

1 can't be   2 must be   3 should go
4 must practice
5 had better not touch

유형 01 >> 빈칸 채우기 심화 A

1 should listen, should have listened
2 used to bring, am used to wearing
3 must go, must have gone

유형 02 >> 배열하기 기본 B

1 may have tried to call many times
2 should not have said that
3 used to have long hair
4 should not tell her a lie
5 must have retained then

유형 02 » 배열하기 심화 B

① She must have been sick.
② she should go to the doctor

PART 04 수동태 p.26

유형 01 » 빈칸 채우기 기본 A

1 use, is used
2 are protected, protect wild animals
3 was built, has been built

유형 01 » 배열하기 심화 A

1 (문장) They weren't taught by my teacher.
   (우리말) 그들은 내 선생님에 의해 가르쳐지지 않았다.
2 (문장) Many accidents were caused by mistakes.
   (우리말) 많은 사고들이 실수로 일어났다.
3 (문장) The paper is not copied by this machine.
   (우리말) 그 종이는 이 기계에 의해 복사되지 않는다.
4 (문장) Is a car stopped by policemen?
   (우리말) 차는 경찰들에 의해 멈춰지니?

유형 02 » 문장 고치기 기본 B

1 was → were / These pictures were taken by my mother.
2 is → was / The item was invented in Korea 20 years ago.
3 aren't be → aren't / Shelters aren't damaged by floods.
4 hasn't examined → hasn't been examined / The car hasn't been examined regularly.

유형 02 » 문장 고치기 심화 B

① invented by → was invented by / the first electric light was invented by Humphry Davy
② credited with → is credited with / but Edison is credited with inventing the first long-lasting light bulb

PART 05 to부정사 / 동명사 p.27

유형 01 » 배열하기 기본 A

1 It is interesting to watch
2 I am sad to stay
3 She must be smart to win
4 I need the car to carry
5 I save money to get

유형 01 » 배열하기 심화 A

1 (문장) She grew up to be the best dancer in the world.
   (우리말) 그녀는 자라서 세계 최고의 무용수가 되었다.
2 (문장) I expected to see him at the conference.
   (우리말) 나는 그 회의에서 그를 볼 것을 예상했다.
3 (문장) There is no use talking to him again.
   (우리말) 그에게 다시 이야기해 봤자 소용이 없다.
4 (문장) She is strong enough to move the table.
   (우리말) 그녀는 그 탁자를 옮길 만큼 충분히 힘이 세다.

유형 02 » 문장 고치기 기본 B

1 to hired → to hire / It is urgent to hire someone.
2 provide → to provide / I plan to provide the information.
3 edit → to edit 또는 editing / His job is to edit books. 또는 His job is editing books.
4 to asking → to ask / You have something to ask me.
5 make → to make 또는 making / Her advice is to make a budget. 또는 Her advice is making a budget.

유형 02 » 문장 고치기 심화 B

① Write poems → Writing poems / Writing poems is interesting.
② enjoy to keep → enjoy keeping / I enjoy keeping a diary, too.

PART 06 분사 p.28

유형 01 » 문장 쓰기 기본

1 am touched   2 is confusing   3 is surprising
4 is exciting   5 was very bored

유형 01 » 문장 쓰기 심화 A

1 is shocking, are shocked
2 are satisfied, is satisfying
3 is boring, am bored

유형 02 » 문장 고치기 기본 B

1 worked → working / The working man is my dad.
2 stand → standing / I see the standing lady.
3 cooking → cooked / We had dinner cooked by my mom.
4 fished → fishing / My grandfather is fishing.
5 to eating → eat(ing) / I see Jacob eat(ing) the sandwiches.

유형 02 » 문장 고치기 심화

1 그는 도착한 채로 → 아무도 도착하지 않아서
2 그는 샤워를 하는 동안 → 그는 샤워를 하고 나서
3 네가 파티에 올지라도 → 네가 파티에 온다면
4 나는 눈을 감았기 때문에 → 나는 눈을 감은 채로

PART 07 접속사   p.29

유형 01 » 문장 쓰기 기본 A

1 As soon as I finish work
2 Because she is kind (as, since도 가능)
3 so that I can sleep more
4 unless you want to
5 Although she is rich

유형 01 » 문장 쓰기 심화 A

1 He is not only handsome but also kind.
2 I like neither meat nor chicken.
3 Either he or I have to take care of her.
4 Both baseball and soccer are popular in Korea.
5 I'm going to have both apples and eggs.

유형 02 » 문장 고치기 기본 B

1 Before → When / When she goes to a park, she takes her camera.
2 While → After / After he wins a game, he always calls his parents.
3 Unless → If / If you see something strange at the station, call the police.

유형 02 » 문장 고치기 심화 B

① Unless → If   ② When → Although/Even though

PART 08 관계사   p.30

유형 01 » 배열하기 기본 A

1 a boy who lives alone
2 the train which leaves in one hour
3 the best car that I've ever seen
4 what I've been looking for
5 the day when we first met
6 the reason why I don't like spiders

유형 01 » 배열하기 심화 A

1 (문장) bought a dress which was very expensive
   (우리말) 나는 매우 비싼 드레스를 샀다.
2 (문장) had dinner which my mom made
   (우리말) 나는 우리 엄마가 만든 저녁을 먹었다.
3 (문장) was an earthquake which killed many people
   (우리말) 많은 사람들을 죽게 한 지진이 있었다.
4 (문장) received a text message which was from my mom
   (우리말) 나는 우리 엄마에게서 온 문자 메시지를 받았다.

유형 02 » 문장 고치기 기본 B

1 is which → which is / There is a concert hall, which is huge.
2 when → where / I stay at the place where we met.
3 how → why / I don't know the reason why you are upset.
4 why → where / Seoul is the city where I was born.

유형 02 » 문장 고치기 심화 B

① which he knows → whom he knows / I like the girl whom he knows.
② who she took → which(/that) she took / I looked at a photograph which(/that) she took.

PART 09 가정법 / 비교구문
p.31

유형 01 » 문장 쓰기 기본 A

1 more expensive than
2 taller than
3 wider than any other
4 the poorest
5 the hottest

유형 01 » 문장 쓰기 심화 A

1 I would lend it to you
2 had left, I might have felt lonely
3 had listened to his advice
4 had seen her, I would have told you
5 you were here with us

유형 02 » 문장 고치기 기본 B

1 could have go → could go / If I lived on the island, I could go swimming every day.
2 might have have → might have had / If I had been cheerful, I might have had many friends.
3 student → any other student / He is smarter than any other student in this school.

유형 02 » 문장 고치기 심화 B

① could have bought → could buy / I could buy you a gift
② had had → had / If I had enough money

2 (문장) She asked me how I found it.
  (우리말) 그녀는 내가 그것을 어떻게 찾았는지 물었다.
3 (문장) The number of students is decreasing.
  (우리말) 학생들의 수가 감소하고 있다.
4 (문장) A number of tourists come to Korea.
  (우리말) 많은 여행객이 한국에 온다.

유형 02 » 문장 고치기 기본 B

1 that → what / Do you know what they are doing?
2 that → if(/whether) / She asked him if(/whether) he could give her a ride.
3 have → has / Some of the water has evaporated.

유형 02 » 문장 고치기 심화 B

① are you? → do you? / You don't want to go shopping, do you?
② don't they? → do they? / James and Lindsey don't have enough money, do they?

PART 10 일치 / 화법 / 특수 구문
p.32

유형 01 » 문장 쓰기 기본 A

1 He said he wanted to learn Spanish.
2 I asked him if/whether he had enjoyed the movie.
3 This is the very car that I want to buy.
4 He did enjoy playing with his dog yesterday.
5 Many rooms in the hotel were reserved.
6 Everybody comes to Korea.

유형 01 » 배열하기 심화 A

1 (문장) It was at 9 sharp that I woke her up.
  (우리말) 내가 그녀를 깨운 것은 바로 9시 정각이었다.

중학 영문법, 쓸 수 있어야 진짜 문법이다!

문법이 쓰기다

실전력 100% 서술형 문제

교육 R&D에 앞서가는
 키출판사

중학 영문법, 쓸 수 있어야 진짜 문법이다!

문법이 쓰기다

정답 및 해설 3 학년

교육 R&D에 앞서가는

키출판사

중학 영문법, 쓸 수 있어야 진짜 문법이다!

문법이 쓰기다

정답 및 해설

UNIT 01 5형식 I

STEP 01   p.13

❶ 필요 없음   ❷ her   ❸ them
❹ 필요 없음   ❺ 필요 없음   ❻ him

❶ a doctor   ❷ famous   ❸ a lazy girl
❹ lazy   ❺ an artist   ❻ honest

STEP 02   p.14

❶ his dog quiet / quiet
❷ better / her happy
❸ honest / a captain
❹ brilliant / a brilliant boy
❺ a class president / sad
❻ clever / hard workers
❼ great / my student

STEP 03   p.15

❶ I keep my room clean.
❷ They left me alone.
❸ People call her an angel.
❹ He found the movie impressive.
❺ We considered him our leader.
❻ She made him very upset on the bus.
❼ He made my birthday perfect.

> ❸ call은 5형식에서 사용될 때 목적격보어로 목적어와 동격인 명사(an angel)를 취할 수 있다. 이 동사는 1형식과 3형식에서도 사용되기 때문에 의미를 구별해 사용한다.
> ❼ 5형식은 목적격보어로 부사를 취할 수 없기 때문에 우리말이 '완벽하게'일지라도 부사(perfectly)가 아닌 형용사(perfect)를 취한다.

서술형 끝내기   p.16

서술형 유형 기본

❶ I kept them quiet.
❷ I made him angry.
❸ I found her lazy.
❹ I made my son famous.
❺ I considered you an artist.

서술형 유형 심화 1

❶ I feel better.
❷ The man made her depressed.
❸ I consider him a captain.
❹ It made me sad.

서술형 유형 심화 2

❶ They painted the museum red purposely.
❷ I keep my room clean.
❸ They left me alone.
❹ People call her an angel.
❺ He found the movie impressive.
❻ We considered him our leader.
❼ She made him very upset on the bus.
❽ He made my birthday perfect.

UNIT 02 5형식 II

STEP 01   p.19

❶ come   ❷ to come   ❸ leave
❹ to leave   ❺ sing   ❻ to sing

❶ repaired   ❷ repairing   ❸ driving
❹ flying   ❺ turned   ❻ sitting

STEP 02   p.20

❶ go / to go   ❷ send / to send
❸ check / to check   ❹ take / to take
❺ apologize / to apologize
❻ called / calling   ❼ finish / finished

STEP 03   p.21

❶ go → to go / She allowed me to go out.
❷ find → to find / He advised me to find a new job.
❸ run → to run / The bear forced them to run.
❹ to play → play / He let the children play the computer game.
❺ to feed → feed / She made me feed the tiger.
❻ steal → stolen / I found my wallet stolen.
❼ hurting → hurt / I found my leg seriously hurt.

❶~❸ allow, advise, force는 모두 to부정사를 목적격보어로 취하는 동사이다.
❻❼ 목적어와 목적격보어가 수동 관계이므로 과거분사를 사용한다.

서술형 끝내기 ○————————————— p.22

서술형 유형 기본

❶ I asked him to come in.
❷ I made him leave early.
❸ I wanted him to sing.
❹ I found the car repaired.

서술형 유형 심화 1

❶ She let her child go to the party.
❷ Zoe advised me to take the medicine.
❸ She persuaded me to apologize.
❹ I have to get it finished by tonight.

서술형 유형 심화 2

❶ He persuaded me to forgive her.
❷ She allowed me to go out.
❸ He advised me to find a new job.
❹ The bear forced them to run.
❺ He let the children play the computer game.
❻ She made me feed the tiger.
❼ I found my wallet stolen.
❽ I found my leg seriously hurt.

UNIT 03 ▸ 여러 가지 쓰임의 동사

STEP 01 ○————————————— p.25

❶ laugh ❷ happy ❸ fix
❹ to fix ❺ fixed ❻ calling

❶ want ❷ told ❸ waited
❹ expected ❺ hope

STEP 02 ○————————————— p.26

❶ I encouraged her to try again.
　나는 그녀가 다시 시도하도록 격려했다.
❷ The incident made him popular.
　그 사건은 그를 인기 있게 만들었다.

❸ I heard you sing beautifully.
　나는 네가 아름답게 노래하는 것을 들었다.
❹ They expect me to succeed.
　그들은 내가 성공하기를 기대한다.
❺ I had him stop by my office yesterday.
　나는 어제 그를 내 사무실에 늘르도록 했다.
❻ My teacher encouraged me to have an interest in math.
　나의 선생님은 내가 수학에 흥미를 갖도록 격려했다.
❼ I required him to be present.
　나는 그가 출석하도록 요구했다.

STEP 03 ○————————————— p.27

❶ He asked me to come over to his house.
❷ You made me want to be a better person.
❸ The pollution made the air quality poorer.
❹ I got my secretary to answer the phone.
❺ She allowed us to take a vacation.
❻ I got my ankle sprained while playing outside.
❼ I hope that he will win the race.

❶❺ 동사 ask와 allow는 목적격보어로 to부정사를 취한다.
❷ 동사 make는 목적격보어로 동사원형을 취한다.
❹ 동사 get은 목적어가 사람일 때 목적격보어로 to부정사를 취한다.
❼ 동사 hope는 5형식 동사로 착각하기 쉬운 동사로 I hope him win the race.와 같이 5형식 문장으로 쓸 수 없다.

서술형 끝내기 ○————————————— p.28

서술형 유형 기본

❶ I had him fix the chair.
❷ I got the chair fixed.
❸ I want you to visit him.
❹ He waited for you to visit him.

서술형 유형 심화 1

❶ I encouraged her to try again.
❷ The incident made him popular.
❸ They expect me to succeed.
❹ I required him to be present.

서술형 유형 심화 2

❶ I had the students study hard.
❷ He asked me to come over to his house.
❸ You made me want to be a better person.
❹ The pollution made the air quality poorer.

⑤ I got my secretary to answer the phone.
⑥ She allowed us to take a vacation.
⑦ I got my ankle sprained while playing outside.
⑧ I hope that he will win the race.

내신대비 **실전 TEST**   p.30

1. ③   2. ①   3. ②   4. ④   5. ④   6. ①
7. ④   8. ②   9. ②   10. ③   11. ⑤
12. ②   13. I noticed him staring at me.
14. me to apply for dance competition
15. considers himself an expert
16. ⓐ promise ⓑ to read ⓒ to apologize

1. 두 문장은 모두 5형식으로 보어는 목적어인 명사를 꾸며
   주는 역할을 하는 형용사를 사용한다.
   ■ 나는 항상 내 방을 깨끗하게 유지한다.
   ■ 나는 나 자신이 깨끗하다고 생각한다.

2. advise와 ask는 권유, 요청의 의미를 가진 동사이다. 목적
   격보어로 to부정사를 취한다.
   ■ 그는 나에게 다이어트를 하라고 조언했다.
   ■ 그녀는 나에게 그녀와 함께 여행을 가자고 물어봤다.

3. 두 문장 모두 5형식으로 목적격보어로 to부정사를 취하고
   있다. ①③④⑤는 모두 동사원형을 목적격보어로 취하는
   동사이다.
   ■ 우리는 네가 정각에 도착할 것으로 예상한다.
   ■ 나는 네가 다음 주까지 그 프로젝트를 끝낼 것으로 예상
     한다.

4. make는 목적격보어로 동사원형을 취한다
   ■ 그는 안경을 썼을 때 나이 들어 보인다.
     = 안경은 그를 나이 들어 보이게 만든다.

5. let은 목적격보어로 동사원형을 취하고 want는 목적격보
   어로 to부정사를 취한다.
   ■ 내가 가능한 한 빨리 너에게 알려줄 것이다.
   ■ 나는 네가 빨래를 하기를 원한다.

6. 동사 get은 [get + 사물 + 과거분사] 형태를 가지기 때문
   에 과거분사인 cut을 취하고, 동사 have는 [have + 사람
   + 동사원형]의 형태를 가진다.
   ■ 나는 정기적으로 머리를 자른다.
   ■ 나는 내 동생에게 바닥을 쓸고 닦게 했다.

7. 동사 get 뒤의 목적어가 사물이기 때문에 목적격보어로 과
   거분사인 ④ delivered를 사용한다.

8. 사역동사 help는 목적격보어로 동사원형 또는 to부정사의
   형태를 가진다.

9. 지각동사가 아닌 일반동사가 있는 5형식의 목적어와 목적
   격보어의 관계가 능동일 경우 목적격보어로 현재분사를
   취한다.

10. 두 문장을 합치면 [주어 + see + 목적어 + 목적격보어]
    구조의 5형식 문장이 만들어진다. see는 지각동사로 동
    사원형을 목적격보어를 취할 수 있다.
    ■ 자동차 사고가 일어났다. / 나는 자동차 사고를 보았다.

11. ①②③④의 동사는 모두 to부정사 형태의 목적격보어를
    취하지만 ⑤번 문장의 동사 make는 목적격보어로 동사
    원형을 취한다.
    ① 너는 내가 TV 소리를 줄이길 원하니?
    ② 그녀는 내가 혼자 가게 허락하지 않을 것이다.
    ③ 너는 내가 사과하도록 강요했다.
    ④ 그는 나에게 그것들을 조립해 달라고 부탁했다.
    ⑤ 그것은 나를 불안하게 느끼게 만들었다.

12. suggest는 5형식 문장에서 사용할 수 없다.
    ② He suggested me to ask you for advice.
    → He suggested that I ask you for advice.
    ① 따뜻한 날씨는 나를 편안하게 느끼게 만든다.
    ② 그는 내가 너에게 조언을 구해야 한다고 제안했다.
    ③ 그녀의 부모님은 그녀가 밤새 깨어있게 내버려 두지
      않을 것이다.
    ④ 나는 그녀가 벽에서 떨어지는 것을 보았다.
    ⑤ 이 테이블을 옮기는 걸 도와주실 수 있나요?

13. '~를 빤히 쳐다보다'는 [stare at + 대상(목적어)]이다.
    notice는 지각동사로 동사원형 형태의 목적격보어를 사
    용하지만 목적어의 동작이 진행 중임을 강조할 때는 현재
    분사를 사용한다.

14. persuade는 설득을 의미하는 5형식 동사로 to부정사를
    목적격보어로 취한다.
    ■ 처음에 나는 댄스 경연 대회에 지원하고 싶지 않았지
      만, Jesse가 나를 설득 했다.
    ■ Jesse가 내게 댄스 경연 대회에 지원하라고 설득했다.

15. 5형식 문장으로 명사를 목적격보어로 취할 수 있으며,
    목적격보어인 an expert와 목적어 himself는 동격 관계
    이다.

16. 각 빈칸이 포함되어 있는 문장을 살펴보면, [make + 목
    적어 + 동사원형]과 [advise, allow + 목적어 + to부정
    사]에 유의해 목적격보어의 알맞은 형태를 쓸 수 있다.
    ■ A: 나 곤경에 처했어. 우리 언니가 이메일은 사적인 것
      이라 말했고 그녀는 내가 읽지 못하게 했어.
      그리고 그녀는 내가 그것을 읽지 않겠다는 ⓐ약속을
      하게 만들었어. 그런데 난 그냥 궁금했어. 그녀는
      내가 그녀의 이메일을 읽는 것을 봤어.
    ■ B: 그녀는 그녀의 이메일을 어느 누구도 ⓑ읽도록 허락
      하지 않을 거야 왜냐하면 그건 (그녀의) 사생활이잖
      아. 나는 네가 언니에게 ⓒ사과하기를 조언할게.

UNIT 01 현재완료시제

STEP 01 p.35

❶ arrived   ❷ have stayed
❸ visited   ❹ have visited
❺ have lived   ❻ have known

❶ have not cleaned   ❷ Have they done
❸ Has she been   ❹ haven't been
❺ have you

STEP 02 p.36

❶ have met / met
❷ broken / broke
❸ has waited / waited
❹ have been / was
❺ Have you seen / Did you see
❻ eaten / eat
❼ not arrived / arrived

STEP 03 p.37

❶ I have lived in London for 5 years.
❷ I have been outside to get some fresh air.
❸ I have studied math for 10 hours.
❹ I have not cleaned my room in months.
❺ I have practiced the violin every day for 5 years.
❻ Yes, I have seen the movie 20 times.
❼ I haven't finished my homework yet.

> ❶ 과거에서 현재까지 지속된 일을 표현하는 현재완료시제(계속)
>   를 사용한다.
> ❸ 현재에 영향을 미치는 과거의 일을 표현하는 현재완료시제(결
>   과)를 사용한다.
> ❻ 과거에서 현재까지 경험을 표현할 때 현재완료시제를 사용한다.
> ❼ 현재완료시제의 부정문 형태는 [have not + 과거분사]이다.

서술형 끝내기 p.38

서술형 유형 기본

❶ I have stayed at the hotel since last week.
❷ I visited France last summer.
❸ Has she been to Japan?
❹ I haven't been to Europe before.

서술형 유형 심화 1

❶ I have met the musician once.
❷ She has waited for me for 3 hours.
❸ I have been interested in music since I was young.
❹ Have you ever eaten pasta before?

서술형 유형 심화 2

❶ I have never traveled abroad before.
❷ I have lived in London for 5 years.
❸ I have been outside to get some fresh air.
❹ I have studied math for 10 hours.
❺ I have not cleaned my room in months.
❻ I have practiced the violin every day for 5 years.
❼ I have seen the movie 20 times.
❽ I haven't finished my homework yet.

UNIT 02 과거완료시제

STEP 01 p.41

❶ washed   ❷ had washed   ❸ left
❹ had left   ❺ came   ❻ had come

❶ before   ❷ after   ❸ before
❹ After   ❺ Before

STEP 02 p.42

❶ lost / had given
❷ was / had met
❸ had / finished / came
❹ remember / had said
❺ missed / had woken
❻ had been / got
❼ had lived / visited

STEP 03 p.43

❶ his family had already eaten dinner
❷ she had walked for two hours
❸ you had bought the car from him
❹ I had lost in the subway
❺ I had seen before

⑥ I had not studied hard
⑦ I had left my coat somewhere

❶ 저녁을 먹은 것이 먼저 일어난 상황이므로 과거완료시제를 사용한다. 부사 already는 had와 과거분사 사이에 위치한다.
⑥ 과거완료시제의 부정문의 형태는 [had not + 과거분사]이다.

서술형 끝내기 ○————————— p.44

서술형 유형 기본

① When I came, you had left home.
② I can't believe he came back.
③ I couldn't believe he had come back.
④ I had left home before you phoned me.
⑤ After I had cleaned my house, he came.

서술형 유형 심화 1

① She lost the ring that he had given to her.
② I was sure that I had met her before.
③ When I came back to see him, he had already gone.
④ I missed the bus because I had woken up late.

서술형 유형 심화 2

① The bus had already left when I went to the bus stop.
② When he arrived home, his family had already eaten dinner.
③ She was exhausted because she had walked for two hours.
④ You told me that you had bought the car from him.
⑤ I found my wallet that I had lost in the subway.
⑥ I talked about the show that I had seen before.
⑦ I couldn't do well on the test because I had not studied hard.
⑧ Yesterday I realized that I had left my coat somewhere.

UNIT 03 현재완료진행시제

STEP 01 ○————————— p.47

① have cleaned
② have been cleaning
③ has worked
④ has been working
⑤ have gotten
⑥ have been getting

① visited
② came
③ has lived
④ have been wanting
⑤ arrived

STEP 02 ○————————— p.48

① have waited / have been waiting
② has fixed / has been fixing
③ have painted / have been painting
④ has hidden / has been hiding
⑤ has slept / has been sleeping
⑥ has / done / has been doing
⑦ have prepared / have been preparing

STEP 03 ○————————— p.49

① He has been watching TV for two hours.
② The baby has been crying for an hour.
③ I have been thinking about you.
④ We have been enjoying our vacation since last week.
⑤ It has been snowing since yesterday.
⑥ I have been studying English for three hours / since 3 p.m.
⑦ We have been playing outside for two hours.

❷ 한 시간 전에 시작된 아기의 울음이 현재까지 지속되고 있는 상태이므로 현재완료진행시제를 사용한다.
⑥ 오후 3시에 시작한 영어공부가 오후 6시 현재까지 세 시간 동안 진행되고 있는 상태이므로 for 3 hours(세 시간 동안)나 since 3 p.m.(오후 3시부터)으로 표현할 수 있다.
*또는 for 3 hours since 3 p.m. (오후 3시부터 세 시간 동안) 역시 맞는 표현이다.

서술형 끝내기 ○————————— p.50

서술형 유형 기본

① I have been cleaning for three hours.
② He has been working for 12 hours.
③ I visited China last week.
④ He has lived in London since 2013.
⑤ I have been wanting to do it for years.

서술형 유형 심화 1

① He has been fixing my computer for an hour.
② She has just done her homework.
③ He has been sleeping for hours.
④ We have been preparing for the party since last week.

서술형 유형 심화 2

❶ I have been waiting for him since this morning.
❷ He watched TV.
❸ The baby has cried for an hour.
❹ I have been thinking about you.
❺ We have enjoyed our vacation.
❻ It has been snowing since yesterday.
❼ I studied English.
❽ We have been playing outside for two hours.

내신대비 실전 TEST
p.52

1. ④ 2. ⑤ 3. ③ 4. ② 5. ② 6. ④
7. ③ 8. ① 9. ② 10. ② 11. ④
12. I have never attended any live performance.
13. has been sleeping 14. had broken into
the office 15. ⓐ have been training ⓑ been
trying to persuade ⓒ already scheduled

1. 현재완료시제가 완료의 뜻으로 쓰일 때 함께 쓰이는 표현
중에 yet은 '아직(until now)'이라는 의미로 부정문과 의문
문에 쓰인다.
   ■ 비가 아직 그치지 않았다.
   ■ 나는 아직 이메일을 체크하지 않았다.

2. 두 문장의 문맥상 모두 현재완료시제로 '완료(완성)하다'의
의미를 지닌 complete의 과거분사 형태인 ⑤ completed
가 적합하다.
   ■ 나는 지금 막 과제를 완료했다.
   ■ 그 연구는 성공적으로 완료되었다.

3. 두 문장은 과거부터 현재까지의 계속과 경험을 나타내는
현재완료시제이다. eat의 과거분사인 eaten, drive의 과
거분사인 driven을 사용한다.
   ■ 나는 오늘 아침 이래로 아무것도 먹지 않았다.
   ■ 나는 한 번도 차를 운전해 본 적이 없다.

4. 현재완료시제 문장은 여러 가지 표현들을 함께 사용하는
경우가 많다. 경험을 나타내는 '~ 한 적은 없다'라는 표현
에서는 never를 사용하고 '~부터'라는 뜻으로 뒤에 시간
(시점)이 나올 경우 since를 사용할 수 있다.
   ■ 나는 완전히 혼자서 여행을 해본 적은 없다.
   ■ Joe는 오전 10시부터 차를 고치고 있는 중이다.

5. 첫 번째 문장은 단순과거시제이고, 두 번째 문장은 과거의
특정한 시점을 기준으로 그 전에 일어난 사건을 말할 때
쓰이는 과거완료시제로 [had + 과거분사] 형태이다.
   ■ 휴가를 취소해야만 했을 때 나는 실망했다.
   ■ 그는 한번도 비행기를 타본 적이 없었기 때문에 긴장했다.

6. 과거에 본 차가 고장 나 있었던 것이기 때문에, 고장이 난
것은 고장 난 차를 봤을 때를 기점으로 그전에 일어난 사
건이므로 과거완료시제인 had broken down을 사용한다.
   ■ 우리가 고장 났던 차를 보았을 때, 우리는 고속도로를
   주행하고 있었다. 그래서 우리는 도와주려고 차를 멈
   췄다.

7. '지금 막(just)'은 현재완료시제의 '완료'를 나타낸다.
[have + just + 과거분사]의 형태로 쓰인다.

8. Brian이 졸업한 것이 먼저 일어난 일이고, 그때부터 일자
리를 찾고 있기 때문에 사건의 순서에 맞게 현재완료진행
시제와 단순과거시제를 사용한다.

9. 대화의 내용은 과거부터 현재까지 Julie를 본 적 없는 경험
을 이야기하고 있기 때문에 ②번은 대화의 문맥상 어색하
다.
   ■ A: ①최근에 Julie 본 적 있니?
   ■ B: 아니, 없어. ②나 어제 점심에 만났어. ③나는 그녀
   와 한동안 얘기하지 않았어.
   ■ A: ④나는 이번 주에 그녀가 잘 지내고 있는지 확인하려
   고 몇 번 전화했어. ⑤그런데 그녀는 전혀 전화를 받
   지 않아.
   ■ B: 그녀는 온데간데 없이 사라졌네.

10. '나는 일어난 후부터 계속 두통이 있다'의 의미를 지닌 현
재완료시제 문장인 ②번이 정답이다.
   ■ 나는 두통이 있다.
   ■ 그것은(그 두통은) 내가 일어났을 때 시작했다.

11. ①②③⑤의 빈칸에 들어가야 할 시제는 모두 과거완료시
제이다. ④문장에는 yet(아직 = until now)을 사용해 '완
료'의 의미를 내포하는 현재완료시제가 들어간다.
   ① 나는 지난여름 리오를 방문하기 전까지 한 번도 브라
   질 음식을 먹어본 적이 없었다.
   ② 나는 누군가가 마지막 남은 케이크 한 조각을 이미 먹
   어버린 것을 발견했다.
   ③ 내가 집에 왔을 때, 내 식구들은 이미 저녁을 먹었다.
   ④ 우리는 아직 신임교사를 만나지 못했다.
   ⑤ 나는 그전에 그곳을 가본 적이 없었기 때문에 그 규칙
   들을 몰랐다.

12. '공연을 보러 가다'는 attend a performance이고 '한 번
도 ~해본 적이 없다'는 [have never + 과거분사]이다.

13. 오후 2시부터 현재 오후 4시까지 계속 잠을 자고 있기 때
문에 현재완료진행을 사용한다.
   ■ 그는 오후 2시부터 계속 잠자고 있는 중이다.

14. 누군가 회사에 침입한 것이 출근하기 전에 일어난 사건이
므로 과거완료시제(had broken into the office)를 사용
한다.

■Jason이 아침에 회사에 도착했고 누군가가 지난밤에 회사에 침입했다는 것을 발견했다. 그래서 Jason은 경찰을 불렀다.

15. ⓐⓑ는 현재까지 계속 진행되고 있는 상태를 나타내므로 현재완료진행시제로 [have + been + 동사ing] 형태를 사용한다. ⓒ는 완료 상태를 나타내는 현재완료시제(have already scheduled)를 사용한다.
■A: 안녕, Tom! 요즘 뭐하고 지냈어?

■B: 나는 다음 주 가라데 대회를 위해 ⓐ훈련을 하고 있어. 너는 어때? 대학교 지원에 관해서 부모님이랑 이야기해봤어?
■A: 나는 내가 어디로 대학교를 갈지 결정할 수 있도록 그들을 ⓑ설득하려고 노력하고 있어. 하지만 그들이 나에게 알려주지 않은 채 몇 개의 대학교 방문 ⓒ일정을 이미 잡아났어.
■B: 그거 참 스트레스 받는 상황이구나.

Part 03 **조동사**

UNIT 01 ▸ 조동사의 쓰임 I

STEP 01 ○————————————————— p.57

❶ can   ❷ can   ❸ must
❹ might   ❺ can't   ❻ may

❶ must get   ❷ should get
❸ ought to meet   ❹ ought not to meet
❺ had better take   ❻ had better not take

STEP 02 ○————————————————— p.58

❶ May I ask you some questions?
당신께 질문을 좀 드려도 되겠습니까?
❷ Any child can grow up to be president.
어떤 아이든 자라서 대통령이 될 수 있다.
❸ We must pass through the desert.
우리는 그 사막을 지나가야만 한다.
❹ He should be in school by now.
그는 지금쯤 학교에 있겠다.
❺ You must be exhausted after such a long day.
그러한 긴(힘든) 하루를 보냈으니 너는 녹초가 되었음이 틀림없다.
❻ She could not cure him.
그녀는 그를 고칠 수 없었다.
❼ It might be your last chance.
그것이 너의 마지막 기회일지 모른다.

STEP 03 ○————————————————— p.59

❶ can → could / We could see the show together.
❷ may → must / You must be tired after the trip.
❸ must → can't / It can't be helpful to you.
❹ can → be able to / We will be able to find your bike.

❺ must → may(can) / You may(can) leave me now.
❻ had not better → had better not / You had better not touch anything in this room.
❼ can't → had better(should, ought to) / You had better(should, ought to) stop teasing the dog.

> ❸ can't는 '~일 리 없다'의 의미로 must(~임이 틀림없다)와 반대 의미로 사용한다.
> ❹ can은 미래를 나타내는 조동사 will과 함께 쓰일 수 없기 때문에 will be able to로 사용한다.
> ❻ had better의 부정은 had better not이다.

서술형 끝내기 ○————————————————— p.60

서술형 유형 기본

❶ You can use my cellphone.
❷ He might come with us.
❸ She can't be at home by now.
❹ You must get back to work.

서술형 유형 심화 1

❶ May I ask you some questions?
❷ It might be your last chance.
❸ He should be in school by now.
❹ We must pass through the desert.

서술형 유형 심화 2

❶ He can manage the situation by himself.
❷ We could see the show together.
❸ You must be tired after the trip.

4 It can't be helpful to you.
5 We will be able to find your bike.
6 You may leave me now.
7 You had better not touch anything in this room.
8 You should stop teasing the dog.

UNIT 02 · 조동사의 쓰임 II

STEP 01 ○————————— p.63

1 may try
2 may have tried
3 must have gone
4 can't have gone
5 should have
6 should not have

1 used to
2 used to
3 used to
4 used to
5 got used to
6 were used to

STEP 02 ○————————— p.64

1 She might have had no money.
그녀는 돈이 없었을지도 모른다.
2 She must have been rich then.
그녀는 그때 부자였음이 틀림없다.
3 He cannot have gone there with her.
그는 그녀와 함께 거기에 갔을 리가 없다.
4 I should have met her yesterday.
나는 어제 그녀를 만났어야 했다.
5 He should not have watched TV all night long.
그는 밤새 TV를 보지 말았어야 했다.
6 I used to take a walk in the park on weekends.
나는 주말마다 그 공원에서 산책하곤 했다.
7 She is used to eating dinner alone.
그녀는 저녁을 혼자 먹는 데 익숙하다.

STEP 03 ○————————— p.65

1 She must have been sick.
2 I should not have lied to her.
3 He may have left his phone at home.
4 He could have spent more time practicing.
5 Grandfather used to play rugby when he was young.
6 I would often eat ice cream in winter.
7 The foreigner got used to using chopsticks.

2 [should have 과거분사]는 '~했어야 했다'의 의미로 과거에 대한 후회를 나타낸다.

4 [could have 과거분사]는 과거에 그 일을 할 수 있었지만 하지 않았다는 의미를 내포한다.
7 get used to는 '~하는 데 익숙해지다'의 의미이다.

서술형 끝내기 ○————————— p.66

서술형 유형 기본

1 He may have tried to call many times.
2 She can't have gone to the party.
3 I should not have told him.
4 I used to smoke.
5 I got used to reading books online.

서술형 유형 심화 1

1 I should have thought about it more.
2 She must have been rich then.
3 He should not have watched TV all night long.
4 I used to take a walk in the park on weekends.

서술형 유형 심화 2

1 I used to live in London when I was young.
2 She must have been sick.
3 I should not have lied to her.
4 He may have left his phone at home.
5 He could have spent more time practicing.
6 Grandfather used to play rugby when he was young.
7 I would often eat ice cream in winter.
8 The foreigner got used to using chopsticks.

내신대비 실전 TEST ○————————— p.68

1. ② 2. ③ 3. ③ 4. ② 5. ⑤ 6. ①
7. ② 8. ③ 9. ② 10. ④ 11. ③
12. might help you focus on studying
13. You ought to be ashamed of yourself.
14. should have told 15. ⓐ should ask somebody for directions ⓑ had better repair my GPS

1. 첫 번째 문장의 could는 '허락'을 구할 때 사용하는 조동사로 can보다 공손한 표현이다. 두 번째 문장의 could는 '~할 수 없었다'의 의미로 can의 과거형을 사용했다.
■ 실례합니다, 공항으로 어떻게 가는지 말해주실 수 있나요?

■나는 어젯밤 잠을 잘 수 없었다.

2. 첫 번째 문장은 의무를 나타내는 must를 사용하고,
   두 번째 문장은 강한 추측을 나타내는 must를 사용한다.
   ■시험을 볼 때 답은 잉크로 작성해야만 한다.
   ■그는 Dan이 틀림없다. 나는 그를 매우 잘 안다.

3. can(~할 수 있다)는 be able to로 바꿔 쓸 수 있다.
   강한 충고나 조언을 할 때 사용하는 had better는 두 번째
   문장에서처럼 We'd better로 축약해 사용할 수 있다.
   ■운 좋게도 모두가 건물에서 빠져나올 수 있었다.
   ■연료(가스)가 거의 바닥났으니 곧 주유소에 잠깐 들르는
   게 낫겠다.

4. [must have 과거분사]는 '~했음이 틀림없다'의 뜻이고
   [might have 과거분사]는 '~했을지도 모른다'라는 뜻이다.
   ■너는 이곳에 빨리 왔다. 너는 아주 빨리 걸었음이 틀림
   없다.
   ■나는 어디에도 내 지갑을 찾을 수 없다. 나는 아마도 그
   것을 가게에 두고 왔을지도 모른다.

5. 이야기의 시점이 과거이기 때문에 ⑤ can see를 could see
   로 고쳐야 한다.
   ■Jen은 혼자서 길을 걷고 있었다. 그녀는 무언가 이상한 것
   을 눈치챘고 그녀는 저 멀리에서 누군가를 볼 수 있었다.

6. '~했을 수도 있었다'의 의미로 과거에 대한 추측을 나타낼
   때 [could have 과거분사]를 사용한다.

7. 강한 충고나 조언, 의무를 표현하는 조동사 must를 사용
   할 수 있다.

8. '부탁 하나만 들어 주실 수 있나요?' 의 표현은 Can/Could
   you do me a favor?이다.

9. 문맥의 흐름에 맞는 문장은 ②이다.
   ■A: 내일 파티에 올 수 있니?
   ■B: 나는 갈 거야. 하지만 나는 일찍 파티를 떠나야 할지
   도 몰라. 내 아들이 집까지 차편이 필요하다면 전화
   를 하기로 했거든.
   ① 한 주 더 병원에 입원해있어야 한다.
   ② 일찍 파티를 떠나야 할지도 모른다.
   ③ 이번 주말에는 푹 쉬어야 한다.
   ④ 너와 함께 할 수 있다.
   ⑤ 초과근무로 기진 맥진이다.

10. 문맥상 ⓒ는 충고, 제안을 표현하는 문장이다. [shouldn't
    have 과거분사]는 과거에 대한 후회를 나타내는 표현
    이기 때문에 shouldn't carry가 올바르고, ⓓ는 [had
    better]의 부정문인 [had better not]을 써야 한다.
    ■A: 이번 여름휴가 계획 세웠어?
    ■B: 나 혼자서 유럽 배낭여행을 갈 계획이야. ⓐ나에게
    조언 좀 줄 수 있니?

■A: 재미있겠다! 음, ⓑ너는 네가 필요한 복용 약이 있
    다면 꼭 가져야만 해. 뿐만 아니라, 많은 관광객들
    이 거의 매일 소매치기를 당해. ⓒ너는 밖에 나갈
    때 많은 양의 현금을 들고 다니지 않아야 해. ⓓ너
    는 가방 안에 귀중품을 두지 않는 것이 좋아.
■B: 너의 충고 고마워.

11. 주어진 문장의 밑줄 친 조동사 can은 '능력'의 의미로 쓰
    였다.
    ■새 차를 사면 좋을 것 같다. 하지만 우리는 금전적인 여
    유가 없다.
    ① 너는 스페인어를 유창하게 할 수 있어야만 한다.
    ② 제가 지금 여기를 떠나도 되나요?
    ③ 그는 5개국 언어를 할 수 있다.
    ④ 그는 지금 막 점심을 먹었다. 그는 배고플 리가 없다.
    ⑤ 회의 중에 모든 것을 이야기하기에 충분한 시간이 없
    을지도 모른다.

12. 추측의 의미를 가진 조동사 might을 사용해 [might help
    you + 동사원형]으로 문장을 쓴다.

13. [be ashamed of]는 '부끄러워하다(볼 낯이 없다)'의 의
    미이다. 문장에 ought to, 또는 should를 넣으면 '충고,
    조언'의 의미가 추가된다.

14. 과거에 대한 후회나 유감을 나타내는 표현은[should
    have 과거분사]를 사용한다.
    ■Dan의 엄마는 그에게 그가 컴퓨터 게임을 하기 전에
    숙제를 끝냈는지 물어봤다. 그는 그랬다고 했다. 그는
    단지 그의 엄마를 화나게 하고 싶지 않았다. 그런 후에
    그는 그의 엄마에게 거짓말한 것을 후회했다.
    ■Dan: 나는 그녀에게 사실을 말했어야 했어.

15. '~하는 게 낫다'를 표현하는 조동사는 should나 had
    better, 또는 ought to를 사용할 수 있다.
    ■A: 나 너무 짜증 나. 갑자기 내비게이션이 제대로 작동
    하지 않아. 내가 ⓐ누군가에게 방향을 물어보는 게
    낫겠어.
    ■B: 우리는 차 대신에 지하철을 타고 시내로 가야 할지
    도 몰라. 교통 체증이 어떤지에 달려있어.
    ■A: 내 생각엔 우리가 ⓑ나의 GPS를 고치는 게 낫겠어.

UNIT 01 수동태 형태와 쓰임

STEP 01 p.73

❶ finish
❷ be finished
❸ speak
❹ is spoken
❺ makes
❻ were made

❶ are used
❷ were used
❸ was repaired
❹ is being repaired
❺ is being made
❻ has been made

STEP 02 p.74

❶ found / was found
❷ saw / was seen
❸ made / was made
❹ is writing / is being written
❺ is washing / is being washed
❻ has checked / has been checked
❼ have cancelled / has been cancelled

STEP 03 p.75

❶ Our dinner is always cooked by the cook.
❷ My room was cleaned by my mom.
❸ He is being chased by a dog.
❹ The report is being prepared by Jen.
❺ Personal computers have been improved a lot.
❻ Many songs have been composed by Zoe for years.
❼ The project has been completed.

> ❸ 진행형의 수동태는 [be동사 + being + 과거분사]의 형태이다.
> ❺❻❼ 모두 '완료'의 의미를 나타내는 현재완료시제 수동태 문장이다.

서술형 끝내기 p.76

서술형 유형 기본

❶ My homework must be finished by 9.
❷ English is spoken at my work.
❸ The shoes were made by the shoemaker.
❹ The road is being repaired.

서술형 유형 심화 1

❶ The window was broken by the child.
❷ The key was found under the bed.
❸ A reservation was made.
❹ My cat is being washed by a pet groomer.

서술형 유형 심화 2

❶ This house was built by my uncle last year.
❷ Our dinner is always cooked by the cook.
❸ My room was cleaned by my mom.
❹ He is being chased by a dog.
❺ The report is being prepared by Jen.
❻ Personal computers have been improved a lot.
❼ Many songs have been composed by Zoe for years.
❽ The project has been completed (by them).

UNIT 02 4형식과 5형식 수동태

STEP 01 p.79

❶ was sold
❷ was given
❸ were asked of
❹ was taught to
❺ were taught

❶ a nice worker
❷ Dot
❸ red
❹ to enter
❺ to cook

STEP 02 p.80

❶ The location of the bank was asked of me.
그 은행의 위치는 나에게 물어봐졌다.
❷ A ring was bought for him.
그를 위해 반지 하나가 구입되었다.
❸ Jason was offered the job.
Jason은 그 일을 제의 받았다.
❹ I was expected to arrive on time.
나는 정시에 도착하는 것으로 예상되었다.
❺ The man wasn't allowed to go out late at night.
그 남자는 밤늦게 나가는 것이 허락되지 않았다.
❻ I was forced to clean up the table.
나는 식탁을 치우게 되었다.
❼ She was seen practicing the piano diligently.
그녀가 열심히 피아노를 연습하고 있는 것이 보였다.

STEP 03 p.81

❶ A bunch of flowers was bought for my mom (by me).
❷ The paintings were shown to me (by him).
❸ Some difficult questions were asked of me (by her).
❹ I was given a big smile (by her).
❺ They were asked to be quiet (by the woman).
❻ She was seen to enter[entering] the school (by me).
❼ We were forced to join the science club (by her).

---

❶ 4형식 수동태에서 동사 buy는 직접목적어만을 수동태의 주어로 취할 수 있는 동사이고 [for + 간접목적어]로 사용한다.
❸ 동사 ask는 수동태 전환 시, 간접목적어 앞에 전치사 of를 사용한다.
❻ 5형식 능동태 문장에서 사용된 지각동사 see는 목적격보어로 동사원형이나 현재분사를 취할 수 있다. 이 문장은 수동태로 전환 시, 현재분사는 그대로 사용되고 동사원형은 to부정사로 바뀐다.

서술형 끝내기 p.82

서술형 유형 기본

❶ The car was sold to Dan.
❷ Simple questions were asked of me.
❸ It has been painted red.
❹ You were made to cook dinner.

서술형 유형 심화 1

❶ The secret was told to me.
❷ The location of the bank was asked of me.
❸ The man wasn't[was not] allowed to go out late at night.
❹ I was forced to clean up the table.

서술형 유형 심화 2

❶ I was given a ring on my birthday.
❷ A bunch of flowers was bought for my mom.
❸ The paintings were shown to me.
❹ Some difficult questions were asked of me.
❺ I was given a big smile.
❻ They were asked to be quiet.
❼ She was seen to enter[entering] the school.
❽ We were forced to join the science club.

UNIT 03 수동태의 여러 가지 형태

STEP 01 p.85

❶ thrown away
❷ taken care of by
❸ turned off by me
❹ It is known

❶ surprised at
❷ crowded with
❸ surrounded with
❹ interested in
❺ filled with
❻ disappointed with

STEP 02 p.86

❶ Our vacation was put off due to the bad weather.
우리의 휴가는 궂은 날씨 때문에 연기되었다.
❷ The topic was talked about by the members.
그 주제는 그 구성원들에 의해 거론되었다.
❸ It is known that a friend in need is a friend indeed.
어려울 때 친구가 진정한 친구인 것으로 알려져 있다.
❹ I was disappointed with the ending of the film.
나는 그 영화의 결말에 실망했다.
❺ The children in the room were dressed in colorful clothes.
그 방에 있는 아이들은 형형색색의 옷을 입고 있었다.
❻ This whole process is based on the statistics.
이 전 과정은 통계에 기초하고 있다.
❼ We were surprised at the loud noise.
우리는 그 큰 소음에 놀랐다.

STEP 03 p.87

❶ The words were written down by the students.
❷ He was caught up with by the police.
❸ Electricity was cut off for a few hours.
❹ The phone was picked up by the secretary.
❺ The basket was filled with apples and grapes.
❻ I was worried about the math test.
❼ The museum will be crowded with people.

---

❶ write down ~을 적다
❷ catch up with 따라잡다
❸ cut off ~을 차단하다
❹ pick up 전화를 받다
❺ be filled with ~로 채워져 있다(가득 차 있다)
❻ be worried about ~에 대해 걱정하다
❼ be crowded with ~로 붐비다

서술형 끝내기 ○──────── p.88

서술형 유형 기본

❶ The torn shirt was thrown away by Jen.
❷ He is taken care of by the lady.
❸ I was surprised at the news.
❹ I am interested in cooking.
❺ I was disappointed with the present.

서술형 유형 심화 1

❶ The light was turned on.
❷ Our vacation was put off due to the bad weather.
❸ This whole process is based on the statistics.
❹ The children in the room were dressed in colorful clothes.

서술형 유형 심화 2

❶ The doll was taken out of the big box.
❷ The words were written down by the students.
❸ He was caught up with by the police.
❹ Electricity was cut off for a few hours.
❺ The phone was picked up by the secretary.
❻ The basket was filled with apples and grapes.
❼ I was worried about the math test.
❽ The museum will be crowded with people.

내신대비 실전 TEST   p.90

1. ⑤   2. ①   3. ②   4. ⑤   5. ③   6. ④
7. ⑤   8. ①   9. ②   10. ②

11. The package was delivered by the mailman.
12. The air is being polluted by emissions from cars.   13. Electricity is believed to be the most important discovery in human history.
14. ⓐ be checked ⓑ were given ⓒ be treated

---

1. 두 문장 모두 수동태로 '~에 의해'의 의미인 [by + 목적격] 형태를 사용한다.
   ■ 200명의 사람은 그 회사에 의해 고용되었다.
   ■ 많은 사고들은 부주의 운전에 의해 기인한다.

2. 수동태 과거시제로 [was/were + 과거분사] 형태를 사용한다.
   ■ 그 고장 난 부분이 그 기계공에 의해 수리되었다.
   ■ 그 일자리 제의는 거절되었다.

3. 수동태 현재완료시제로 [have been + 과거분사] 형태를 사용한다.

■ 결혼식 초대장이 잘못된 주소로 보내졌을지도 모른다.
■ 그 문제들은 해결된 모양이다.

4. cut은 불규칙 동사로 과거분사 cut을 사용한다. 또한 to부정사 뒤에는 동사원형을 사용하므로 be동사의 원형인 be를 사용한다.
   ■ 나무는 종이를 만들기 위해 잘린다.
   ■ 그 경보기가 계속 울린다. 그것은 고쳐져야 할 필요가 있다.

5. 수동태는 [be동사 + 과거분사] 형태로 문장의 시제에 따라 be동사의 형태가 변한다.
   ■ 내가 휴가를 보내는 동안 내 카메라가 호텔 방에서 도난당했다.
   ■ 안개 때문에 모든 비행기들이 지연되었다.

6. 수동태로 전환할 때 동사는 주어와의 수 일치와 시제에 따라 변한다.
   ■ 학교 지붕의 일부가 우연히 무너졌을 때 10명의 아이들이 부상을 당했다.
   ■ 제대로 훈련이 되어있는 개는 얌전하게(더 좋게) 행동할 것으로 예상된다.

7. Ryan은 자신이 강요한 것이 아니라 '타인에 의해 강요'받았기 때문에 ⑤번 문장은 수동태를 사용해야 한다.
   ■ 한밤중에 Ryan은 소음을 많이 내었고 다른 투숙객들을 방해하고 있었다. 일부 투숙객들이 그가 시끄러운 것에 대해 항의하였다. 그는 몇 번이나 조용히 하라고 요청을 받았다. 그는 거절했고, 결국에 (강제로) 떠나게 되었다.

8. 학생들이 '통지를 받았다', 수업이 '취소되었다'이므로 각각 수동태를 사용해야 한다.

9. by 이외의 전치사를 사용하는 수동태 구문으로 be covered with는 '~으로 덮여 있다'의 의미를 지닌다.
   ① ~에 관심이 있다
   ② ~로 덮여 있다
   ③ ~으로 둘러싸여 있다
   ④ ~에 놀라다
   ⑤ ~에 책임이 있다

10. ⓐ, ⓒ는 모두 수동태 문장으로 쓰여야 한다. ⓒ는 조동사 should 뒤에 수동태가 나오므로 [should be + 과거분사] 형태이다.
    ⓐ dumped into → are dumped into
    ⓒ being separated → be separated
    ■ 수천 톤의 폐기물과 쓰레기가 매일 바다로 ⓐ버려진다. 폐기물 처리에 관한 심각한 문제들이 ⓑ제기되었다. 모든 가정에서 나오는 폐기물은 ⓒ분리되고 재활용되어야 한다. 최근 사람들은 어떻게 폐기물이 이익이 되게 ⓓ재사용될 수 있는지에 대해 많은 관심을 가지고 있다.

11. '~에 의해 배달되다'의 의미를 가진 수동태 문장은 be delivered by (someone)을 사용한다.
    ■ 그 포장물은 그 우체부에 의해 배달되었다.

12. '~에 의해 오염되다'는 be polluted by이다. 이를 현재진행시제로 바꾸면 is being polluted by가 된다.

13. that이 이끄는 문장이 목적어일 경우 [It is ~ that …] 또는 [~ is + 과거분사 + to부정사]의 형태로 수동태 문장을 만들 수 있다.
   ■ 전기는 인간 역사상 가장 중요한 발견으로 믿어진다.

14. ⓐ는 조동사 should 뒤에 수동태가 오므로 be동사가 원형으로 사용된다. ⓑ는 과거시제이고, ⓒ는 [to부정사 + 동사원형]이기 때문에 be treated를 써야 한다.
   ■ A: 너의 허리는 전문의에게 ⓐ검사받아야 해.
   ■ B: 맞아. 내 허리는 내게 많은 통증을 줘.
   ■ A: 지난번에 의사를 만났을 때, 운동 방법 리스트를 ⓑ받았었잖아. 그거 시도해봤어?
   ■ B: 물론이지. 나는 통증을 줄이려고 운동을 쭉 해오고 있지만, 나아지는 것 같지 않아. 좋은 물리치료사에게 ⓒ진료받고 싶어.

Part 05 to부정사 / 동명사

UNIT 01 ▶ to부정사 용법 I

STEP 01 ○ ─────────── p.95

❶ to pass   ❷ To pass   ❸ to pass
❹ to pass   ❺ for   ❻ of

❶ 할   ❷ 먹을   ❸ 바꿀
❹ 여행 갈   ❺ 도와줄   ❻ 담배를 피우면 안 된다

STEP 02 ○ ─────────── p.96

❶ They decided to take a trip together.
   그들은 함께 여행 가기로 결정했다.
❷ It was hard for me to say sorry.
   내가 미안하다고 말하는 것은 힘들었다.
❸ It may be dangerous to swim in that river.
   저 강에서 수영하는 것은 위험할지도 모른다.
❹ I want something to drink.
   나는 마실 무언가를 원한다.
❺ He has the ability to complete the task.
   그는 그 과업을 완료할 능력이 있다.
❻ It is impossible for me to finish it by tonight.
   내가 오늘 밤까지 그것을 끝내는 것은 불가능하다.
❼ You are not to leave the school until I say so.
   너는 내가 그러라고 말하기 전까지 학교를 떠나면 안 된다.

STEP 03 ○ ─────────── p.97

❶ travel → to travel / We decided to travel abroad together.
❷ to got → to get / My goal is to get an A on the math test.
❸ for him → of him / It was brave of him to save the girl.

❹ was easy not → was not easy / It was not easy to understand the poem.
❺ importantly → important / It is important for you to exercise regularly.
❻ helped → to help / He is the only friend to help me.
❼ to submitting → to submit / We are to submit the report by tomorrow.

❶ to부정사의 명사적 용법으로 문장에서 목적어 역할을 한다.
❷ to부정사의 명사적 용법으로 문장에서 보어 역할을 한다.
❻ '~할'의 의미를 지니는 to부정사의 형용사적 용법이다.
❼ [be동사 + to부정사] 구문으로 문맥상 '의무'를 나타낸다.

서술형 끝내기 ○ ─────────── p.98

서술형 유형 기본

❶ 내가 그 시험을 통과하는 것은 어렵다.
❷ 그녀는 내가 그 시험을 통과하기를 원한다.
❸ 나는 그 계획을 바꿀 이유가 있다.
❹ 나는 여행 갈 계획이 있었다.
❺ 너는 이 방에서 담배를 피우면 안 된다.

서술형 유형 심화 1

❶ It is not easy to learn a new language.
❷ It may be dangerous to swim in that river.
❸ He has the ability to complete the task.
❹ They decided to take a trip together.

서술형 유형 심화 2

❶ It was easy for us to read along with him.
❷ We decided to travel abroad together.

❸ My goal is to get an A on the math test.
❹ It was brave of him to save the girl.
❺ It was not easy to understand the poem.
❻ It is important for you to exercise regularly.
❼ He is the only friend to help me.
❽ We are to submit the report by tomorrow.

❶❷❹❻ to부정사의 부사적 용법 중 목적을 나타내는 to부정사는 [in order to]나 [so as to] 구문으로 바꿔 쓸 수 있다.
❸❺❼ to부정사의 부사적 용법 중 '목적'을 나타내는 to부정사의 부정은 [not + to부정사]이다. 이는 '~하지 않기 위해'라는 의미로 [in order not to]나 [so as not to] 구문으로 바꿔 쓸 수 있다. 이때 not의 위치에 주의한다.

서술형 끝내기 ○─────────── p.104

서술형 유형 기본

❶ 그는 표를 사기 위해 기다렸다.
❷ 그는 그녀를 방문하기 위해 일본에 갔다.
❸ 그는 자라서 발명가가 되었다.
❹ 나는 직업을 얻어서 기쁘다.
❺ 그는 저 차를 사다니 부자임에 틀림없다.

UNIT 02 to부정사 용법 II

STEP 01 ○─────────── p.101

❶ to buy
❷ to pass
❸ to jog
❹ to visit
❺ not to wake
❻ to be

❶ 얻어서
❷ 가서
❸ 들어서
❹ 말하다니
❺ 사다니
❻ 일어나다니

서술형 유형 심화 1

❶ I hurried to catch the train.
❷ We went to Uganda in order to do volunteer work.
❸ She grew up to be the best dancer in the world.
❹ He was nervous to start the final match.

서술형 유형 심화 2

❶ I spent much time to complete it.
❷ I got up early so as to attend the class.
❸ I bought a tablet PC in order to learn English online.
❹ We kept quiet not to wake the baby.
❺ I will send emails to invite them to the party.
❻ She did her best so as not to lose the race.
❼ I went to the train station in order to see my uncle off.
❽ He practiced hard not to make a mistake.

STEP 02 ○─────────── p.102

❶ I am going to the lake to fish.
나는 낚시하러 그 호수에 가고 있다.
❷ He was nervous to start the final match.
그는 결승전을 시작해서 긴장했다.
❸ He must be stupid to make such a joke.
그런 농담을 하다니 그는 멍청한 것이 틀림없다.
❹ She grew up to be the best dancer in the world.
그녀는 자라서 세계 최고의 무용수가 되었다.
❺ We went to Uganda in order to do volunteer work.
우리는 자원봉사 활동을 하러 우간다(Uganda)에 갔다.
❻ I left home early not to be late.
나는 늦지 않기 위해서 집을 일찍 떠났다.
❼ I was so pleased to hear the good news.
나는 그 좋은 소식을 들어서 매우 기뻤다.

STEP 03 ○─────────── p.103

❶ I got up early so as to attend the class.
❷ I bought a tablet PC in order to learn English online.
❸ We kept quiet in order not to wake the baby.
❹ I will send emails so as to invite them to the party.
❺ She did her best so as not to lose the race.
❻ I went to the train station in order to see my uncle off.
❼ He practiced hard in order not to make a mistake.

UNIT 03 동명사 vs. to부정사

STEP 01 ○─────────── p.107

❶ 보어
❷ 주어
❸ 보어
❹ 목적어
❺ 주어
❻ 목적어

❶ singing
❷ to sing
❸ to talk
❹ talking
❺ getting up
❻ to get up

STEP 02 ○————————————— p.108

❶ reading / to read
❷ to study / studying
❸ purchasing / to purchase
❹ cleaning / to clean
❺ seeing / to see
❻ to leave / leaving
❼ watering / to water

STEP 03 ○————————————— p.109

❶ I decided to find a new job.
❷ They agreed to accept the offer.
❸ I expected to see him at the conference.
❹ She suggested going to the movies.
❺ She planned to work as a teacher.
❻ We stopped chatting in class.
❼ I remember calling you last night.

> ❶❷❸❺ decide, agree, expect, plan은 목적어로 to부정사를 취하는 동사이다.
> ❹ 동사 suggest는 목적어로 동명사를 취한다.
> ❻ [stop + 동명사]는 '~하는 것을 멈추다'라는 의미로 to부정사 부사적 용법 중 목적을 나타내는 [stop + to부정사(~하기 위해)]와 구별해서 알아둔다.
> ❼ 동사 remember는 목적어로 동명사와 to부정사 둘 다 취할 수 있지만 그 의미가 서로 다르다. [remember + 동명사]는 '(과거의 일을) 기억한다'의 의미를 지니고, [remember + to 부정사]는 '(미래의 일을) 기억한다'의 의미를 지닌다.

서술형 끝내기 ○————————————— p.110

서술형 유형 기본

❶ She enjoys feeding the baby birds.
❷ I want to sing.
❸ I avoided talking to my boss.
❹ I promised to get up early.

서술형 유형 심화 1

❶ I decided to study abroad.
❷ He considered purchasing the expensive car.
❸ She finished cleaning up her own room.
❹ I have to remember to see her tomorrow.

서술형 유형 심화 2

❶ She enjoys traveling from place to place.
❷ I decided to find a new job.

❸ They agreed to accept the offer.
❹ I expected to see him at the conference.
❺ She suggested going to the movies.
❻ She planned to work as a teacher.
❼ We stopped chatting in class.
❽ I remember calling you last night.

UNIT 04 여러 가지 구문과 관용표현

STEP 01 ○————————————— p.113

❶ too   ❷ early enough   ❸ slow
❹ busy   ❺ hard   ❻ good

❶ cannot help working   ❷ was busy working
❸ had trouble writing   ❹ am used to writing
❺ feel like going   ❻ look forward to going

STEP 02 ○————————————— p.114

❶ The weather was too hot to go out.
날씨가 나가기에는 너무 더웠다.
❷ I felt so sleepy that I couldn't pay attention to the teacher.
나는 너무 졸려서 선생님 말씀에 집중할 수 없었다.
❸ She is strong enough to move the table.
그녀는 그 탁자를 옮길 만큼 충분히 힘이 세다.
❹ I am busy preparing dinner.
나는 저녁을 준비하느라 바쁘다.
❺ There is no use talking to him again.
그에게 다시 이야기해 봤자 소용이 없다.
❻ He was far from being scared.
그는 결코(전혀) 무서워하지 않았다.
❼ I cannot help thinking about you.
나는 너에 대해 생각하지 않을 수 없다.

STEP 03 ○————————————— p.115

❶ The music was so loud that I couldn't sleep well.
❷ The software is too complex for him to use.
❸ She sings well enough to be a singer.
❹ The hall is so large that it can accommodate many people.
❺ He is smart enough to teach us math.
❻ The car is too expensive for me to buy.
❼ The shoes were so small that I couldn't wear them.

①②⑥⑦ '~하기에 너무 …한'의 의미를 지닌 [too~to부정사] 구문은 [so~that…can't] 구문으로 서로 전환 가능하다. 단, 과거시제의 경우 can은 could로 바꾼다.

③④⑤ [enough + to부정사] 구문은 '~하기에 충분히 …한'의 의미이고, [so~that…can] 구문과 서로 전환 가능하다. 단, 과거시제의 경우 can은 could로 바꾼다.

서술형 끝내기 ○──────── p. 116

서술형 유형 기본

❶ He is too busy to go to the party.
❷ You worked hard enough to succeed.
❸ It was good enough to recommend.
❹ I was busy working at the office.
❺ I feel like going to the beach.

서술형 유형 심화 1

❶ He is so honest that he cannot tell a lie.
❷ She is strong enough to move the table.
❸ There is no use talking to him again.
❹ He was far from being scared.

서술형 유형 심화 2

❶ The soup is too salty for me to eat.
❷ The music was so loud that I couldn't sleep well.
❸ The software is too complex for him to use.
❹ She sings well enough to be a singer.
❺ The hall is so large that it can accommodate many people.
❻ He is smart enough to teach us math.
❼ The car is too expensive for me to buy.
❽ The shoes were so small that I couldn't wear them.

내신대비 실전 TEST   p.118

1. ①   2. ③   3. ①   4. ③   5. ④   6. ②
7. ⑤   8. ②   9. ④   10. ①
11. simple enough to understand easily
12. His behavior is too rude for me to handle.
13. They need to discuss in order to solve the issue.
14. ⓐ to volunteer ⓑ busy preparing for

1. 두 문장 모두 의미상의 주어를 갖는 문장으로, 의미상의 주어는 일반적으로 [for + 목적격 + to부정사] 형태로 사용하나, 성격을 표현하는 형용사의 경우 [of + 목적격 + to부정사]로 사용한다.
   ■ 우리가 앉을 의자가 전혀 남아 있지 않았다.
   ■ 그 문제는 내가 대답하는 것이 불가능했다.

2. 첫 번째 문장은 to부정사의 부사적 용법으로 '원인' 즉, 감정의 이유를 나타내는 to부정사를 사용하고, 두 번째 문장은 [명사 + to부정사] 형태로 to부정사의 형용사적 용법을 사용해야 한다.
   ■ 나는 그가 내 음악을 매우 좋아한다는 것을 알고 나서 조금 당황스러웠다.
   ■ 시내에서 주차할 곳을 찾는 것은 힘들다.

3. '~하기 위해'의 뜻으로 목적의 의미를 가지고 있는 to부정사의 부사적 용법을 사용해 한 문장으로 바꿀 수 있다.
   ■ 나는 보안 카메라를 설치했다.
   ■ 나는 나의 재산을 지키고 싶었다.

4. 첫 번째 문장은 동사 grow와 함께 '결과'를 나타내는 to부정사를 사용할 수 있다. 두 번째 문장은 to부정사의 명사적 용법으로 의미상의 주어가 있는 경우이다. 이때 사람의 성격을 나타내는 형용사 generous가 있기 때문에 의미상의 주어는 [of + 목적격]을 사용한다.
   ■ Jack은 크면서 그의 아버지를 닮아 갔다.
   ■ 당신의 기술과 자원을 우리와 공유해주다니 관대하군요.

5. 첫 번째 문장은 to부정사의 명사적 용법으로 주어의 역할을 하고 있다. 이 문장은 가주어 it을 사용한 형태이다. 두 번째 문장은 to부정사의 형용사적 용법으로, [be동사 + to부정사] 구문이 사용된 이 문장은 '이륙할 예정이다'로 '예정'의 의미를 나타낸다.
   ■ 자국의 문화와 전통을 배우는 것은 너의 책임이다.
   ■ 그 비행기가 9시에 이륙할 예정이다. 우리는 서둘러야 한다.

6. 동사 enjoy와 consider는 동명사를 목적어로 취하는 반면, 동사 promise와 decide는 to부정사를 목적어로 취한다.
   ■ 그들은 그 쇼를 보는 것을 즐겼다.
   ■ Lauren은 2주 동안 약을 계속 먹을 것을 고려했다.

7. [so ~ that …] 구문은 '너무 ~해서 …하다'의 의미로 원인과 결과를 나타낸다. '~하기 위해서'의 의미를 지닌 [so that] 구문과 구별해서 알아둔다.

8. 동명사는 [동사원형 + ing] 형태로 쓰고 문장에서 주어, 보어, 목적어 역할을 할 수 있다. 이 문장에서는 주어의 역할을 하고 있다.
   ■ A: 나는 스트레스 받거나 우울할 때 단 것을 먹는 경향이 있어.

16
17

■ B : 설탕을 너무 많이 먹는 것은 건강하지 않아. 하루에 얼마만큼의 설탕을 섭취하고 있는지 알고 있는 게 중요해.
① 야채를 먹는 것
② 설탕을 너무 많이 먹는 것
③ 식습관을 건강하게 유지하는 것
④ 결코 건강하게 먹지 않는 것
⑤ 네가 시간을 내어줘서 고마운 것

9. ⓑ는 '~해 봤자 소용없다'라는 의미를 가진 [There is no use + 동사원형ing]를 사용해야 한다. ⓒ에서 동사 suggest는 동명사를 목적어로 취하는 동사이다
ⓐ 무례한 사람들을 상대하는 것은 매우 불쾌하다.
ⓑ 사실을 부정해 봤자 소용없다. (to deny → denying)
ⓒ 그들은 그 도전을 기회로 삼으라고 제안했다.
(to take → taking)

10. 주어진 예문의 동사 quit은 동명사를 목적어로 취한다. 문장 ②③④의 동사는 to부정사를 목적어로 취하는 동사들이다. ⑤는 to부정사의 부사적 용법이다.
■ 예문: Anna는 그가 규칙적으로 운동하도록 설득하는 것을 그만두었다.
① 네가 캘리포니아에 가면 Universal Studios를 방문하는 것을(visiting) 추천한다.
② 나는 부모님이 내 결정을 지지해주기로(to support) 동의해주셔서 만족한다.
③ 너는 길에서 나와 마주칠 때 항상 나를 보고도 못 본 (not to see) 체한다.

④ Chris는 내가 그에게 투표하도록 설득해(to convince) 냈다.
⑤ 나는 범죄를 고발하기 위해(to report) 경찰에 전화했다.

11. '~할 만큼 충분히 …한'은 [형용사/부사 + enough + to 부정사]로 표현한다.

12. '~하기에 너무 …한'의 의미를 지닌 [too + 형용사/부사 + to부정사] 구문으로 표현할 수 있다.
■ 그의 행동은 너무 무례하다.
■ 나는 그를 다룰 수 없다.

13. '~하기 위해'는 목적을 나타내는 부사적 용법의 to부정사나 [in order to + 동사원형] 구문을 사용할 수 있다.

14. promise는 to부정사를 목적어로 취하는 동사이다. [be busy + 동사ing]는 동명사의 관용표현으로 '~을 하느라 바쁘다'의 의미를 지닌다.
■ A : 나는 이것을 어떻게 해야 할지 모르겠어. 나를 도와주지 않을래?
■ B : 그래, 그것이 뭔데?
■ A : 내 여동생은 주말마다 문화센터에 파이를 구워주는 자원봉사를 해. 내 여동생이 시외에 나가서 내가 이번 주에 ⓐ자원봉사를 하기로 약속했어.
■ B : 미안하지만 나는 안될 것 같아. 나는 새 학기를 ⓑ준비하느라 바빠.

Part 06 **분사**

UNIT 01 ▶ 현재분사 vs. 과거분사

STEP 01 ○ p.123

❶ smiling
❷ wearing
❸ smiling
❹ broken
❺ broken
❻ fixed

❶ surprising
❷ surprised
❸ frightened
❹ 현재분사 running
❺ 동명사 running

STEP 02 ○ p.124

❶ knitted / knitting
❷ hiding / hidden
❸ bored / boring
❹ interesting / interested
❺ confusing / confused
❻ depressing / depressed
❼ embarrassing / embarrassed

STEP 03 ○ p.125

❶ falling → fallen / They couldn't cross over a fallen tree.
❷ coughed → coughing / She walked down the stairs coughing.
❸ washed → washing / Look at the boy washing the dishes.
❹ slept → sleeping / It was a picture of a baby sleeping in a room.
❺ depressing → depressed / It is the best song for depressed people.
❻ confused → confusing / His confusing lesson gave me a headache.

❼ satisfying → satisfied / I was satisfied with the meal.

> **❶** 과거분사 fallen은 명사 tree를 수식하면서 '쓰러진 나무'라는 의미가 된다.
> **❸** 현재분사가 문장에서 명사 뒤에서 명사를 수식하며, 진행의 의미를 지니고 있으므로, '~하고 있는'의 의미가 된다.
> **❼** 감정을 나타내는 분사는 주체가 감정을 느끼면 과거분사를 사용하고 주체가 감정을 느끼게 하는 원인이면 현재분사를 사용한다. 이 문장은 주체인 내가 만족을 느꼈기 때문에 과거분사인 satisfied를 사용하고 있다.

서술형 끝내기 p. 126

서술형 유형 기본

❶ The boy stood smiling.
❷ The broken window was fixed.
❸ I was surprised at the news.
❹ I saw him running fast on the track.

서술형 유형 심화 1

❶ A fallen tree blocked the road.
❷ The police saw him hiding the evidence.
❸ It was a very confusing story.
❹ She was embarrassed to ask for help.

서술형 유형 심화 2

❶ Look at the girl talking loudly over there.
❷ They couldn't cross over a fallen tree.
❸ She walked down the stairs coughing.
❹ Look at the boy washing the dishes.
❺ It was a picture of a baby sleeping in a room.
❻ It is the best song for depressed people.
❼ His confusing lesson gave me a headache.
❽ I was satisfied with the meal.

UNIT 02 분사구문 I

STEP 01 p.129

❶ Arriving
❷ Nobody having arrived
❸ Feeling tired
❹ Walking
❺ Watching TV
❻ He making jokes

❶ closed
❷ folded
❸ turned
❹ following
❺ closed
❻ crossed

STEP 02 p.130

❶ Approaching / He approaching
❷ Being / He being
❸ Taking / He taking
❹ feeling / fooling
❺ Watching / She watching
❻ She playing / playing
❼ Folding / folded

STEP 03 p.131

❶ Singing → He singing / He singing a song, she danced.
❷ They walking → Walking / Walking to the lake, they whistled.
❸ Being worrying → (Being) worried / (Being) Worried about my mom, I ran to the hospital.
❹ Nodded → Nodding / Nodding his head, he read a book.
❺ turn on → turned on / He read a book with his laptop turned on.
❻ Considered → Considering / Considering the situation, I need more time.
❼ Strict → Strictly / Strictly speaking, it is not free.

> **❶** 주절의 주어와 종속절의 주어가 일치하지 않기 때문에 분사구문을 만들 때 주어를 생략하지 않는다.
> **❷❹** 주절의 주어와 종속절의 주어가 일치할 때는 분사구문을 만들 때 종속절의 주어를 생략한다.
> **❸** '~에 대해 걱정하다'는 be worried about을 사용할 수 있다. 분사구문으로 전환할 때 be는 being으로 바꾸고, being은 생략할 수 있다.
> **❺** [with + 명사 + 분사]는 '~을 …한 채로'의 의미를 지닌다. his laptop과 turn의 관계가 수동이므로 과거분사를 사용한다.

서술형 끝내기 p.132

서술형 유형 기본

❶ Arriving late at night, he was very tired.
❷ He making jokes, I laughed a lot.
❸ I stood still with my eyes closed.
❹ I listened to music with the door closed.

서술형 유형 심화 1

❶ Being sick, he went to bed early.
❷ He was standing there, feeling the wind blow.
❸ He approaching the object, his team got nervous.
❹ I fell asleep with music playing.

서술형 유형 심화 2

❶ Listening to music, I drew a picture.
❷ He singing a song, she danced.
❸ Walking to the lake, they whistled.
❹ (Being) Worried about my mom, I ran to the hospital.
❺ Nodding his head, he read a book.
❻ He read a book with his laptop turned on.
❼ Considering the situation, I need more time.
❽ Strictly speaking, it is not free.

UNIT 03 분사구문 II

STEP 01 ⸺ p.135

❶ 들으면서
❷ 샤워를 한 후에
❸ 아파서
❹ 우울한 기분일 때는
❺ 길을 잃어서
❻ 열심히 공부했기 때문에

❶ 신입이지만
❷ 왼쪽으로 돌면
❸ 늦으면
❹ 잘못된 것을 하지 않았는데도
❺ 파티에 오면
❻ 그가 날 도와줬지만

STEP 02 ⸺ p.136

❶ Having dinner, we chatted a lot.
저녁을 먹는 동안에 우리는 수다를 많이 떨었다.
❷ Going into her room, she locked the door.
(= She went into her room, locking the door.)
그녀의 방에 들어가서 그녀는 문을 잠갔다.
❸ Seeing the spider, he jumped in fright.
그 거미를 봤을 때, 그는 깜짝 놀라 뛰어 올랐다.
❹ Arriving late, she sat in the back row.
늦게 도착했기 때문에 그녀는 뒷줄에 앉았다.
❺ (Being) Exhausted by the work, I didn't go there.
일에 지쳐서 나는 거기에 가지 않았다.
❻ Turning to the right, you will see the school.
오른쪽으로 돌면 너는 학교를 볼 것이다.
❼ Being sad, he smiled.
그는 슬펐음에도 불구하고 미소를 지었다.

STEP 03 ⸺ p.137

❶ Although I had enough money, I couldn't go shopping.
❷ If you take a taxi, you will arrive there on time.
❸ I opened the door, and I gave the children some candy.
❹ Because she wants to become a lawyer, she studies hard.

❺ When I opened the door, she was listening to the radio.
❻ While she was shouting loudly, she ran toward him.
❼ After she prepared dinner, she left home.

---

❶ although(비록 ~이지만, ~일지라도)는 양보를 나타내는 부사절 접속사이다.
❷ if는 조건을 나타내는 부사절 접속사이다.
❸❺❻❼ 시간이나 동작을 나타내는 부사절 접속사가 사용된 문장들이다.
❹ because는 이유(원인)를 나타내는 부사절 접속사이다.

서술형 끝내기 ⸺ p.138

서술형 유형 기본

❶ I washed the dishes, listening to music.
❷ Taking a shower, he put on a new shirt.
❸ Studying hard, she got good grades.
❹ Being new, he has a lot of experience.
❺ Turning to the left, you can find the store.

서술형 유형 심화 1

❶ Seeing the scene, he began to laugh.
❷ Arriving late, she sat in the back row.
❸ Being sad, he smiled.
❹ Turning to the right, you will see the school.

서술형 유형 심화 2

❶ 그가 TV를 보는 동안 그의 아내는 커피를 마셨다.
❷ 돈이 충분히 있었음에도 불구하고 나는 쇼핑을 갈 수 없었다.
❸ 택시를 탄다면 너는 그곳에 제시간에 도착할 수 있을 것이다.
❹ 나는 문을 열고 그 아이들에게 약간의 사탕을 주었다.
❺ 변호사가 되고 싶기 때문에 그녀는 열심히 공부한다.
❻ 내가 문을 열었을 때, 그녀는 라디오를 듣고 있었다.
❼ 크게 소리치면서 그녀는 그를 향해 뛰어 갔다.
❽ 저녁을 준비한 뒤에 그녀는 집을 나섰다.

내신대비 실전 TEST ⸺ p.140

1. ③ 2. ① 3. ⑤ 4. ⑤ 5. ② 6. ⑤
7. ④ 8. ③ 9. ⑤ 10. (Being) Exhausted from work 11. Not being able to speak English, I had trouble communicating. 12. Weather permitting 13. Judging from their teamwork, the project will succeed. 14. ⓐ Experienced ⓑ Climbing up slowly ⓒ Considering

1. 첫 번째 문장은 문맥상 이유나 원인을 나타내는 분사구문으로, Being frightened …에서 Being이 생략된 형태이다. 두 번째 문장은 주체가 감정을 느끼므로 과거분사를 사용해야 한다.
   ■ 큰 폭죽 소리에 깜짝 놀라서 강아지는 소파 밑으로 숨었다.
   ■ Jane은 너무 겁이 나서 말을 할 수가 없었다.

2. 첫 번째 문장에서 주체(he)가 감정을 느끼므로 과거분사 satisfied를 사용해야 하고, 두 번째 문장에서도 목적어 (customers)가 감정을 느끼게 하는 것이므로 satisfied를 사용한다.
   * [be far from + 동명사]는 '~와는 거리가 멀다(결코 ~가 아니다)'의 의미를 지닌다.
   ■ 만족하기는커녕 그는 그의 점수에 화가 났다.
   ■ 그녀는 회사의 대표로서 고객들을 만족하게 하기 위해 열심히 일한다.

3. 첫 번째 문장은 명사 road를 꾸며주는 현재분사 connecting을 사용해야 하고, 두 번째 문장은 '~하고 있는'의 능동의 의미를 지니기 때문에 현재분사 sitting을 사용한다.
   ■ 두 마을을 연결하는 도로는 매우 좁다.
   ■ 그 대기실은 창문 옆에 앉아 있는 남자를 제외하고는 텅텅 비어 있었다.

4. 첫 번째 문장은 동작을 나타내는 분사구문으로 현재분사를 사용해야 하고, 두 번째 문장은 '선출된 공직자들'의 의미를 지니기 때문에 과거분사(~된)를 사용한다.
   ■ 그는 코트를 벗으면서 강으로 돌진했다.
   ■ 우리는 선출된 공직자들이 정직하기를 기대한다.

5. 첫 번째 문장은 to부정사의 부사적 용법 중 목적을 나타내는 to부정사를 사용해, Trying to impress(깊은 인상을 주기 위해)로 쓴다. 두 번째 문장은 주체가 감정을 느끼기 때문에 과거분사 impressed를 사용한다.
   ■ 사장님에게 깊은 인상을 주기 위해 고용자들은 매일 늦게까지 일을 하였다.
   ■ 나는 그녀의 스토리텔링 기술에 강하게 감명을 받았다.

6. 예문에 나와 있는 ①②③④는 어법상 맞는 표현이다. ⑤번 문장은 종속절의 주어가 주절의 주어와 일치하지 않기 때문에 분사구문을 만들 때, 종속절 주어 She를 생략하지 않는다.
   ■ A: 나 어젯밤 정말 ①당황스러운 상황에 있었어.
   ■ B: 무슨 일이야?
   ■ A: 내가 ②버스에서 내리다가 미끄러져서 넘어졌어. ③위를 올려다봤는데, 어떤 여자가 나를 일으켜주려고 ④옆에서 있는 것을 알아챘어. 곧 나는 그녀가 Lucy라는 것을 알아차렸어. ⑤그녀는 살이 빠져서, 나는 그녀를 거의 알아보지 못했어.

7. 진행/능동의 의미 '~하고 있는'을 표현할 때 현재분사를 사용하고, 수동의 의미 '~된'을 표현할 때 과거분사를 사용한다.

8. 문맥상 이유, 원인을 나타내는 분사구문을 사용할 수 있다. 종속절의 주어의 주절의 주어가 일치하고, 주체가 행위를 한 문장이다. 주절보다 앞선 시제인 경우 [having + 과거분사]를 사용한다.

9. ⓐ surf up the Internet은 '인터넷 서핑을 하다'라는 의미이다. 이 문장은 주격보어 역할을 하는 현재분사 surfing을 사용한다.
   ⓒ 주체가 감정을 느낄 때는 과거분사를 사용하기 때문에 confused를 사용한다.
   ⓓ '초대받지 않은'의 의미로 과거분사인 uninvited를 사용한다.
   ■ ⓐ 인터넷 서핑을 하면서 늦게까지 깨어 있지 마라.
   ■ ⓑ (휴대 전화를) 옷과 함께 빨았더니, 휴대 전화가 더 이상 작동하지 않았다.
   ■ ⓒ 그의 몸동작과 얼굴 표정은 그가 매우 혼란스럽다는 것을 우리에게 말해준다.
   ■ ⓓ 아무도 초대받지 않은 손님을 환영하지는 않는다.

10. 주체의 행동의 이유를 표현할 때 분사구문을 사용할 수 있다. 이 문장은 주체가 감정을 느끼므로 과거분사를 사용하고, [Being + 과거분사]의 경우 Being을 생략할 수 있다.

11. 분사구문의 부정은 분사 앞에 not이나 never 등을 넣어 만들 수 있다. 따라서 '~할 수 없다'는 분사구문에서 Not being able to로 사용한다.
    * [have trouble + ~ing]는 '~하는 데 어려움을 겪다'라는 의미의 동명사 관용표현이다.

12. 조건을 나타내는 분사구문은 '만약~ 하다면'의 의미를 가진다. 주어진 문장에서는 주어와 부사절의 주어가 불일치하므로 부사절의 주어를 그대로 유지하며 동사만 현재분사 형태로 바꾼다.
    ■ 날씨가 허락한다면, 우리는 내일 수영을 하러 갈 것이다.

13. '~로 판단하자면'의 의미를 가진 [Judging from + 명사]를 숙어처럼 알아두도록 한다.

14. ⓐ는 '~된'의 의미인 과거분사를 사용해 experienced hikers로 쓰고, ⓑ는 동시동작을 나타내는 분사구문이다. ⓒ는 '~을 감안하면'의 의미를 지닌 Considering을 사용한다.
    ■ ⓐ숙련된 등산가들은 짐을 가볍게 쌌다. 그들은 필수품 정도만 들고 다녔다. 등산로가 큰 비에 의해 씻겨 내려가 그들은 정상으로 가는 다른 길을 찾았다. ⓑ천천히 오르면서 그들은 산 정상에 가까워지고 있었다. 그들의 건강 상태를 ⓒ감안하면 그것은 현명한 선택이었다.

UNIT 01 부사절 접속사

STEP 01 ○—————————— p.145

❶ While ❷ As soon as ❸ Since
❹ Since ❺ because ❻ until

❶ If ❷ If ❸ Unless
❹ Even though ❺ Although ❻ whereas

STEP 02 ○—————————— p.146

❶ Because she is kind, I like her.
그녀가 친절하기 때문에 나는 그녀를 좋아한다.

❷ I will wait until you arrive.
나는 네가 도착할 때까지 기다릴 것이다.

❸ As she grew older, she became calm and polite.
그녀는 나이가 들면서 차분해지고 공손해졌다.

❹ Since I am here, let me help you.
내가 여기 있으니 너를 돕게 해줘.

❺ Although she is rich, she works very hard.
그녀는 부유하지만 매우 열심히 일한다.

❻ Unless you stop eating too much, you will be sick.
너무 많이 먹는 것을 그만두지 않으면 너는 아프게 될 거야.

❼ She likes chocolate cake, whereas I hate it.
그녀는 초콜릿 케이크를 좋아하는 반면 나는 그것을 싫어한다.

STEP 03 ○—————————— p.147

❶ When he was 10, he passed the exam.
❷ While I was studying, I ate some snacks.
❸ I don't eat breakfast so that I can sleep more.
❹ As soon as I got off the bus, I ran to school.
❺ You don't need to come unless you want to.
❻ Even though we fought a lot, you are still my best friend.
❼ Since she borrowed my money last week, she has been avoiding me.

> ❶❷❹ when, while, as soon as는 모두 시간이나 때를 나타내는 접속사이다.
> ❸ so that은 목적을 나타낸다.
> ❺ unless는 조건을 나타내는 접속사로 if~not과 같은 의미이다.
> ❻ even though는 양보를 나타내는 접속사이다.
> ❼ since는 시간을 나타내거나 because처럼 이유를 나타낼 때 사용할 수 있다.

서술형 끝내기 ○—————————— p.148

서술형 유형 기본

❶ As soon as I finish work, I'll go home.
❷ Since I was young, I have lived here.
❸ Can you wait until I get ready?
❹ If the weather is hot, I'll go to the pool.

서술형 유형 심화 1

❶ Because she is kind, I like her.
❷ Since I am here, let me help you.
❸ Unless you stop eating too much, you will be sick.
❹ She likes chocolate cake, whereas I hate it.

서술형 유형 심화 2

❶ If I ask him to stay, he won't leave tonight.
❷ When he was 10, he passed the exam.
❸ While I was studying, I ate some snacks.
❹ I don't eat breakfast so that I can sleep more.
❺ As soon as I got off the bus, I ran to school.
❻ You don't need to come unless you want to.
❼ Even though we fought a lot, you are still my best friend.
❽ Since she borrowed my money last week, she has been avoiding me.

UNIT 02 상관접속사

STEP 01 ○—————————— p.151

❶ Both ❷ and ❸ not only
❹ but ❺ as well ❻ well

❶ or ❷ either ❸ neither
❹ nor ❺ both ❻ neither

STEP 02 ○—————————— p.152

❶ The movie was both meaningful and interesting.
그 영화는 의미있는데다가 흥미로웠다.

❷ Not only he but also she goes to the park with you.
그뿐만 아니라 그녀도 너와 함께 공원에 간다.

❸ Joan is not only beautiful but also smart.
　Joan은 아름다울 뿐 아니라 똑똑하다.
❹ I like reading books as well as watching movies.
　나는 영화를 보는 것뿐 아니라 책 읽는 것도 좋아한다.
❺ I can see you either now or after lunch.
　나는 지금이나 점심 이후에 너를 볼 수 있다.
❻ Either he or she will come to help me.
　그나 그녀가 나를 도우러 올 것이다.
❼ Neither you nor she drinks milk.
　너도 그녀도 우유를 마시지 않는다.

STEP 03 ○────────── p.153

❶ Either you or I have to take care of her.
❷ He drinks neither coffee nor beer.
❸ He as well as she participated in the new project.
❹ It not only tastes good but also looks great.
❺ She is now in either New York or Boston.
❻ Both English and science are my favorite subjects.
❼ Neither she nor I like vegetables.

> ❶ [either A or B]는 'A와 B 둘 중 하나'의 의미로 A나 B 둘 중 어떤 것이든 무관하다는 의미를 내포하고 있다.
> ❷❼ [neither A nor B]는 'A도 B도 아닌'의 의미를 지닌다. 이 구문을 ❼번처럼 주어로 사용할 경우 동사는 항상 B와 일치 시킨다.
> ❸❹ [not only A but also B]는 'A뿐만 아니라 B도'의 의미로 [B as well as A]로 전환할 수 있고, 동사는 항상 B와 일치시킨다.
> ❻ [both A and B]가 주어일 때 동사는 항상 복수동사를 사용한다.

서술형 끝내기 ○────────── p.154

서술형 유형 기본

❶ He is not only handsome but also kind.
❷ I am good at dancing as well as singing.
❸ I will leave either tonight or tomorrow.
❹ Neither you nor I know how to do it.

서술형 유형 심화 1

❶ Both he and his father like hamburgers.
❷ I like reading books as well as watching movies.
❸ I can see you either now or after lunch.
❹ Neither you nor she drinks milk.

서술형 유형 심화 2

❶ I as well as he heard someone yell outside.
❷ Either you or I have to take care of her.
❸ He drinks neither coffee nor beer.
❹ He as well as she participated in the new project.
❺ It not only tastes good but also looks great.
❻ She is now in either New York or Boston.
❼ Both English and science are my favorite subjects.
❽ Neither she nor I like vegetables.

내신대비 실전 TEST　p.156

1. ② 2. ④ 3. ④ 4. ① 5. ④ 6. ③
7. ③ 8. ② 9. ⑤ 10. ④ 11. Unless
/ you will not succeed 12. It was very
interesting even though it was difficult to read.
13. so correctly that → correctly so that
14. ⓐ until ⓑ If ⓒ as soon as

1. since는 시간과 이유를 모두 나타내는 접속사로 쓰일 수 있다.
   ■ 그녀는 2주 동안 결석을 해서 그녀는 보충 시험을 봐야만 한다.
   ■ 그가 교수가 된 이후로 그는 여전히 대단히 존경받고 있다.

2. 문맥상 '만약 ~하지 않는다면'의 의미를 가진 unless를 사용할 수 있다.
   ■ 너무 오래 걸리지만 않는다면, 나는 너를 도와줄 수 있다.
   ■ 네가 볼륨을 낮추지 않는다면, 나는 너를 들을 수가 없다.

3. 문맥상 빈칸에는 대조를 나타내는 whereas (또는 although, even though)가 들어간다.
   ■ 도서관은 7시에 문을 닫는다.
   ■ 열람실은 9시까지 문을 연다.
   ■ 도서관은 7시에 문을 닫는 반면, 열람실은 9시까지 문을 연다.

4. 문맥싱 첫 번째 문장에는 '~할 때까지'라는 의미의 시간을 나타내는 접속사가, 두 번째 문장에는 이유를 나타내는 접속사가 필요하다.
   ■ 나는 그들이 너를 구조할 때까지 떠나지 않을 것이다.
   ■ 우리는 그것을 재건축해야 하기 때문에 인내심을 가져야 한다.

5. 첫 번째 문장은 상관접속사 [neither A nor B]를 사용한다. 이때 neither와 짝을 이루는 nor가 뒤에 제시되는지 확인해야 한다. 두 번째 문장은 문맥상 'A와 B 둘 다'의 의미를 가진 [both A and B]를 쓴다.
   ■ 그들은 정치에 관한 지식도 이해도 없다.

■ 분명히 스팸 메일은 짜증스럽고 위험하다.

6. 문장의 문맥상 첫 번째 빈칸에는 although 또는 even though가 들어갈 수 있고, 두 번째 빈칸에는 '~하자마자'의 뜻을 가진 접속사 as soon as를 사용할 수 있다.
- ■ 비록 내 잘못은 아니지만 나는 죄책감을 느꼈다.
- ■ 그것이 끓기 시작하자마자 불을 꺼라.

7. 첫 번째 빈칸에는 '~할 때'의 의미를 지닌 when을 사용하고, 두 번째 빈칸에는 'A뿐만 아니라 B도'의 의미를 가진 [not only A but also B]를 쓴다.

8. 시간을 나타내는 접속사 중 '~을 하는 동안'의 의미를 지닌 while을 사용할 수 있다.

9. ⑤번 문장에서 말하는 바는 '뮤직비디오들이 짧음에도 불구하고 만들어내기에는 비싸다'이므로 조건을 나타내는 접속사 if는 올바르지 않다. 양보의 의미를 지닌 접속사를 사용해야 한다.
- ■ 뮤직비디오가 처음 나타난 ①이래로 거의 20년이 되었다. 케이블 TV가 ②확장되면서 음악 산업도 변하기 시작했다. 음악과 시각영상이 ④모두 쉽게 사람들의 주의를 끌기 ③때문에 뮤직비디오들이 광고에 영향을 주고 있다. 뮤직비디오들은 ⑤짧음에도 불구하고 그것들은 만들어내기에는 비싸다.

10. 예문에서 밑줄 친 as는 '~하면서'의 의미로 동시에 일어나는 사건, 행동을 표현한다. 문장 ①②③⑤는 주절과 부사절이 원인과 결과의 관계로, as가 이유를 나타내는 접속사로 사용되고 있다.
- ■ 예문: 시간이 흐르면서 세상은 변한다.
- ① 나는 알레르기가 있어서 기침과 재채기를 많이 한다.

② 날씨가 덥고 습해져서 나는 짜증이 났다.
③ 나는 차 할부금을 낼 수가 없어서 차를 팔기로 결심했다.
④ 나는 그녀의 게시물을 읽으면서 그녀가 왜 같은 실수를 반복하는지 궁금해졌다.
⑤ 나는 해야 할 숙제가 너무 많아서 집에 남아서 숙제를 하는 게 낫다.

11. unless는 if~ not과 동일한 의미로 '만약 ~하지 않는다면'의 의미를 가진다.
- ■ 너의 공부에 모든 집중을 쏟으면 너는 성공할 것이다.

12. even though는 양보(대조)를 나타내는 접속사이므로 부사절과 주절이 문맥상 대조를 이룬다.
- ■ A: 내가 추천해준 그 책 읽었어?
- ■ B: 응, 읽었어. 그것은 읽기 어려웠음에도 불구하고 매우 흥미로웠어.

13. '~하기 위해서'의 의미로 목적을 나타내는 접속사 [so that]은 [so that + 주어 + can + 동사]의 형태로 사용한다.
- ■ 컴퓨터에 로그인하기 위해서 너는 비밀번호를 올바르게 입력해야만 한다.

14. 시간, 조건을 나타내는 접속사 중 문맥에 맞는 것을 쓴다. '~때까지'는 until, '만약 ~하면'은 if, '~하자마자'는 as soon as를 사용할 수 있다.
- ■ 베이킹 설명:
- ■ 1. 마른 재료를 넣고 반죽이 부드러워질 때까지 손이나 믹서기로 섞는다.
- ■ 2. 혼합물이 너무 묽으면, 필요에 따라 밀가루를 넣는다.
- ■ 3. 오븐이 알맞은 온도에 도달하자마자 그것을 넣어라.

Part 08 **관계사**

UNIT 01 ▶ 관계대명사 Ⅰ

STEP 01 ○—————————————— p.161

❶ who lives alone
❷ who was injured
❸ whom you know
❹ whom he also likes
❺ who is a singer
❻ who won the race

| ❶ which | ❷ whose | ❸ which |
| ❹ which | ❺ which | |

STEP 02 ○—————————————— p.162

❶ I like Ms. Smith, who is my science teacher.
나는 Smith 씨를 좋아하는데, 그녀는 나의 과학 선생님이다.

❷ I met a girl whose father was a famous actor.
나는 (그녀의) 아버지가 유명한 배우였던 소녀를 만났다.

❸ Physics is the subject which I hate the most.
물리는 내가 가장 싫어하는 과목이다.

❹ The boy, whose name I have forgotten, is my neighbor.
그 소년은 (그의) 이름을 내가 잊어버렸는데, 나의 이웃이다.

❺ They are the ones who stole my car!
그들이 내 차를 훔친 사람들이야!

⑥ The book, which I just read, was very good.
그 책을 나는 막 읽었는데, 매우 좋았다.

⑦ He is the teacher whom she talked about.
그는 그녀가 말했던 선생님이다.

STEP 03 ○───────────────── p.163

① He is a singer whose song became very popular.
② You are the one who ate my sandwich.
③ I helped a woman whose car broke down.
④ We will take the train which leaves in one hour.
⑤ Joan works for a company which makes furniture.
⑥ I want to marry someone who loves me.
⑦ Our car, which was stolen, was found by the police.

> **①** 선행사가 사람이고 그의 노래(his song)를 말하고 있기 때문에 소유격 관계대명사 whose를 사용한다.
> **④** 관계대명사절 which leaves in one hour가 앞에 있는 명사 the train을 꾸며주는 역할을 한다.
> **⑦** 관계대명사의 계속적 용법으로 our car에 대한 추가적인 설명을 하고 있다.

서술형 끝내기 ○───────────── p. 164

서술형 유형 기본

① I found a boy who was injured.
② I like the girl who(m) you know.
③ I read a novel whose writer was unknown.
④ He throws a ball which no one can catch.

서술형 유형 심화 1

① I know a woman who complains about everything.
② Physics is the subject which I hate the most.
③ I met a girl whose father was a famous actor.
④ He is the teacher who(m) she talked about.

서술형 유형 심화 2

① I like my friend, who knows how to save money.
② He is a singer whose song became very popular.
③ You are the one who ate my sandwich.
④ I helped a woman whose car broke down.
⑤ We will take the train which leaves in one hour.
⑥ Joan works for a company which makes furniture.
⑦ I want to marry someone who loves me.
⑧ Our car, which was stolen, was found by the police.

UNIT 02 관계대명사 II

STEP 01 ○───────────────── p.167

① O   **②** O   **③** O
④ X   **⑤** O   **⑥** X

① 목적어   **②** 주어   **③** 주어
④ 목적어   **⑤** 보어   **⑥** 보어

STEP 02 ○───────────────── p.168

① that / what   **②** that / what   **③** that / what
④ that / what   **⑤** that / what   **⑥** that / What
⑦ that / What

STEP 03 ○───────────────── p.169

① that → which(계속적 용법) / This is my laptop, which I will lend you.
② that → which(계속적 용법) / This book, which I wrote, is now a bestseller.
③ that → who(계속적 용법) / This is Joan, who takes math class with me.
④ what → that / All the athletes that we know want to win the competition.
⑤ what → that / All that glitters is not gold.
⑥ which → what / I couldn't hear what you said.
⑦ that → what / I didn't want to do what she suggested.

> **①②③** 관계대명사 that은 계속적 용법으로 사용할 수 없다.
> **④⑤** 선행사에 한정적 의미가 강한 표현(all, 서수, 최상급, the only 등)이 있는 경우 관계대명사 that이 주로 사용된다.
> *이 부분은 학자들마다 조금 다르게 제시하고 있어, 선행사에 한정적 의미가 강한 표현이 있을지라도 사물이 선행사일 때는 which, 사람이 선행사일 때는 who(m)을 사용하기도 한다.
> **⑥⑦** 관계대명사 that은 앞에 항상 선행사를 갖고, 관계대명사 what은 a thing(s) which(that)의 의미로 선행사를 이미 포함하고 있다.

서술형 끝내기 ○───────────── p.170

서술형 유형 기본

① This is the best car that I've ever seen.
② I want to help everybody that lost their parents.
③ She is the only person that makes me happy.
④ What we know is a tip of an iceberg.
⑤ That skirt is what I want to buy this summer.

서술형 유형 심화 1

❶ You ordered what I enjoy eating.
❷ I want to buy what you have.
❸ This is the book that I have been looking for.
❹ The wine that my father bought is expensive.

서술형 유형 심화 2

❶ This is the math book, which I suggest you study.
❷ This is my laptop, which I will lend you.
❸ This book, which I wrote, is now a bestseller.
❹ This is Joan, who takes math class with me.
❺ All the athletes that we know want to win the competition.
❻ All that glitters is not gold.
❼ I couldn't hear what you said.
❽ I didn't want to do what she suggested.

UNIT 03 관계부사

STEP 01 ○————————————— p.173

| ❶ where | ❷ where | ❸ where |
| ❹ when | ❺ when | ❻ when |

| ❶ why | ❷ why | ❸ why |
| ❹ how | ❺ How | ❻ 필요 없음 |

STEP 02 ○————————————— p.174

❶ She often went to the park, where she got ice cream.
　그녀는 그 공원에 종종 갔는데, 그녀는 거기서 아이스크림을 샀다.
❷ Now is the time when everyone needs to be seated.
　지금은 모두가 착석해야 할 시간이다.
❸ We will miss the days when you hung out with us.
　우리는 네가 우리와 어울렸던 날들을 그리워할 것이다.
❹ He wasn't sure why they were here.
　그는 그들이 왜 여기 있었는지 확신이 없었다.
❺ I don't know why she didn't finish the competition.
　나는 그녀가 왜 그 경기를 끝내지 않았는지 모른다.
❻ We need to figure out how it works.
　우리는 그것이 어떻게 작동하는지 알아내야 한다.
❼ I told him how to go to the subway station.
　나는 그에게 지하철역에 어떻게 가는지 알려주었다.

STEP 03 ○————————————— p.175

❶ This is the city where I was born.
❷ I know a place where we can stay.
❸ I visited Joan at noon, when she wasn't home.
❹ I told her the day when he will come back.
❺ Now you know the reason why I don't like spiders.
❻ This is the way/how he solved it.
❼ Tell me the way/how you study.

> ❶❷ 선행사가 장소를 나타낼 때 관계부사 where를 사용한다.
> ❸ 관계부사의 계속적 용법은 관계부사를 [접속사 + 부사]로 바꿔 쓸 수 있다. 이 문장은 때를 나타내고 있기 때문에 but then을 관계부사 when으로 바꿔 쓸 수 있다.
> ❺ 선행사가 이유를 나타낼 때 관계부사 why를 사용한다.
> ❻❼ 선행사가 방법을 나타낼 때 관계부사 how를 쓰거나, the way를 쓸 수 있다. 이때, the way how는 함께 사용하지 않는다.

서술형 끝내기 ○————————————— p.176

서술형 유형 기본

❶ I know a nice place where we can go.
❷ I miss the day when we met each other.
❸ There is a reason why I can't go.
❹ I can't understand how/the way it operates.

서술형 유형 심화 1

❶ She lived in Busan, where the company was located.
❷ Now is the time when everyone needs to be seated.
❸ He wasn't sure why they were here.
❹ We need to figure out how it works.

서술형 유형 심화 2

❶ The police officer told me (the reason) why it happened.
❷ This is the city where I was born.
❸ I know (a place) where we can stay.
❹ I visited Joan at noon, when she wasn't home.
❺ I told her (the day) when he will come back.
❻ Now you know (the reason) why I don't like spiders.
❼ This is how he solved it.
❽ Tell me how you study.

1. ④　2. ①　3. ③　4. ⑤　5. ②　6. ⑤
7. ④　8. ③　9. ②　10. ⑤
11. Don't interrupt a person who is speaking.
12. a new subject which was not related to the
original argument　13. ① that → who
② what → that/which　14. ⓐ where I can
buy　ⓑ when it will open

1. 첫 번째 문장에서 선행사가 Everything일 때 관계대명사
   that을 주로 사용할 수 있고, 두 번째 문장 역시 선행사가
   사물이기 때문에 that(which)이 사용 가능하다.
   ■ 일어난 모든 일은 나의 잘못이었다.
   ■ 나는 거꾸로 가는 시계를 발견했다.

2. 주어진 문장에 선행사가 없기 때문에 선행사를 포함하는
   관계대명사 what을 사용한다.
   ■ 나는 그가 말한 것을 지지할 수도 부정할 수도 없다.
   ■ 네가 아는 것이 항상 전부는 아니다.

3. 선행사가 이유일 때 관계부사 why를 사용하며 the reason
   과 같이 일반적인 선행사일 경우는 생략 가능하다.
   ■ 과학자들은 그 이유를 설명했다.
   ■ 우주비행사들은 우주에서 무중력 상태이다.

4. 문장에서 선행사를 포함하는 관계대명사 what을 사용하거
   나, 같은 의미인 the things that(which)으로 바꿔 사용할
   수 있다.
   ■ 그는 그 물건들을 돌려줄 필요가 있다.
   ■ 그 물건들은 내 것이다.

5. 첫 번째 문장에서 선행사가 시간을 나타내므로 관계부사
   when을 사용한다. 두 번째 문장에서 관계사절이 사물을
   설명하므로 that 또는 which를 사용할 수 있으나, 현재 계
   속적 용법이기 때문에 that을 사용할 수 없다.
   ■ 나는 처음으로 롤러코스터 탔을 때를 아직도 기억한다.
   ■ 나는 신문 기사를 읽었는데, 그것은 편견에 근거했다.

6. 선행사가 최상급일 때는 관계대명사 that을 쓸 수 있고,
   선행사가 방법을 나타낼 때 관계부사 how를 사용한다.
   ■ 이 경우를 가장 잘 설명한 항목을 선택해라.
   ■ 나는 그녀가 어떻게 콘테스트에서 2등을 했는지 모르겠다.

7. 선행사가 장소를 나타낼 때 관계부사 where를 쓰고, 시
   점을 나타낼 때는 관계부사 when을 사용한다. 두 번째 문
   장에서는 계속적 용법이기 때문에 [접속사 + 부사]인 and
   then, 혹은 관계부사 when을 사용할 수 있다.
   ■ 우리는 베를린(Berlin)에서 이틀을 보냈는데, 그곳에서
     시내 도보 관광을 했다.

■ 나는 내 의견을 표현하려고 했었고, 그때 Matt가 끼어들
  었다.

8. 선행사 the café를 부가적으로 설명하는 관계사절이 필
   요하다. that은 계속적 용법으로 사용될 수 없기 때문에
   which를 사용한다.

9. ⓐ 선행사에 all, every, any, no가 있을 경우 관계대명
   사 that을 주로 사용한다.
   ⓒ 관계대명사 that은 who, which의 주격이나 목적격 관
   계대명사 대신 사용할 수 있다. 이 문장에서는 소유격
   관계대명사가 필요하기 때문에 that을 whose로 수정
   해야 한다.
   ■ ⓐ 디저트는 그가 원하는 전부이다.
   ■ ⓑ 네가 기다리고 있던 관광객이 막 도착했다.
   ■ ⓒ 나는 차들이 고장 났던 사람들을 보았다.
   ■ ⓓ 우리를 담당한 여종업원은 불친절하고 참을성이 없
     었다.

10. 주어진 예문에서 what은 '~하는 것'의 의미를 지닌 관계
    대명사이다. 보기와 마찬가지로 문장 ⑤ 빈칸에는 '내가
    방금 들었던 것'을 표현하는 what이 필요하다. 다른 빈칸
    에는 ① that ② which ③ how ④ why가 들어간다.
    ■ 예문: 너는 네가 보는 대로 다른 사람을 판단하는 것을
      그만두어야 해.
    ① 그 회사는 너의 요구에 부합하는 가구를 생산한다.
    ② 이 복사기는 보증기간이 2년인데 엄청나게 비싸다.
    ③ 그 에세이는 어떻게 대중교통이 환경을 돕고 있는지 보
      여준다.
    ④ 네가 왜 결석을 했는지 나에게 말해주지 않는다면 나는
      너를 용서하지 않을 것이다.
    ⑤ 나는 매우 놀랐다. 내가 방금 들은 것을 너는 믿지 않을
      것이다.

11. '~을 중단하다, 막다'의 뜻을 가진 동사 interrupt를 사용하
    여 명령문의 형태로 문장을 만든다. 관계대명사 who 앞에
    '~하는 사람'의 의미를 가진 선행사 a person을 쓴다.

12. 사물인 선행사 the subject를 받는 관계대명사 which를
    사용하여 두 문장을 연결한다.
    ■ 그는 새로운 주제를 소개했다.
    ■ 그 주제는 원래 주장과 관련이 없었다.

13. 선행사가 사람일 경우 who나 that을 사용하지만, 계속적
    용법으로 쓰일 때는 that을 사용할 수 없다. 두 번째 문
    장에서 what은 이미 선행사를 포함하고 있기 때문에 선
    행사 things 뒤에 사용할 수 없으므로, 관계사 that이나
    which를 써야 한다.
    ■ 나는 Brown 박사를 만나러 갔는데, 그는 내게 피부암
      검사를 했었다. 그는 내가 신경 써야 하는 것들의 목록
      을 주었다.

14. 선행사가 장소일 경우에는 **where**를 사용하고 시간일 경우에는 **when**을 사용한다.
- ■A: 나는 엄마 심부름을 해야 해. 나는 신선한 야채를 살 수 있는 식품점을 찾고 있어.
- ■B: 길 건너에 유기농 슈퍼마켓이 있어.
- ■A: 그곳은 몇 주 동안 문을 닫았었어. 언제 문을 열지 아무도 몰라.

UNIT 01 가정법

STEP 01 ○──────────── p.183

❶ be ❷ were ❸ would
❹ snowed ❺ had ❻ were

❶ have gone ❷ have gone
❸ have seen ❹ have been
❺ had met ❻ could have taken

STEP 02 ○──────────── p.184

❶ If I had enough money, I would travel to Africa.
만약 내게 충분한 돈이 있다면, 아프리카로 여행 갈 텐데.

❷ If I knew how to make a cake, I would make one for you.
만약 내가 케이크 만드는 법을 알면, 너를 위해 하나 만들어 줄 텐데.

❸ If I had won the race, the prize would have been mine.
만약 내가 그 경주를 이겼더라면, 그 상은 내 것이었을 텐데.

❹ If I had superpowers, I would be a supervillain.
만약 내게 초능력이 있다면, 나는 슈퍼 악당이 될 텐데.

❺ I wish I knew everything about her.
내가 그녀에 대해 모든 것을 알면 좋을 텐데.

❻ I wish you were here with us.
네가 우리와 함께 여기에 있다면 좋을 텐데.

❼ I wish I had been more adventurous.
내가 좀 더 모험적이었더라면 좋았을 텐데.

STEP 03 ○──────────── p.185

❶ If she had studied, she wouldn't have failed the exam.

❷ If I had the choice, I would live in a city.

❸ If you didn't live so far away, I would see you often.

❹ If it had not been rainy, I could have gone climbing.
❺ If I had not been busy, I could have helped him.
❻ I wish I had a pet dog.
❼ I wish I had slowed down.

---

❶❹❺ if 가정법 과거완료로 과거 사실과 반대되는 가정을 할 때 사용하고 [if + 주어 + had + 과거분사, 주어 + 조동사 과거 + have + 과거분사] 형태로 쓴다.

❷❸ if 가정법 과거로 현재 사실과 반대되는 가정을 할 때 사용한다.

❻ I wish 가정법 과거로 현재 사실과 반대되는 소망을 나타낼 때 사용한다.

❼ I wish 가정법 과거완료로 과거 사실과 반대되는 소망을 나타낼 때 사용한다.

서술형 끝내기 ○──────────── p.186

서술형 유형 기본

❶ If I were her, I would help him.
❷ I wish you had more patience.
❸ If I had had time, I would have gone to visit him.
❹ I wish I had met him five years ago.

서술형 유형 심화 1

❶ If I had enough money, I would travel to Africa.
❷ I wish I had been more adventurous.
❸ I wish I knew everything about her.
❹ If I had won the race, the prize would have been mine.

서술형 유형 심화 2

❶ If I had time, I could go to the concert.
❷ If she had studied, she wouldn't have failed the exam.
❸ If I had the choice, I would live in a city.
❹ If you didn't live so far away, I would see you more often.

⑤ If it had not been rainy, I could have gone climbing.
⑥ If I had not been busy, I could have helped him.
⑦ I wish I had a pet dog.
⑧ I wish I had slowed down.

UNIT 02 ▶ 비교구문

STEP 01 ○─────────────── p.189

① as   ② than
③ better   ④ and
⑤ taller and taller   ⑥ more

① than   ② highest
③ more   ④ the tallest
⑤ as   ⑥ than

STEP 02 ○─────────────── p.190

① better / better
② as busy as / busier
③ stronger / the strongest
④ the colder / colder
⑤ the most popular / more popular
⑥ delicious / as delicious as
⑦ as common as / more common

STEP 03 ○─────────────── p.191

① The more you have, the more you want.
② I am not as short as her.
③ I love you more than you know.
④ I think Iron Man is the best superhero movie.
⑤ In the universe, there is nothing faster than light.
⑥ There are more and more travelers from China.
⑦ The more I make, the more I spend.

> ⑤ [There is nothing + 비교급 + than]은 '~보다 더 …한 것은 없다'의 의미로 최상급 표현이다.
> ⑥ [비교급 and 비교급]은 '점점 더 ~한'의 의미를 지닌다.
> ⑦ [the 비교급, the 비교급]은 '~하면 할수록 더 …한'의 의미를 지니는 비교급을 사용한 비교구문이다.

서술형 끝내기 ○─────────────── p.192

서술형 유형 기본

① This shirt is as expensive as that one.
② He is more handsome than the actor.
③ The plane flew higher and higher.
④ It is the highest mountain in the world.
⑤ No other animal is as colorful as a peacock.

서술형 유형 심화 1

① The weather is getting better and better.
② He is stronger than her.
③ Soccer is the most popular sport in Germany.
④ No other food is as delicious as ramen.

서술형 유형 심화 2

① There is nothing more important than health.
② The more you have, the more you want.
③ I am not as short as her.
④ I love you more than you know.
⑤ I think Iron Man is the best superhero movie.
⑥ In the universe, there is nothing faster than light.
⑦ There are more and more travelers from China.
⑧ The more I make, the more I spend.

내신대비 실전 TEST ─────────────── p.194

1. ②   2. ②   3. ②   4. ③   5. ③   6. ④
7. ③   8. ④   9. ④   10. as strong as
11. I wish I hadn't gone over the speed limit.
12. if the weather had been nicer
13. The more tired you are   14. ① have actually moved → had actually moved ② will have been → would have been

1. 미래에 일어나지 않을 법한 이야기나 현실과 반대되는 가정을 할 때 가정법 과거 [If + 주어 + 과거 동사~, 주어 + 조동사 과거 + 동사원형]을 사용한다.
   ■ 만약 우리가 10시 30분에 출발하는 기차를 탄다면 우리는 일찍 도착할 텐데.
   ■ 만약 내가 복권에 당첨된다면 나는 놀이공원을 살 텐데.

2. [as + 형용사/부사의 원급 + as] 구문으로 '~만큼 …하다'의 의미를 지닌 비교 구문이다.
   ■ 식사는 내가 예상했던 것만큼 돈이 들지 않았다.
   ■ 버스는 지하철만큼 자주 운행한다.

3. I wish 가정법 과거 [I wish + 과거동사] 구문은 '~라면 좋을 텐데'의 의미로 현재 사실과 반대되는 소망을 나타낼 때 사용한다.
   - 더 오래 머무르지 못해서 미안해.
   - 내가 더 오래 머무를 수 있다면 좋을 텐데.

4. 과거 사실과 반대되는 가정을 할 때는 if 가정법 과거완료를 사용한다. get lost는 '길을 잃다'의 의미를 지닌다.
   - 우리가 지도를 가져왔기 때문에, 우리는 길을 잃지 않았다.
   - 우리가 지도를 가져오지 않았더라면, 우리는 길을 잃어 버렸을 수도 있었다.

5. [형용사/부사의 비교급 + than] 구문은 '~보다 더 …하다'의 의미를 지니고, [the 비교급, the 비교급] 구문은 '~하면 할수록 더 …한'의 의미를 지닌다.
   - 안타깝게도, 그녀의 병은 처음 우리가 생각했던 것보다 훨씬 더 심각했다.
   - 날씨가 따뜻해질수록 나는 기분이 좋아진다.

6. 두 문장 모두 과거 사실과 반대되는 가정을 나타내는 가정법 과거완료를 사용하고 있다.
   - 네가 나에게 문제를 말해줬더라면 나는 너를 도왔을 것이라고 확신한다.
   - 네가 바쁜 걸 알았더라면, 나는 너를 방해하지 않았을 텐데.

7. [no (other) + 명사 ~ as + 원급 + as] 구문은 최상급 구문 중 하나이다.

8. '만약 ~라면…할 텐데'를 나타내는 표현은 현재와 반대되는 가정을 나타내므로 가정법 과거를 사용한다. If절에서 be동사의 과거형은 인칭/수에 관계없이 대부분 were를 사용한다.

9. ⓐ는 if 가정법 과거완료이다. become은 불규칙 동사로 과거분사 형태도 become이다.
   ⓒ는 [비교급 and 비교급] 구문으로, more and more common으로 고쳐야 한다.
   ⓓ는 현실과 반대되는 가정으로 if 가정법 과거를 사용하고 있고 문장에서 speaks는 spoke로 고쳐야 한다.
   - ⓐ 그가 만약 더 열심히 그리고 자주 훈련을 했더라면, 그는 챔피언이 됐을 지도 몰라.
   - ⓑ 네가 운동하면 할수록, 심장병에 걸릴 확률은 덜하다.
   - ⓒ 어린이 과체중이 요즘 점점 일상화되어 가고 있다.
   - ⓓ Kyle이 영어를 잘한다면, 그는 해외로 취업을 할 텐데.

10. [not as + 원급 + as] 는 '~만큼 …하지 않다'의 의미를 지닌다.

11. 과거의 사실과 반대되는 소망을 나타낼 때 I wish 가정법 과거 완료를 사용한다.

12. 주어진 조건에 맞추려면 '만약 날씨가 ~했었더라면'의 의미를 가진 문장을 만들어야 한다. 그러므로 가정법 과거완료를 사용해 문장을 완성한다.
   - A: 너의 휴가는 어땠어?
   - B: 괜찮았어, 그런데 날씨가 더 좋았더라면 우리는 휴가를 더 즐길 수 있었을 거야.

13. [the 비교급, the 비교급] 구문은 '~하면 할수록 더 …한'의 의미를 지닌다.
   - 네가 더 피곤할 때, 집중하기가 더 힘들다.
   - 네가 피곤할수록 집중하기가 더 힘들어진다.

14. if 가정법 과거완료 형태를 가지기 때문에 have actually moved에서 have는 had로 수정되어야 하고, 조동사 과거형을 사용해야 하기 때문에 will 대신 would로 바꿔야 한다.

Part 10 일치 / 화법 / 특수구문

UNIT 01 일치

STEP 01
p.199

❶ is ❷ is ❸ are
❹ wants ❺ play ❻ buy

❶ was ❷ lived ❸ had
❹ miss ❺ gave ❻ will

STEP 02
p.200

❶ Each country has its own unique culture.
각 나라는 그 나라만의 독특한 문화를 가지고 있다.

❷ Some of his money was stolen.
그의 돈 일부가 도난당했다.

❸ Both Joan and Steven came from Canada.
Joan과 Steven 모두 캐나다에서 왔다.

❹ I know that you have done your best.
나는 네가 최선을 다 했다는 것을 안다.

❺ I think the performance was great.
나는 그 공연이 훌륭했다고 생각한다.

⑥ I thought it would be difficult to get the tickets.
나는 그 표들을 구하기가 어려울 거라고 생각했다.

⑦ He said that the store opens at ten o'clock every day.
그는 그 가게는 매일 10시 정각에 문을 연다고 말했다.

STEP 03 ○────────────── p.201

① are → is / Three hours is not enough to finish it.

② was → were / A number of people were injured.

③ have → has / Some of the water has evaporated.

④ will → would / I thought that he would come back.

⑤ will like → liked / She told me that she liked you.

⑥ had stayed → would stay / She heard that he would stay.

⑦ will know → know / I think I know the answer.

---

① 시간을 나타내는 three hours는 단수로 취급하기 때문에 동사 is를 사용한다.

② [a number of + 복수명사]는 '많은'이라는 의미를 지니고 복수 취급한다. '~의 수'의 의미를 지닌 [the number of + 복수명사]와 비교해 구별한다.

③ [some of + 명사구]가 주어이면 동사는 명사에 수 일치시킨다.

④⑤⑥ 주절의 시제가 과거일 때, 종속절에는 단순과거, 과거진행, 과거완료가 올 수 있다.

⑦ 주절의 시제가 현재일 때 종속절에는 과거, 현재, 미래시제가 올 수 있다. 이 문장에서는 종속절에서 단순현재시제를 사용해야 한다.

서술형 끝내기 ○────────────── p.202

서술형 유형 기본

① Both she and I play the guitar.

② Some of my friends are angry at me.

③ A number of people buy the ticket.

④ I know that you miss your family.

⑤ Everybody wants to see the movie.

서술형 유형 심화 1

① Some of his money was stolen.

② All of the students want to go on a field trip.

③ I think the performance was great.

④ I thought it would be difficult to get the tickets.

서술형 유형 심화 2

① Some of the water has evaporated.

② A number of people were injured.

③ Three hours is not enough to finish it.

---

④ Some of the children seem to enjoy the game.

⑤ I think I know the answer.

⑥ She told me that she liked you.

⑦ She heard that he would stay.

⑧ I thought that he would come back.

UNIT 02 간접화법

STEP 01 ○────────────── p.205

① had bought **②** wanted **③** had lost

④ would **⑤** to eat **⑥** to wake

① could **②** was **③** had enjoyed

④ it was **⑤** I was **⑥** he had found

STEP 02 ○────────────── p.206

① has / left / told

② said / would

③ Stop / to stop

④ Don't / that

⑤ are you / asked

⑥ Who / had given

⑦ here / if(=whether)

STEP 03 ○────────────── p.207

① He told me (that) he had met her the day before.

② He said (that) he would leave there.

③ She said (that) she could go to the supermarket.

④ He asked me if/whether I could give him a ride.

⑤ I asked her when the class had begun.

⑥ My mom told me to reuse the paper bags.

⑦ He advised her to eat more vegetables.

---

① 직접화법 전달동사 said to는 간접화법으로 전환 시 told로 바꾼다.

② 직접화법의 부사 here는 간접화법 전환 시 there로 바꾼다.

③ 그녀가 말한 것이기 때문에 직접화법 I를 간접화법 전환 시 she로 바꾼다.

④ 의문사가 없는 의문문을 간접화법으로 전환할 경우 if나 whether를 사용해 [if/whether + 주어 + 동사]로 쓴다.

⑤ 의문사가 있는 의문문을 간접화법으로 전환 시 의문사를 그대로 사용한다.

⑥⑦ 명령문을 간접화법으로 전환할 때는 문맥에 맞는 알맞은 전달동사를 사용하는 것이 중요하다.

서술형 끝내기

p.208

서술형 유형 기본

1. He said (that) he wanted to learn Spanish.
2. He said (that) Zoe had bought a new car.
3. She asked me if/whether I was tired.
4. He asked her what time it was.
5. He asked me if/whether I could explain why.

서술형 유형 심화 1

1. He told you not to eat that.
2. I asked if/whether I could sit there.
3. I shouted at him to stop the car.
4. She said that she would be back.

서술형 유형 심화 2

1. She said that she could go to the supermarket.
2. She told me that I would arrive there on time.
3. He told me that he had met her the day before.
4. My mom told me to reuse the paper bags.
5. He said that he would leave there.
6. I asked her when the class had begun.
7. He advised her to eat more vegetables.
8. He asked me if I could give him a ride.

UNIT 03 강조구문

STEP 01

p.211

1. 부사구 강조
2. 주어 강조
3. 부사구 강조
4. 목적어 강조
5. 주어 강조
6. 목적어 강조

1. O
2. X
3. O
4. O
5. O
6. X

STEP 02

p.212

1. It was then that I arrived in Kenya.
   내가 케냐에 도착한 것은 바로 그때였다.
2. It was because of her dream that she had left home.
   그녀가 집을 떠났던 것은 바로 그녀의 꿈 때문이었다.
3. It was at that store where we first met.
   우리가 처음 만난 곳은 바로 저 가게였다.
4. I do know a lot about physics.
   나는 물리학에 대해 정말로 많이 안다.

5. She is the very person who I want to work with.
   그녀는 내가 같이 일하고 싶은 바로 그 사람이다.
6. How on earth did you find him?
   대체 어떻게 그를 찾은 거니?
7. I did not find out anything at all.
   나는 아무것도 발견하지 못했다.

STEP 03

p.213

1. It was he that recommended me a good restaurant in my town.
2. It was in Paris that I met my husband.
3. It was only then that I realized we had won.
4. I did call you last night, ten times.
5. You are the very person I wanted to see.
6. Who in the world said so?
7. We are not in the least afraid of sharks.

---

1. 주어를 it과 that 사이에 넣어 강조하는 문장이다.
2.3. 부사구를 강조하는 문장이다.
4. [do + 동사원형]을 사용해 동사를 강조할 수 있다. 이 문장은 과거이므로 [did + 동사원형]을 사용한다.
5. 명사를 강조하는 어구로 the very를 사용할 수 있다.
6. 의문사를 강조하는 어구로는 in the world나 on earth를 의문사 뒤에 넣어 사용할 수 있다.
7. 부정어 강조는 at all이나 in the least를 활용해 표현할 수 있다.

서술형 끝내기

p.214

서술형 유형 기본

1. It was the ticket that Dan bought at the station.
2. It was at the theater that I saw him.
3. I do not agree at all.
4. She does look good with her white shirt.
5. It was I that woke her up at 9 sharp.

서술형 유형 심화 1

1. It was I that took care of the baby.
2. It was then that I arrived in Kenya.
3. How on earth did you find him?
4. She is the very person who I want to work with.

서술형 유형 심화 2

1. It was in Paris that I met my husband.
2. We are not in the least afraid of sharks.
3. It was he that recommended me a good restaurant in my town.

④ It was on the street that I met the girl I like.
⑤ Who in the world said so?
⑥ You are the very person I wanted to see.
⑦ I did call you last night, ten times.
⑧ It was only then that I realized we had won.

❶ 의문사가 없는 간접의문문은 [if/whether + 주어 + 동사]로 사용한다.
❷❸❹❺ 의문사가 있는 간접의문문은 [의문사 + 주어 + 동사]로 사용한다.
❻ [명령문, and~]는 '~해라, 그러면 …할 것이다'의 의미를 지닌다.
❼ [명령문, or~]은 '~해라, 그렇지 않으면 …할 것이다'의 의미를 지닌다.

UNIT 04 간접의문문과 명령문

STEP 01 ○───────────── p.217

❶ what he does
❷ where she lives
❸ where they are
❹ if he met her
❺ if she finished it
❻ if it is true

❶ and　❷ and　❸ or　❹ or　❺ or

STEP 02 ○───────────── p.218

❶ I need to know whether he is coming.
나는 그가 오고 있는지 아닌지 알 필요가 있다.

❷ We want to know where you were last night.
우리는 네가 어젯밤 어디에 있었는지 알기를 원한다.

❸ He wants to know if you watched the movie.
그는 네가 영화를 봤는지 알기를 원한다.

❹ Can you tell me if she was here today?
너는 나에게 그녀가 오늘 여기에 있었는지 말해 줄 수 있니?

❺ Help her, or she won't be able to finish her homework.
그녀를 도와라, 그렇지 않으면 그녀는 그녀의 숙제를 끝낼 수 없을 것이다.

❻ Finish your homework, and you will get the video game.
숙제를 끝내라, 그러면 너는 그 비디오 게임을 얻을 것이다.

❼ Arrive early, and we will get good seats.
일찍 도착해라, 그러면 우리는 좋은 자리를 잡을 것이다.

STEP 03 ○───────────── p.219

❶ Can you tell me if you understood the question?
❷ Can you tell me how it works?
❸ Do they know what you did last year?
❹ Do you know how the accident happened?
❺ Can you tell me where they went?
❻ Press the button, and it will be turned on.
❼ Leave now, or you will miss your flight!

서술형 끝내기 ○───────────── p.220

서술형 유형 기본

❶ Do you know what he does for living?
❷ Do you know if/whether he met her?
❸ Visit us, and you'll get a free ticket.
❹ Study hard, or you'll fail the exam.

서술형 유형 심화 1

❶ He wants to know if you watched the movie.
❷ I want to know what it means.
❸ Finish your homework, and you will get the video game.
❹ Help her, or she won't be able to finish her homework.

서술형 유형 심화 2

❶ Do they know what you did last year?
❷ Can you tell me how it works?
❸ Do you know why she couldn't come?
❹ Leave now, or you will miss your flight!
❺ Do you know how the accident happened?
❻ Press the button, and it will be turned on.
❼ Can you tell me if/whether you understood the question?
❽ Can you tell me where they went?

내신대비 실전 TEST ○───────────── p.222

1. ②　2. ③　3. ④　4. ②　5. ①　6. ③
7. ④　8. ⑤　9. ②　10. ③　11. he would
go to see a doctor the next day　12. Hold on
the rope tight, or you will fall off the cliff.
13. She asked me if/whether it was enough to
pay off my debts.　14. ⓐ to watch out ⓑ in
the least

1. [the number of + 복수명사]는 '~의 수'의 의미로 the number가 문장의 주어이므로 단수로 취급하고, 두 번째 문장처럼 주어 앞에 every 또는 each가 올 경우에도 단수로 취급한다.
   ■ 복사 매수에는 제한이 있다.
   ■ 각각의 케이크는 다른 종류의 과일과 견과류로 덮여 있다.

2. 주어진 문장의 문맥상 '…해라, 그렇지 않으면 ~할 것이다'의 의미를 가지는 [명령문, or~] 형태가 필요하다.
   ■ 조용히 걸어라, 그렇지 않으면 집안 전체를 깨울 것이다.
   ■ 지금 청구서를 지불해라, 그렇지 않으면 너는 연체료를 낼 것이다.

3. 간접화법에서는 주절의 동사가 과거일 때 직접화법의 조동사/동사를 시제에 맞게 바꾼다. 또한 의문사가 있는 의문문을 간접화법으로 전환 시 [의문사 + 주어 + 동사] 순서로 쓴다.
   ■ Claire는 "언제 우체국이 문을 열까?"라고 물었다.
   ■ Claire는 언제 우체국이 문을 여는지 알고 싶었다.

4. 강조하고 싶은 부분은 it과 that 사이에 넣어 강조한다. 주어인 his voice를 강조하는 문장으로 올바른 것은 ②번이다.
   ■ 그의 목소리는 나를 성가시게 한다.
   ■ 나를 성가시게 하는 것은 바로 그의 목소리이다.

5. 주어(Ted)를 강조하는 강조구문이다.
   ■ Ted는 나를 위해서 송별회를 열었다.
   ■ 나를 위해 송별회를 열었던 것은 바로 Ted였다.

6. 예문에 나와있는 ①②④⑤는 어법상 맞는 표현이다. 의문사가 있는 문장을 간접의문으로 변환할 때, 주어와 동사의 위치에 유의한다. ③번은 when you can take로 고쳐야 한다.
   ■ A: 나는 직장에서 에너지를 다 소진했어. 나는 항상 스트레스를 받아. Seth는 나에게 일에서 벗어나 한동안 휴식을 가져보라고 조언했어.
   ■ B: 그것은 내게 전혀 놀랍지 않아. 너는 언제 휴가를 낼 수 있을지 아니?
   ■ A: 나는 이번 연도에 계획한 대로 휴가를 갈 수 있을 줄 알았어. 하지만 우리 모두 바쁜 스케줄 때문에 갈 수가 없어.

7. 주절의 시제가 과거일 때 종속절의 시제는 과거, 혹은 과거완료를 사용할 수 있다.
   ■ Nate는 일어났을 때 컨디션이 좋지 않다고 했고, 그래서 수업을 빠졌다.

8. 부사구를 강조해줄 때 강조하는 부분(in the backyard)을 It was와 that 사이에 넣는다.

9. 금액을 나타내는 명사구는 항상 단수로 취급한다.

10. 의문사가 주어인 의문문을 간접화법으로 표현할 때 [의문사 + 동사]의 순서를 그대로 유지한다. 따라서 ⓐ는 what him happened to → what happened to him으로 바꿔야 한다. 또한 명령문을 간접화법으로 전환할 때 to부정사를 사용하기 때문에 ⓒ는 setting → to set으로 바꿔야 한다.
    ■ ⓐ Jake는 나에게 그에게 무슨 일이 있었는지 물었다.
    ■ ⓑ 나는 현금을 다 쓰는 것에 대해 정말 걱정했다.
    ■ ⓒ Kay가 나에게 텐트를 치고 모닥불을 피라고 말하였다.

11. 간접화법에서 that절의 조동사를 주절의 시제에 맞게 바꾸고 직접화법 문장의 tomorrow는 the next day로 바꾼다.
    ■ "나는 목이 따가워서 내일 의사를 보러 갈 거야"
    ■ Jamie는 목이 따가워서 다음 날 의사를 보러 갈 것이라고 말했다.

12. '…해라, 그렇지 않으면 ~할 것이다'의 의미를 가지는 [명령문, or + 주어 + will] 형태를 쓴다.

13. 의문사가 없는 Yes/No로 답하는 의문문을 간접화법으로 변환할 때 [If/whether + 주어 + 동사]의 형태로 쓴다.
    ■ 그녀는 나에게 "그것은 너의 빚을 청산하기에 충분하니?"라고 말했다.
    ■ 그녀는 나에게 그것이 나의 빚을 청산하기에 충분한지 물었다.

14. 명령문을 간접화법으로 전환할 때 [주어 + 동사 + 목적어 + to부정사]의 형태를 쓰며 부정어를 강조할 때는 [in the least]를 부정어(not)와 동사 사이에 넣어 표현한다.
    *watch out ~의 주의를 살피다 / 조심하다
    *in the least 전혀 / 조금도… 않다
    ■ Zoe는 운전 중이고 그녀의 여동생은 조수석에서 잠이 막 들려고 했다. 자동차가 출구로 다가갔을 때 그녀의 여동생은 Zoe에게 ⓐ주의하고 속도를 줄이라고 소리쳤다. 고속도로를 지나가는 것은 바로 사슴이었다. 그들은 그곳에서 사슴을 볼 거라곤 ⓑ전혀 예상하지 못했다.

중학영문법 문법이 쓰기다

중학 영문법, 쓸 수 있어야 진짜 문법이다!

문법이
쓰기다

교육 R&D에 앞서가는
Key 키출판사